DATE DUE	BORROWER'S NAME	ROOM NUMBER

TEMPLE BETH AM
2632 N.E. 80TH
SEATTLE, WA 98115-4622

DIE PRAGER JUDENSTADT

To FRANCIS + VICTOR
FROM Bergmanns + Hobbs.
(We thought you would like this.)

DIE PRAGER JUDEN- STADT

Text von
Milada Vilímková

Zum Andenken an
Dr. Otto Muneles, dessen Nachlaß
die Grundlage dieses Buches ist

DAUSIEN

DIE PRAGER JUDENSTADT
Text von Milada Vilímková
Ins Deutsche übertragen von
Helena Tomanová-Weisová
Graphische Gestaltung Aleš Krejča
Fotografien Pavel Štecha,
Vladimír Uher und Miroslav Fokt
Sämtliche Rechte einschließlich der
Wiedergabe durch Film, Funk,
Fernsehen, fotomechanische und
andere Mittel sind — auch in Form
von Auszügen — dem Aventinum
Verlag vorbehalten.
© Aventinum 1990
VERLAG WERNER DAUSIEN
HANAU
ISBN 3-7684-1095-1
2/99/78/52-01

Vorsatz: **Der Alte Jüdische
Friedhof im Herbst. Grabsteine
westlich vom Haupteingang**

**1.
(Frontispiz) Altneusynagoge:
Aron ha-Kodesch mit Vorhang**

Inhalt

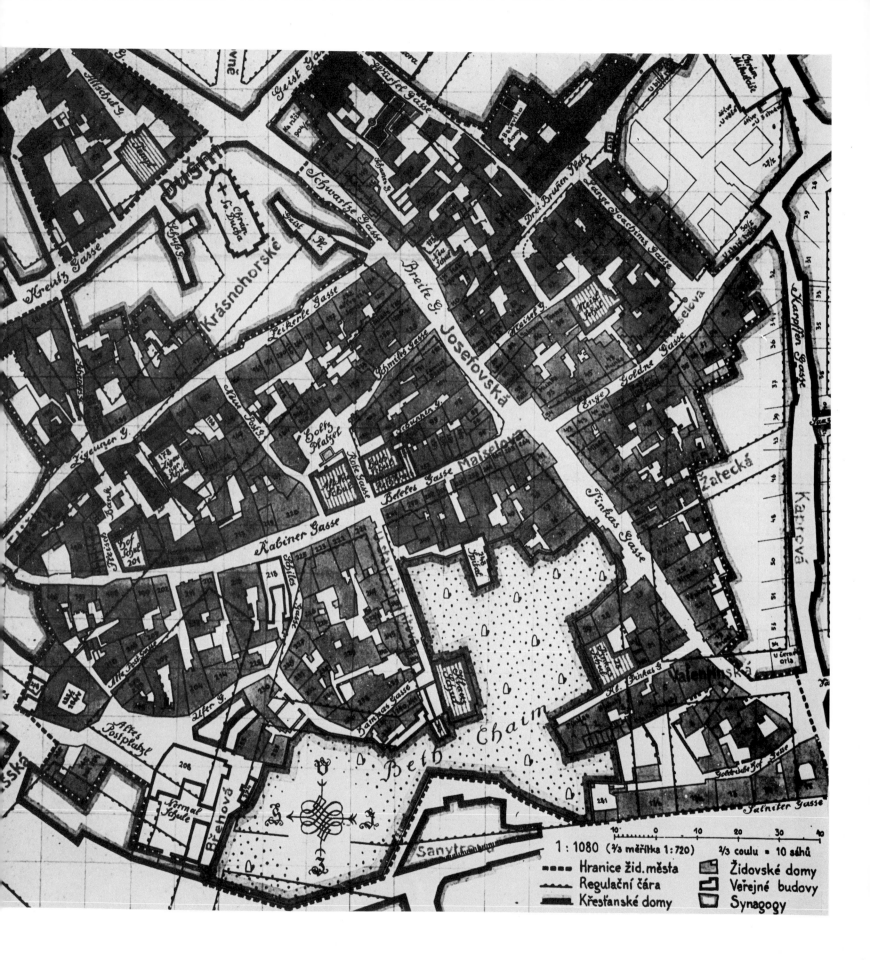

Bischof G.

Dušní

Krásnohorské

Kreutz Gasse

Geist G.

Schwartze Gasse

Pürster Gasse

Breite G.

Drei Brunen Platz

Lange Joachims Gasse

Chram sv. Ducha

Leikerle Gasse

Schmied Gasse

Heisel G.

Meisel Schul

Josefovská

Neu Gasse

Lazarus G.

Goldne Gasse

(Enge)

Karpffen Gasse

Steissen G.

Holtz Platzel

173
Zigeu.
Schul

Rote Gasse

Maisselova

Žatecká

Meisel
Schul

Kabiner Gasse

Beteles Gasse

Pinkas Gasse

Kaprova

Pinkas Bank

Hof Schul
201

Bilek

215

228

Uetz Gasse

243 Spital

U Starého
hřbitova

Uter. G.

Kl. Pinkas G.

Valentinská

Alter Posplatzl

Rabbinas Gasse

Beth Chaim

Goldeische Hof Gasse

Normal Schule

Břehová

231

194

Salniter Gasse

Sanytr

1 : 1080 (⅔ měřítka 1 : 720)   ⅔ coulu = 10 sáhů

- - - -   Hranice žid. města   Židovské domy

~~~~~   Regulační čára   Veřejné budovy

━━━━   Křesťanské domy   Synagogy

Einleitung

Dieses Buch ist dem Andenken von Dr. Otto Muneles gewidmet und ich bin froh, damit eine Verpflichtung einlösen zu können, die mir der wissenschaftliche Nachlaß meines Mannes auferlegte.

Dr. Otto Muneles, sein hebräischer Name war Gabriel, entstammte einer alten Prager jüdischen Familie, die sich bis ins 16. Jh. zurückverfolgen läßt. Er wurde am 8. Januar 1894 geboren. Nach Beendigung des Gymnasialstudiums — er besuchte gleichzeitig die auf hebräische halachische Literatur ausgerichtete Talmud-Thora-Schule — belegte er an der Prager deutschen Universität klassische Philologie. Nach dem 6. Semester unterbrach er sein Studium, um das damalige Ost-Galizien, das Zentrum des Chassidismus, kennenzulernen. Dort studierte er einige Jahre systematisch den Talmud sowie die halachische und chassidische Literatur. 1921 empfing er von Eleasar Rokach, einem Rabbiner in Úhnov in Galizien, die Approbation zum Rabbiner.

Anfang 1922 kehrte er nach Prag zurück, wo seine Approbation vom damaligen Oberrabbiner H. Brody bestätigt wurde. In Prag beendete Otto Muneles dann seine Universitätsstudium, allerdings nicht in klassischer, sondern in semitischer Philologie. Das Amt eines Rabbiners bekleidete er nie. Nach Beendigung des Universitätsstudiums war er bis zum Beginn des zweiten Weltkrieges als Verwaltungsbeamter der jüdischen Begräbnisbruderschaft Chevra Kadischa und als Privatgelehrter tätig, dessen Interesse vornehmlich der hebraistisch-judaistischen Bibliographie und später der Onomatologie galt. Er war ein hervorragender Kenner des mittelalterlichen Hebräisch, des Talmud und der Kabbala.

Während des zweiten Weltkriegs verlor er seine gesamte Familie und nur durch ein Wunder gelang es ihm, im Ghetto Theresienstadt zu überleben. Er war nämlich mit der Katalogisierung der hebräischen Bücher betraut worden, die die Hitlerfaschisten in Theresienstadt zusammengetragen hatten.

Nach dem Krieg wurde Dr. Otto Muneles wissenschaftlicher Mitarbeiter des Jüdischen — später Staatlichen Jüdischen Museums in Prag und Verwalter der großen Museumsbibliothek. Aus dieser Zeit stammen seine wichtigsten Bücher: „Bibliographische Übersicht des jüdischen Prag" und „Der alte jüdische Friedhof" (gemeinsam mit Dr. Milada Vilímková). Es folgte noch eine Reihe bedeutender Artikel im Jüdischen Jahrbuch und in der Zeitschrift Judaica Bohemica, die seit 1965 vom Staatlichem Jüdischen Museum herausgegeben wird. Sein letztes Werk, das Manuskript „Der alte jüdische Friedhof in Prag", eine Umarbeitung des oben erwähnten Buches (1955) über den Prager Judenfriedhof, bildet vor allem in den Kapiteln über das Geistesleben, die Synagogen und den alten jüdischen Friedhof das Fundament dieses Buches.

Ohne dieses Werk und die anderen im Literaturnachweis angeführten Arbeiten von Otto Muneles hätte ich „Die Prager Judenstadt (Das Prager Ghetto)" nicht schreiben können. Das vorhandene Material habe ich um architektonische, kunsthistorische und geschichtliche Aspekte bereichert, vor allem dort, wo das Leben des jüdischen Ghettos mit der christlichen Umwelt in Berührung kam. Die meisten Angaben stammen aus zeitgenössischen Dokumenten aus dem Staatlichen Zentralarchiv, dem Archiv der Hauptstadt Prag und dem Archiv des Staatlichen Jüdischen Museums, dessen Mitarbeitern ich für freundliche Hilfe beim Studium und bei der Beschaffung der Fotodokumentation meinen Dank aussprechen möchte.

Milada Vilímková

2.
Plan der Prager Judenstadt nach der Katastervermessung von 1842 und der Karte des jüdischen Museums zu Prag, mit Ergänzungen zum Regulierungsplan von 1895. Gezeichnet von Reg.-Rat E. Kraus 1896. Der Plan ist mit dem Entwurf des Assanierungsplanes überzeichnet, der später noch in einigen Details abgeändert wurde, insbesondere in der Umgebung der Pinkas-Synagoge.

Das Assanierungsgesetz vom 11. Februar 1893 bewirkte, daß das Prager Ghetto, ein lebendiges Stadtviertel, für immer vom Antlitz des historischen Prag verschwand, um einem neuen, modernen Stadtteil Platz zu machen.

Nur wenige Gebäude blieben erhalten: fünf Synagogen, das jüdische Rathaus und der alte jüdische Friedhof. Die Synagogen, einst prächtig emporstrebende Gotteshäuser, dukken sich in der Nachbarschaft mehrstöckiger Zinshäuser im Neurenaissance-, Neubarock- und Jugendstil, die zu beiden Seiten der heutigen Pařížská (früher Nikolausgasse), errichtet wurden. Diese Neubauten bedecken die Spuren jüdischen Lebens, das sich hier in seiner unwiederbringlichen Eigenart seit dem frühen Mittelalter entwickelt hatte. Nur einige Straßennamen erinnern noch an das Ghetto, aber sie sind nicht mit den ursprünglichen identisch. Manche Straßenzüge haben wenigstens einen Teil ihrer Trasse beibehalten, zum Beispiel die heutige Široká (Breite Gasse), früher die jüdische Hauptstraße, die man auch Lange Gasse oder Juden Ringel nannte, und die im Westen als Pinkasgäßchen oder Kleine Pinkas-Gasse endete; ferner die heutige Maislova (Meisl-Gasse), die einst drei Teile hatte: der südlichste hieß Goldene oder Enge Gasse, wurde von der Belelesgasse fortgesetzt, um schließlich als Rabbinergasse zur Moldau zu führen. An der Stelle der heutigen Straße U starého hřbitova (Zum alten Judenfriedhof) befand sich die berüchtigte Hampasgasse mit den Bordellen. (Die tschechische Bezeichnung „hampejs" ist vermutlich eine Verballhornung des deutschen „Hahnenbeiß" — galli mordium.) Auf den mittelalterlichen Freudenhäusern war ein Hahn auf einer Henne abgebildet. In der Gegend hinter dem Altstädter Benediktinerkloster, wo sich die Dreibrunnengasse schlängelte, ist nichts übrig geblieben, weder die ursprüngliche Meisl-Gasse, die in die Breite Gasse mündete, noch die Schmiles-, die Scheunen- oder die Zigeuner-Gasse: sie alle mußten der Pařížská (Pariser Straße) weichen.

Östlich der heutigen Pařížská umgab einst eine kleine, selbständige jüdische Siedlung die älteste Synagoge der Altstadt, die Altschule. Die Häusergruppe war vom Ghetto durch die

/I/ GESCHICHTE

zum St. Georgskloster am Hradschin gehörende Enklave des Hl. Geistes getrennt. Von diesem „kleinen Ghetto" blieb nur die Synagoge erhalten, die an der Stelle der mittelalterlichen Altschule in den sechziger Jahren des vergangenen Jahrhunderts erbaut worden war. Abgerissen wurden dagegen zwei Synagogen im Stil der Spätrenaissance — die Zi-

3.
Abbruch des Häuserblockes südlich des jüdischen Rathauses. Aufnahme J. Kříženecký, 1906

9

geuner- und die Großenhof-Synagoge. Ein Teil des jüdischen Friedhofs wurde für die Salitergasse (ulice 17. listopadu) und die repräsentativen Bauten zu ihren beiden Seiten geopfert. 1897—1901 errichtete man das Kunstgewerbemuseum, 1922 die philosophische Fakultät.

Freilich war der Beschluß, das alte Ghetto abzureißen und es durch einen modernen Stadtteil zu ersetzen, seinerzeit nicht unbegründet. Die Judenstadt war übervölkert, die Sterblichkeit dort weitaus höher als in den übrigen Stadtvierteln, das Ghetto war eine Brutstätte ansteckender Krankheiten und litt an Licht- und Luftmangel. Es war ein vernachlässigtes Armenviertel, für das eine Sanierung dringend erforderlich war. [1] Eine Rekonstruktion wurde nicht erwogen, weil die spezifischen Eigentumsverhältnisse im ehemaligen Ghetto das nicht zuließen. Die „reale Teilung" der Liegenschaften hatte dazu geführt, daß die einzelnen Objekte im Laufe der Zeit unter mehrere Besitzer aufgeteilt wurden. Die sogenannten „Partial—Possessoren" (die Teil-Eigentümer) bewohnten

4.
Ecke der Rabbiner-, der Neuen- und der Schielesgasse.
A. Langweil, „Modell der Hauptstadt Prag" (1826-37)

jeweils ihre Stockwerke, Wohnungen oder Wohnungsteile.

In den Augen der Stadtväter war das ehemalige Ghetto ein häßliches Geschwür auf dem Antlitz der Stadt Prag, deren Schönheit mit der anderer europäischer Großstädte konkurrieren sollte. Hinzu kam, daß die Einverleibung der Böhmischen Länder in den österreichisch-ungarischen Staatenbund Prag in den Schatten der Residenzstadt Wien gedrängt hatte, und sich Budapest nach der dualistischen Teilung der Monarchie (Österreich-Ungarn) 1867 energisch ausbreitete und modernisierte. So kam es, daß die Sanierung des V. Prager Stadtviertels, der Josefstadt, wie das Ghetto zuletzt genannt wurde, von der Judenstadt nur einige wenige Gebäude stehen ließ, die man für historisch wertvoll hielt. Freilich betraf die „Assanierung" nicht nur das Ghetto. Eine ganze Reihe christlicher Bauten, deren Verlust wir heute ebenso beklagen, fielen ihr zum Opfer. Auf den Trümmern des Ghettos und der anliegenden Christenhäuser wuchs der neue Teil der Prager Altstadt so schnell, daß der Aufbau in knapp zwanzig Jahren beendet war. 1897 hatte man zu bauen begonnen und 1917 war das Ghetto von Prag endgültig verschwunden. [2]

Versuchen wir nun, uns zu den frühesten Anfängen der Prager Judenstadt zurückzutasten. Dabei begegnen wir viel diskutierten Problemen, die bis heute nicht endgültig gelöst wurden. Die erste Frage, die viele jüdische und christliche Historiker beschäftigte, lautet: Wann sind die Juden nach Böhmen gekommen und wann ließen sie sich in Prag nieder? Das älteste Dokument, das in diesem Zusammenhang zitiert werden kann, ist ein Schreiben des Salzburger Erzbischofs Arno zu Beginn des 9. Jahrhunderts. Darin ersucht er einen nicht genannten Grafen, ihm einen jüdischen oder slawischen Arzt („medicum judaicum vel slavianiscum") zu schicken. Dieses Schreiben wird so ausgelegt, daß es sich um einen jüdischen Arzt aus einem slawischen Land handelte, womit nur Böhmen gemeint sein konnte. [3] Das lateinische Wort vel (oder, zumindest) kann allerdings auch bedeuten, daß der Arzt entweder jüdischer oder slawischer Provenienz sein sollte. Da man weder Namen noch Aufent-

5.
Häuserblöcke an der Ecke der Josefgasse (Breitengasse) und der Meislgasse. A. Langeweil, „Modell der Hauptstadt Prag"

6.
Altschule mit den sie umgebenden Häusern an der Ecke der Kreuz- und Stockhausgasse. A. Langweil, „Modell der Hauptstadt Prag"

haltsort des Adressaten kennt, wirkt die Hypothese eines jüdischen Arztes aus einem slawischen Land nicht sehr überzeugend. Da ist die Raffelstettner Zollordung von 903—906 schon konkreter in ihrer Aussage. Hier ist von jüdischen und anderen Kaufleuten die Rede, die aus „jenen Ländern", also aus Böhmen und Mähren kommen und verpflichtet sind, Zoll zu zahlen. [4]/ Auch in diesem Falle gibt es keine unanfechtbare Übersetzung. Mit der Formulierung können gleicherweise ansässige wie durchreisende Juden und Kaufleute gemeint sein. Aus dem gleichen Grund ist auch der viel zitierte Satz des Ibrahim ibn Jakob nicht eindeutig: 965 erwähnt er zwar Juden, jedoch lediglich solche, die aus den türkischen Landen mit den Türken nach Prag kommen, von in Prag ansässigen Juden sagt er nichts. Auch eine Legende aus dem 10. Jahrhundert vom Fürsten Wenzel und dem heiligen Adalbert, die Kinder heidnischer und christlicher Sklaven von den Juden kauften, enthält keine

7.
Altneusynagoge mit Umgebung
von Nordosten gesehen.
A. Langweil, „Modell der
Hauptstadt Prag"

genauen Angaben. [5]/ Interessanter klingt der Bericht eines Chronisten des 16. Jahrhunderts, Václav Hájek von Libočan (Wenceslaus Hagek von Libotschan, oder lat. Hagecius) über das Jahr 995: damals sollen die Juden den Christen im Kampf gegen die Heiden geholfen haben. Datum und Richtigkeit dieser Behauptung spielen hierbei keine Rolle, entscheidend ist eine Fußnote, die besagt, daß den Juden zum Dank für ihre Hilfe erlaubt worden sei, in der Kleineren Stadt Prag (später Kleinseite) eine Synagoge im Gebiet der späteren Jurisdiction des Johannitenordens über der Brücke zu bauen. [6]/ Vom Chronisten Hájek pflegt man zu vermuten, daß seine Daten nicht sehr verläßlich sind, aber seine Angaben enthalten oft Wahrheiten. Zum Beispiel wurde sein Bericht über die alte St. Prokopskirche auf der Kleinseite durch die Entdeckung romanischen Mauerwerks in der Krypta der Kirche bestätigt. Aus der Chronik des Mönchs von Sázava (Sazau, 12. Jahrhundert) erfahren wir, daß 1142, zur Zeit der Besetzung Prags durch den Znaimer Fürsten Konrad II., die Synagoge unter dem Prager Burgfrieden abgebrannt sein soll. [7]/ Diese Ansiedlung im Prager Burgfrieden war die Kleinere Stadt (Kleinseite). Freilich ist die Marienkirche mit dem Johanniterspital erst in den sechziger Jahren des 12. Jahrhunderts errichtet worden, aber die Synagoge kann im Bereich des diesem Orden geschenkten Geländes gestanden haben. Die Ortsangabe „unter dem Kloster" läßt sich nicht leicht deuten — das Bethaus kann sich in der Richtung zum Moldauufer befunden haben, oder einfach stromabwärts.

Die Existenz einer jüdischen Siedlung, zu der die Synagoge gehörte, wird durch die Tatsache erhärtet, daß noch zu Beginn des 18. Jahrhunderts, 1709—1713, die Altstädter Judengemeinde für die Überführung der Gebeine ihrer Vorfahren von der Kleinseite in die Altstadt zahlen mußte. Bemerkenswert ist auch, daß eben zu dieser Zeit der Thunsche Garten im Bereich der heutigen Míšeňská parzelliert wurde, um die Bautätigkeit zu ermöglichen. Es erscheint nicht ausgeschlossen, daß der Kleinseitner jüdische Friedhof sich irgendwo auf diesem Gelände befand. Ob die mittelalterliche jüdische Ansiedlung 1142 zu-

gleich mit der Zerstörung der Synagoge erlosch oder noch länger existierte, wissen wir nicht. Allerdings ist es nicht ohne Bedeutung, daß die Erinnerung an die jüdische Siedlung sowie die genaue Kenntnis des Ortes, an dem sich der jüdische Friedhof befunden haben soll, noch zu Beginn des 18. Jahrhunderts lebendig war. [8]/

Auf die Kleinseitner Siedlung beziehen sich noch weitere Nachrichten in der Chronik des Václav Hájek von Libočan. [9]/ Man sollte diese Quelle keinesfalls unterschätzen, da sie sich vielleicht auf ältere, nicht mehr existierende Quellen stützt. Nach Hájek sollen 1067 viele Juden nach Prag gekommen sein, um Fürst Wratislaw um die Erlaubnis zu bitten, sich dort anzusiedeln. Ihre Bitte unterstützten sie mit reichen Geschenken und dem Versprechen, hohe Steuern zu entrichten. Auch dem Prager Bischof sollen sie ihr Anliegen unterbreitet haben. Nach Hájek bewilligte ihnen Wratislaw den Ankauf von zwölf kleineren Häusern am Augezd (Újezd). An die 700 Juden sollen sich dort angesiedelt haben. Später befahl der Landesfürst, daß die Hälfte der Juden auf das andere Moldauufer in die Größere Stadt Prag (Altstadt) übersiedelte, wo sie auch zwölf Häuser besitzen sollten. In dieser Nachricht könnte man den Beginn der jüdischen Niederlassung neben dem Kirchensprengel des Hl. Geistes vermuten.

Der böhmische Chronist Cosmas (1045—1125) erwähnt schon zum J. 1091 (in der Rede der Fürstin Wirpirk, Gattin des Přemysliden Konrad von Brünn) [10]/ nicht nur die jüdische Siedlung am linken Ufer der Moldau, sondern auch am rechten Ufer, irgendwo bei der Wyschehrader Strasse (Vicus vissegradensis), die damals von der Furt gegenüber der heutigen Karpfengasse zum Wyschehrad führte (ungefähr in der Trasse der Gassen Valentinská, Husova, Spálená, Karlsplatz und Na Slupi). Dieses Zeugnis ist wichtig, weil Cosmas die damalige Situation selbst kannte. [11]/

Schon aus dem Ende des 11. Jahrhunderts haben wir Nachrichten über die Verfolgung der Juden. Den unmittelbaren Anlaß gab der erste Kreuzzug, der 1096 mit den Kreuzfahrern auch viele Pilger ins Heilige Land lockte. Durch Prag zogen Kreuzfahrerhaufen, die die

8.
Altneusynagoge, Westfassade mit Blick auf das jüdische Rathaus und in die Beleles-Gasse. Aufnahme neunziger Jahre des 19. Jahrhunderts

Juden überfielen, beraubten, sie zur Taufe zwingen wollten und jeden ermordeten, der sich zur Wehr setzte. Tschechische und hebräische Quellen sprechen übereinstimmend vom kämpferischen Widerstand der Juden. Nach der Zwangstaufe kehrten sie wieder zu ihrer Religion zurück, viele aber verließen Prag, um in Polen oder Ungarn mehr Sicherheit zu suchen. [12]

Von der Unbeständigkeit der jüdischen Schicksale erzählt auch die folgende, in der Chronik des Cosmas festgehaltene Begebenheit: Der Jude Apella lebte in Prag und war ein reicher Mann. Er ließ sich taufen und soll sogar Stellvertreter (vicedominus) des Herzogs Wladislaw I. († 1125) gewesen sein. Die Betstube in seinem Haus baute er zu einer Kapelle um. Später jedoch kehrte er zu seinem alten Glauben zurück, zerstörte den Altar und warf die Hostien in die Kloake. Nur ein hohes Lösegeld seiner Freunde bewahrte Jakob Apella vor der Hinrichtung. [13]

Im Bereich der heutigen Vladislavova, die noch zu Beginn des vergangenen Jahrhunderts Judengarten hieß, befand sich ein jüdischer Friedhof. Noch im 15. Jahrhundert standen hier fünf Judenhäuser und ein Friedhof, der älter war als der der Altstadt. Die Häuser in der Nachbarschaft des Judengartens wurden vermutlich nach der Gründung der Prager Neustadt gebaut, da Karl IV. den Juden gestattet hatte, sich dort niederzulassen. [14] Wahrscheinlich wurden sie direkt an der Friedhofsmauer errichtet, an der auch einige Christenhäuser standen. Die Bewilligung zur Anlage des Judengartens soll Přemysl Ottokar II. 1254 erteilt haben. Sein Judenprivileg kodifiziert die Stellung, die Pflichten und die Rechte der Juden in den Böhmischen Ländern, enthält jedoch keine den Friedhof betreffende Klausel. Demnach muß er noch ein zusätzliches Sonderprivileg verfügt haben. Die Notwendigkeit eines Friedhofs setzt die Existenz einer jüdischen Gemeinde voraus, die freilich nicht in seiner unmittelbaren Nähe sein mußte. Der Neustädter Jüdische Friedhof bestand etwa 224 Jahre und wurde 1478 unter Wladislaw Jagiello aufgehoben. Vermutlich blieb das Areal des geschlossenen Friedhofs längere Zeit unbebaut, da die jüdische Begräbnisbruderschaft noch 1706 und 1710

für die Exhumierung und Überführung der Gebeine auf den Altstädter Friedhof zahlen mußte. Später wurden vom Judengarten auch Fragmente gotischer Grabsteine überführt, die dann in die Stützmauer des Nefele-Hügels hinter der Klausensynagoge eingesetzt wurden. [15]

Wann die Juden die Kleinseite verließen, weiß man nicht genau. Falls Hájek den Standort der Kleinseitner Synagoge richtig angibt, könnte die Siedlung im Zusammenhang mit der Errichtung des Johanniterspitals in den sechziger Jahren des 12. Jahrhunderts verlassen worden sein. [16] Und noch einen Umstand sollte man in Betracht ziehen, der bisher nicht beachtet wurde. In den Jahren 1158—72 wurde die steinerne Judithbrücke gebaut — als Ersatz für die Mitte des 12. Jahrhunderts durch Hochwasser zerstörte Holzbrücke, aber südlicher, an einer höher gelegenen Furt. Diese neue Verbindung der Moldauufer mußte notgedrungen eine Verlagerung der wichtigsten Verkehrsader, die an beiden Ufern an die Brücke anknüpfte, nach sich ziehen. Die bisherige Ein- und Ausfahrtstraße an der alten Brücke (im Bereich der heutigen Kaprová und Široká) führt durch das Gebiet des späteren Ghettos. Im Mittelalter muß es für Juden in einer christlichen Stadt wohl unmöglich gewesen sein, sich direkt im Zentrum niederzulassen. Falls nun das Handels- und Verkehrszentrum sich in den erwähnten Straßen befand, konnten sich die Juden nur in einer gewissen Entfernung ansiedeln, eben in der kleinen Siedlung bei der Altschule, im Bereich der heutigen Dušní. Erst nach der Vollendung der Judithbrücke, als sich die beiden Trassen an den Moldauufern nach Süden verlagert hatten, war es möglich, daß die Juden sich im Raum des späteren Ghettos ansiedelten. Man kann auch nicht ausschließen, daß sie am linken Moldauufer nicht nur dem Johanniterorden, sondern auch dem neuen, an die Judithbrücke anschließenden Verkehrsweg weichen mußten.

Man nimmt an, daß ein Teil der Juden vom Osten her, aus Byzanz nach Böhmen kamen, ein anderer über die Alpen aus Bayern. Die vom Osten kommenden bildeten vermutlich die ältere Schicht der kleinen Prager Siedlung, die aus einigen wenigen, um die Alt-

schule gruppierten Häusern zwischen der heutigen Dušní und Vězeňská bestand. Bezeichnend ist, daß die „Altschul" bis zu ihrer Modernisierung im 19. Jahrhundert den östlichen Ritus bewahrte. Die zweite Einwanderungswelle kam aus dem Westen und betraf die Region um die Altneuschule. Sie mochte zumindest teilweise mit der deutschen Kolonisation der Böhmischen Länder zusammenhängen.

Wie sich das Ghetto zu seiner späteren Ausdehnung entwickelte, weiß man nicht –

die Quellenlücke für das frühe Mittelalter ist zu groß. Da die Altschule bis auf den Grund abgerissen und durch den Neubau des sogenannten Tempels ersetzt wurde, weiß man nicht einmal, ob sie gotisch oder romanisch war. Zur Zeit der Assanierung interessierte sich niemand für die Grundmauern der zum Verschwinden verurteilten Gebäude und schon gar nicht für ihre Keller, obgleich diese Keller Zeugen der Entstehungszeit sind und die zahlreichen Brände in der Judenstadt fast immer unversehrt überdauerten.

9.
Altneusynagoge mit Umgebung von Südosten gesehen. Im Hintergrund der Alte Jüdische Friedhof. A. Langweil, „Modell der Hauptstadt Prag"

Aus der zweiten Hälfte des 13. Jahrhunderts gibt es zuverlässigere Quellen. Im Judenprivileg Přemysl Ottokars II. von 1254 finden wir eine Reihe interessanter, die damalige Situation der Juden kennzeichnender Angaben. Da geht es zum Beispiel um den zollfreien Transport von Leichen aus einer Gemeinde oder einer Provinz in die andere, oder gar aus einem Land ins andere. Ein weiterer Paragraph befaßt sich mit jüdischen Friedhöfen, deren Schändung bestraft werden soll, ebenso wie die willkürliche Beschädigung einer Schule (Synagoge). In kleineren Strafsachen sollte der Judeneid vor der Synagoge geleistet werden. [17]/ Im Privileg ist in der Mehrzahl von Friedhöfen und Schulen (Synagogen) die Rede, so daß man auf eine größere Anzahl im ganzen Land wie auch in Prag schließen kann.

Die Regierung Karl IV. bedeutete für die jüdischen Gemeinden in den Böhmischen Ländern eine Zeit der Ruhe und Prosperität. Bei der Gründung der Prager Neustadt gestattete der Kaiser den Juden, sich mit ihren Familien dort niederzulassen. Sie standen ausdrücklich unter seinem Schutz. Die Befreiung von städtischen Abgaben sollte gleichermaßen für Juden und Christen gelten. [18]/ Der Codex Majestatis Carolinae (später aufgehoben) gestattete den Juden sogar, eigene Dörfer zu halten, aus denen sie dem König Geld ablieferten. Allerdings durften sie sie nicht veräußern. [19]/ Zwei Jahre später bestätigte Karl IV. das Judenprivileg Přemysl Ottokars II. Die Juden wurden als seine „Kammerknechte" betrachtet, als Anerkennung der Dienste, die sie ihm und der königlichen Kammer leisteten. [20]/ Das Privileg garantiert den Juden Schutz gegen gewaltsame Angriffe von Seiten der Christen. Allerdings stellt die Formulierung des Privilegs das Recht des Reiches in Form des Eigentums an den Leibern und Gütern der Juden heraus. Der König durfte mit seinen „Kammerknechten" tun, was er wollte, denn der Knecht stand unter Sachenrecht.

Während der Regierung seines Sohnes Wenzel IV. scheinen sich die Verhältnisse verschlechtert zu haben. 1385 sollten die Juden über Nacht verhaftet und ins Gefängnis geworfen werden, während man ihr Hab und Gut versiegelte und bewachte. Der Sinn der ganzen Aktion ist unklar.

1389 kam es während Wenzels Abwesenheit von Prag zu einem grausamen Pogrom. Angeblich hatten die Juden einen mit Sterbesakramenten zu einem Kranken eilenden Priester mit Steinen beworfen. Der Erfolg dieser böswilligen Unterstellung illustriert den Widerspruch zwischen dem geschriebenen Recht und der Wirklichkeit. Vermutlich waren es katholische Prediger die den Pöbel aufwiegelten, der dann in die Judenstadt eindrang, brandschatzte, plünderte und mordete. Damals fanden viele Juden, die in der Altschule Zuflucht gesucht hatten, den Tod. Der Pogrom ist in späteren Quellen geschildert, u. a. im Manuskript „Die Passion der Prager Juden" (Bibliothek der Prager Domkapitel) und in der „Selicha" des Rabbiners Abigdor Kara (vgl. S. 82), die am Jom Kippur bis heute in Prager Synagogen vorgelesen wird. Vielleicht hängt der erneute Befehl, die Juden in sicheren Gewahrsam zu nehmen und ihr Eigentum zu beschlagnahmen, mit dem Pogrom als eine Art Schutzmaßnahme zusammen. [21]/ 1410 bestätigte Wenzel IV. „... den Juden, unseren Kammerknechten..." das Privileg auf den Neustädter Friedhof und die anliegenden Häuser „auf ewige Zeiten". Die Bürger durften sie bei den Bestattungen nicht stören. [22]/

Die Rechtstellung der jüdischen Bevölkerung blieb zur Zeit der Hussitenkriege weiterhin unsicher. 1422 brandschatzten Volkshaufen nicht nur die Häuser der Altstädter Ratsherren, sondern auch die der Juden, die verdächtigt wurden, beide Seiten — Katholiken und Utraquisten — zu begünstigen. Zu erneuten Plünderungen in der Judenstadt kam es 1448, als Georg von Poděbrad Prag eroberte. Das Plündern und Brandschatzen war seinen Truppen zwar verboten, gehörte jedoch wie eh und je zum Kriegshandwerk, und gewiß waren es nicht nur die Judenhäuser, die bei der Eroberung Prags ihren Tribut zahlen mußten. [23]/

Aus dem 14. und 15. Jahrhundert gibt es die ersten fragmentarischen Aufzeichnungen über einzelne Häuser der Judenstadt. Der Prager Topograph W. W. Tomek beschreibt in seinen „Grundlagen der alten Ortsbeschreibung von Prag" 143 Objekte im Bereich des Ghettos, die er mit ihren jüdischen Nummern bezeichnet. Die meisten mittelalterlichen Städte waren so klein, daß man das Prager Judenviertel als eigene Stadt bezeichnen konnte. Auch im Vergleich zu anderen jüdischen Gemeinden — wie Frankfurt am Main, wo man 1439 etwa 20 Judenhäuser vermutet — war die Prager Judenstadt ungewöhnlich groß. Gegen Ende des 19. Jahrhunderts befanden sich in der Prager Judenstadt 279 Häuser. Auf dem Jüttnerschen Plan von Prag (1811—15), der die Grundlage zu Tomeks topograpischen Studien bildet, ist 264 die höchste Konskriptionsnummer. [24]/ Bis zum Jahre 1577 wurden die jüdischen Liegenschaften in die Stadtbücher der Altstadt eingetragen. Nach diesem Zeitpunkt erhält das Ghetto eigene Bücher, die sogenannten Libri albi Judeorum. Von den 143 Häusern des späteren V. Prager Stadtviertels befanden sich zum Zeitpunkt, mit dem Tomeks alte Ortsbeschreibung endet (1435), lediglich 33 ständig oder zeitweilig in jüdischem Besitz. Freilich bedeutet das nicht, daß damals bloß 33 jüdische Familien in Prag lebten. Die spärlichen Nachrichten erlauben immerhin anzunehmen, wo vor 1435 Christenhäuser standen: zu beiden Seiten der Joachimsgasse (Jáchymova), an der Ostseite der Dreibrunnengasse, der Westseite der Geistgasse, der Westseite des nördlichen Endes der Rabbinergasse, an der Südseite der Schwarzen Gasse und neben dem Johannesplatz, beim Größeren Hl. Kreuz-Kloster der Augustiner. An der Westfront des Klosters befand sich noch ein kleiner Häuserblock, ebenso an der Nordseite des Hl. Geist-Klosters.

Die Lage der in den Stadtbüchern eingetragenen Häuser legt die Hypothese nahe, daß die mittelalterliche Judenniederlassung im 14. und zu Beginn des 15. Jahrhunderts sich um die Altschule gruppierte. Vermutlich gab es einen Block jüdischer Häuser an der Ostseite des Hl. Geist-Klosters, ferner zu beiden Seiten der Pinkas-Gasse und der anschließenden Breiten Gasse, sowie zu beiden Seiten der Rabbinergasse mit Ausnahme ihres nördlichen Endes. Es scheint, daß diese alte Kolonie stagnierte, während die jüngere Niederlassung, deren Zentrum die Altneusynagoge war, seit dem Mittelalter nach allen Richtungen vorstieß.

In seiner „Geschichte der Stadt Prag" kartiert W. W. Tomek das mittelalterliche Ghetto ähnlich. [25]/ Seinen Angaben nach lebte die jüdische Bevölkerung vor allem in der Umgebung der Pinkas-Gasse und der Breiten Gasse, in einer Hälfte der Rabbinergasse und in drei kleinen, zum Alten jüdischen Friedhof führenden Gäßchen. Nach Süden zu breitete sich das Ghetto entlang des Goldgäßchens (Maislova) in die Nachbarschaft der St. Niklaskirche aus.

Das jüdische Wohngebiet war von der christlichen Umgebung durch Tore und Pforten getrennt. Die Quellen bezeichnen sie als „portae Judeorum" (Judentore), deren es sechs gegeben haben soll. Das erste Tor befand sich am westlichen Ende der jüdischen Hauptstraße in der Nähe der St. Valentinskirche, das zweite vor dem Zugang ins Goldgäßchen, das dritte vor einem hinter der heutigen Meisl-Synagoge gelegenen Gäßchen. Das vierte schloß die jüdische Hauptstraße — die Breite Gasse — knapp hinter der Enklave des Hl. Geist-Klosters ab. Dieses Tor findet man noch auf dem Jüttner-Plan von 1811—15. Das fünfte Tor befand sich etwa in der Mitte der Rabbinergasse, das sechste in einer zur Moldau führenden Seitengasse. Diese beiden Tore nannte man „Am Hampas" (vgl. S. 9). Tomek vertritt die Ansicht, daß es den Juden im Mittelalter kaum möglich war, Liegenschaften außerhalb des von Mauern abgeschlossenen Ghettogebietes zu erstehen. Später konnten sie größere Gelände aus christlichem Besitz kaufen: im Norden in der Richtung zum Moldauufer, im Osten südlich der Jurisdiktion des Hl. Geist-Klosters und im Süden in der unmittelbaren Nachbarschaft der St. Niklaskirche.

Das gotische Ghetto war mehr als eine bloße Judengasse, es war ein eigenes Viertel mit einer Hauptstraße und Nebengassen. Man nannte es „Bei den Juden", offensichtlich eine wörtliche Übersetzung des lateinischen „inter judeos". Ähnliche Judenviertel gab es im Mittelalter auch in anderen Ländern. In Spanien nannte man sie „juderia", in Portugal „judaria", in Frankreich „juiverieu", in Italien „judaca" oder „judacaria".

Die Bezeichnung Ghetto kennt man erst seit dem 16. Jahrhundert, als man in Venedig den Juden einen nach dem Stadtviertel „Gietto" benannten, neuen Wohnort anwies (getto nuovo). In Prag nannte man die Randbezirke des Ghettos „unter Juden" nach dem lateinischem „in subjudea" oder „sub judeos". Dieses Gebiet grenzte an den Kirchensprengel Hl. Geist und war in der Richtung zum Moldauufer dünn besiedelt. Ursprünglich hatten hier Christen gewohnt.

Auf den ersten Blick hat es den Anschein, daß die in die Judenstadt führenden Tore deren Grenzen im Mittelalter endgültig festlegten. Vor allem in den Randgebieten aber wechselten die Häuser oft ihre Besitzer, ungeachtet, ob es sich um Christen oder Juden handelte. Man weiß, daß Karl IV. das Haus des Juden Lazarus hinter der St. Niklaskirche im Jahre 1366 dem Karlskollegium schenkte, das dort bis 1386 seinen Sitz hatte. Später ging das Lazarus-Haus wieder in jüdischen

10.
Kaiser Ferdinand I. weist zum zweiten Male die Juden aus Prag und den böhmischen Kronländern aus. Dekret vom 28. August 1557

Besitz über. Im 15. Jahrhundert kaufte ein christlicher Arzt, Mauricius Bušina, einen Teil dieses Hauses. [26]/ Das gleiche gilt vom Haus C N 87, genannt „Am Turm", das hinter der Meisl-Synagoge stand und dem Juden Pinkas gehört hatte. 1404 schenkte Wenzel IV. dieses Haus seinem Illuminator Frána. Das Haus gegenüber dem Hl. Geist-Kloster ging aus dem Besitz des Juden Jonas in den des Herrn Smil von Sulevic über, später besaß es ein Bürger Namens Oswald Rolls. Das Haus des Juden Michael am Hampastor schenkte Wenzel IV. seinem Sekretär Johann von Smržov, dem 1404 noch drei andere Häuser Michaels am St. Valentinstor zufielen. Allerdings sollte man daraus nicht schließen, daß der König jüdische Hausbesitzer einfach enteignete, um ihre Häuser seinen christlichen Beamten oder Günstlingen zu schenken. In der lateinischen Grundbucheintragung über das Haus des Juden Michael steht vor seinem Namen das lateinische Wort „olim" (früher, einst), was zweifellos bedeutet, daß er nicht mehr am Leben war. Offensichtlich war er ohne direkte Erben gestorben und das Haus fiel dem König rechtens zu. Das „Heimfallrecht" galt durchweg auch für die christlichen Untertanen des Königs. Die Ansicht einiger Autoren, der König habe die Judenhäuser als sein Eigentum betrachtet, mit dem er disponieren könne, wie es ihm beliebt, ist kaum haltbar.

In seiner „Geschichte der Stadt Prag" führt W. W. Tomek an, beim Tor am Hl. Geist-Kloster habe das Haus „U erbů" (Zum Wappen) gestanden, wo sich noch zu Tomeks Zeiten eine jüdische Schule befunden haben soll. [27]/ Das schon erwähnte Haus des Juden Jonas fiel 1446 wegen Steuerschulden der jüdischen Gemeinde zu, die es dem Rabbiner Elias von Landa übergab. Diese Eintragung ist von besonderem Interesse, weil das Haus in christlichem Besitz gewesen war, der Eigentümer jedoch als Bewohner des Ghettos Judensteuer zahlen mußte. Als er diese Pflicht versäumte, fiel das Haus nicht dem Fiskus der Prager Altstadt, sondern der jüdischen Gemeinde zu.

An die Westseite der Judenstadt grenzten zwei christliche Besitzungen. Dieses Gartengelände wurde in den dreißiger Jahren des 15. Jahrhunderts für den Altstädter jüdischen Friedhof erworben, der schon 1440 durch den Ankauf eines zum Hampas-Haus gehörenden Grundstücks erweitert worden war. [28]/ Die Auflassung des Neustädter Judengartens mochte eine Folge der Gründung eines neuen jüdischen Friedhofs gewesen sein, der systematisch erweitert wurde. 1419, zu Beginn der Hussitenkriege, waren alle Prager Freudenhäuser zerstört worden. An sie erinnerte noch lange Zeit der Name eines Gäßchens in der Nachbarschaft des Alten jüdischen Friedhofs, der Hampasgasse (vgl. S. 9).

Gegen Ende des 15. und zu Beginn des 16. Jahrhunderts beschränkte sich die jüdische Besiedlung Prags nicht auf das Judenviertel. Nach 1478 lebte in der Prager Neustadt — „In der Grube" (V Jámě) kurze Zeit eine jüdische Kolonie. Sogar die Errichtung einer Synagoge, die freilich bald geschlossen wurde, hatte man ihnen gestattet. [30]/ Auch auf der Kleinseite standen vereinzelt von Juden bewohnte Häuser. 1489 bewilligte König Wladislaw seinem Leibarzt, dem Juden Angelin, den Ankauf eines Hauses in der damaligen Strahower Gasse (Nerudova), weil er ihn in der Nähe der Burg wissen wollte. Angelin besaß das Haus bis zu seinem Tod im Jahre 1497. Danach erbten es Angelins Brüder, von denen es der Jude Isaak erstand; erst 1509 ging es wieder in christlichen Besitz über. 1516 waren alle Judenhäuser auf der Kleinseite wieder in christlichem Besitz. [31]/

Einer Verfügung Wladislaw Jagiellos zufolge (1499) unterstanden die Prager Juden dem Hofgericht, alle anderen Juden in den Böhmischen Ländern dem königlichen Unterkämmerer. Wladislaw aber war ein schwacher Herrscher, daher mischten sich auch niedrigere Ämter, vor allem die Prager Magistrate, in jüdische Angelegenheiten. Der Bürgermeister und der Magistrat der Altstadt zum Beispiel maßten sich das Recht an, die Wahl der Judenältesten zu kontrollieren. Die Neustädter hatten 1502 beschlossen, die Juden nicht mehr in der Prager Neustadt zu dulden. Der Aufenthalt sollte ihnen nur vorübergehend und in beschränktem Ausmaß gestattet werden. [32]/ Überhaupt herrschte damals allgemein eine judenfeindliche Stimmung. Obgleich die Ratsherren von höchster Stelle ermahnt worden waren, darauf zu achten, daß die Bevölkerung nicht gegen die Juden aufgehetzt werde, kam es in mehreren Städten zu Ausweisungen.

Der Altstädter Magistrat hatte bald beim König das Versprechen durchgesetzt, die Juden in Jahresfrist auszuweisen. Zwar bestätigte Wladislaw Jagiello sein Versprechen, im nächsten Jahr jedoch übergab er die Verwaltung der Prager Juden dem Oberstburggrafen Zdeněk von Rožmitál und dem Prager Burggrafen Heinrich Trunkl. Sollten die Juden ohne Erlaubnis des Königs Prag verlassen, würde den Genannten sowie dem Obersten Kanzler des Königreichs Böhmen, Graf Kolowrat, ihr ganzer Besitz zukommen. Im gleichen Jahr nahm Wladislaw sein dem Prager Magistrat gegebenes Versprechen zurück und erneuerte alle Judenpriviliegien für das ganze Königreich mit dem Zusatz, daß die Juden nicht vertrieben werden sollten. 1513 soll ein Dekret zum Schutz der jüdischen Friedhöfe erlassen worden sein, da sich ihre Schändungen mehrten. [33]/

Damit aber war die judenfeindliche Stimmung nicht aus der Welt geschafft. 1514 soll ein Angriff auf das Ghetto vorbereitet worden sein, der rechtzeitig abgewehrt werden konnte. Die Forderung, die Juden auszuweisen, wurde 1517 erneut vorgebracht, diesmal von den Pelzwarenhändlern und den christlichen Krämern, die jüdische Konkurrenz fürchteten. Nach längeren Verhandlungen wurde schließlich zu Gunsten der Juden entschieden. 1522 wurde Zdeněk von Rožmitál von König Ludwig im Amt des Schutzherren der Juden bestätigt, was dem tüchtigen Mann beträchtlichen Gewinn einbrachte. [34]/ Die Veränderungen der Königlichen Beschlüsse zu Gunsten der Juden waren kaum von humanen Regungen motiviert. Es ging in erster Linie um ökonomische Aspekte. Die aus Prag vertriebenen Juden suchten beim Adel auf dem Lande Zuflucht und ihr Geld, vor allem die Steuer, floß in die Kasse derer, die sie aufgenommen hatten.

Als 1526, nach dem Aussterben der Jagellonen, mit dem österreichischen Erzherzog Ferdinand ein Habsburger den Thron bestieg, begann für die Prager Judenstadt eine recht veränderte Zeit. Die ersten 15 Jahre seiner

Regierung waren verhältnismäßig ruhig, was auch der städtischen Entwicklung des Ghettos zugute kam. Zwar baute man nicht auf neuen Parzellen, aber viele Häuser erhielten Anbauten und wurden durch neue Flügel im Hoftrakt erweitert. 1541 stand schon das jüdische Rathaus, nach 1537 das neue jüdische Bad, 1530 wurden durch Hinzukauf einiger Häuser die jüdischen Spitäler bei der Altschule und der Altneuschule vergrößert. 1535 baute Ahron Meschullam Horowitz die kleine spätgotische Privatsynagoge neben seinem Haus um und errichtete ein neues, für seine Zeit prächtiges Bethaus im Stil der Spätgotik, die schon Elemente der Renaissance aufwies. [35]/ Bald nach Fertigstellung sollte sich die Situation der Prager Judengemeinde radikal verändern. In den ersten Jahren der Regierung Ferdinands I. hatte sich die Animosität der Bevölkerung in wiederholten Versuchen manifestiert, die Vertreibung der Juden durchzusetzen. Der König aber hatte entweder abgelehnt oder seine Entscheidung verschoben. Die Böhmische Kammer nahm den Juden gegenüber eine eher positive Haltung ein, freilich aus ökonomischen Gründen, da ihr die Sorge um den königlichen Besitz in den Ländern der böhmischen Krone oblag und die Juden eine wichtige Erwerbsquelle bedeuteten.

In den ersten Jahren seiner Regierung hielt sich Ferdinand I. im großen und ganzen an die 1527 von ihm bestätigten Judenprivilegien. Er war bestrebt, den Einfluß des Bürgermeisters und des Altstädter Magistrats auf die Wahl der Judenältesten zu vermindern. Beschwerden über die Einmischung des Altstädter Magistrats in die jüdischen Angelegenheiten gab es genug. Unabhängigkeitstendenzen im Sinne einer Loslösung vom Machtbereich der Böhmischen Kammer scheinen sogar von einer gewissen Fraktion in der Judenstadt selbst unterstützt worden zu sein. Nach einer 1533 datierten Beschwerde der Kammer wurde diese von Salman Munka Hořovský geführt. [36]/ Die Motive dieses Mannes sind allerdings unklar. Die Prager Bevölkerung stand den Juden eher feindlich gegenüber und im gleichen Jahr (1533) ersuchte die Böhmische Kammer den König, den „Pragern" — also dem Bürgermeister und dem

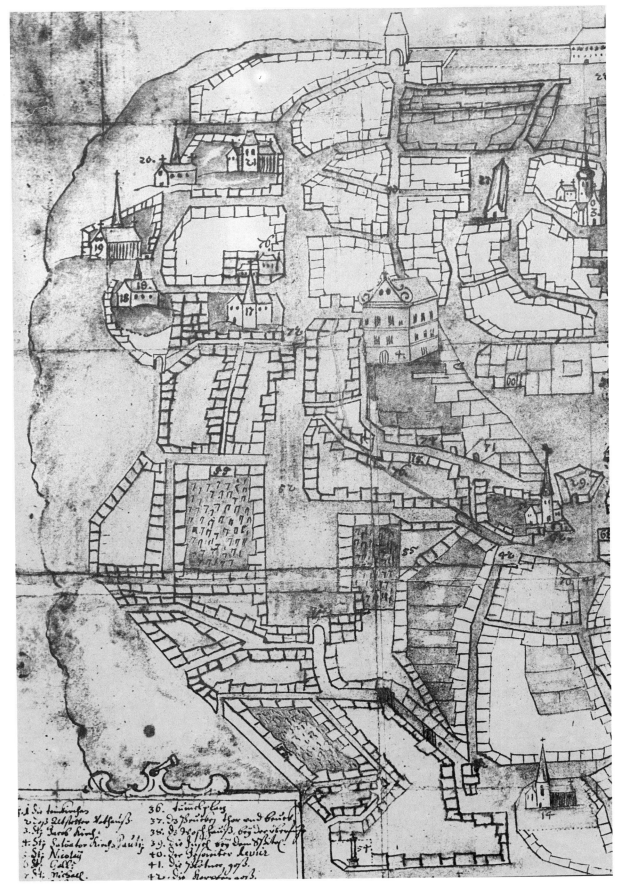

11.
Die Prager Judenstadt auf dem
Plan der Prager Altstadt von
1628—1635, vermutlich vom
Strahower Konventualen
M. Unger gezeichnet

12.
**Judenfriedhof in Wolschan
(heute Žižkov), der 1680 zur
Zeit der Pestepidemie angelegt
werden mußte. Gesamtansicht**

Magistrat — anzuordnen, die Juden vor den Angriffen „. . . von Handwerks — und andere Leut, die die Juden hie klopfen und auch etwo mit Steinen zu ihnen werfen. . .“ zu schützen. [37] / Salman Munka Horowitz (Hořovsky), damals der reichste Mann der Prager Judenstadt, scheint später die Bestrebungen, die Juden aus dem Machtbereich der Böhmischen Kammer zu lösen, aufgegeben zu haben. 1534 bestätigte Ferdinand I. die ihm und seiner Familie von König Ludwig erteilten Sonderprivilegien, die unter anderem auch die Wahl der Judenältesten betrafen. [38] /

Gleichwohl dauerten die Beschwerden der Böhmischen Kammer über die Einmischung der „Prager“ in die Angelegenheiten der Juden an und die andere Seite brachte unzählige Klagen über die Juden vor. Vor allem warf man ihnen vor, nicht im Einklang mit den Judenprivilegien zu handeln und beschuldigte sie „die Münze“ zu fälschen und das so gewonnene Silber außer Landes zu bringen. Einer Beschuldigung, die die Juden der Spionage für die Türken bezichtigte, schenkte Ferdinand I. schließlich Gehör. 1541 unterbreitete der König dem Böhmischen Landtag die

Ausweisung der Juden aus Prag und den Böhmischen Ländern. Der Landtag behandelte diesen Vorschlag vom 12.—19. September, und den Juden wurde eine Frist bis zu St. Martin gegeben; bis zum 11. November 1541 sollten sie die Länder der böhmischen Krone verlassen.

Da für die Liquidation aller vermögensrechtlichen Verpflichtungen die Frist zu kurz bemessen war, wurde der für das endgültige Verlassen der Stadt Prag festgesetzte Termin schrittweise verschoben. Der König hatte dem Sekretär der Böhmischen Kammer Florian Griespek befohlen, die verlassenen jüdischen Häuser mit christlichen Handwerkern zu besetzen. Die Juden aber baten inständig um Verlängerung der Aufenthaltsbewilligung, so daß Ferdinand I. einem Teil der Bevölkerung der Judenstadt „Geleitbriefe" ausstellte, die ihnen den Aufenthalt bis 1542 ermöglichten. Später wurden diese Geleitbriefe wiederholt verlängert. Die restliche jüdische Bevölkerung verließ noch im April und im Juni Prag, die Mehrzahl soll nach Polen ausgewandert sein.

Obgleich die Besitzer der Herrschaften, an denen der Zug der Unglücklichen vorbeiführte, ihnen sicheren Durchzug gewähren sollten, kam es zu traurigen Zwischenfällen, wie ein schriftlicher Bericht „über die Beraubung und Ermordung der Juden zu Beraun" besagt. Man versuchte allgemein, aus dem Auszug der Juden Nutzen zu schlagen. [39] Die „Prager" gaben sich nicht zufrieden und beschwerten sich erneut, daß die durch „Geleitbriefe" geschützten Juden in Prag sich mehrten und auch nicht alle fortgezogen seien, die kein „Geleit" hatten. Die Situation blieb ungeklärt und 1546 mußten Verzeichnisse jener aufgestellt werden, die sich aufgrund eines Geleitbriefes in Prag aufhielten sowie derer, die keinen hatten. [40]

In dieser Situation brach 1546 der Schmalkaldische Krieg aus. Es kam zum bewaffneten Aufstand der Prager und der königlichen Städte sowie eines Teiles des protestantischen Adels gegen Ferdinand I., der die Gunst seiner böhmischen Untertanen nicht gewonnen hatte. In diesen kritischen Zeiten erwiesen sich die Juden als sehr nützlich: sie lieferten den königlichen Truppen Tuch und Mäntel, so daß der König wieder eine Weile die Ausweisung vergaß. Ferdinand I. nutzte die Niederlage der schmalkaldischen Einheiten im April 1547 zur Befestigung seiner Macht in den Böhmischen Ländern. Der aufständische Adel, Prag und die anderen königlichen Städte mußten sich eine starke Beschneidung ihrer Rechte gefallen lassen, daher hatte der Altstädter Magistrat keinen Mut, der Hofkammer neue Beschwerden über die Juden zukommen zu lassen. Der König hätte ihnen gewiß kein Gehör geschenkt. [41]

Im Jahre 1551 verordnete Ferdinand I., daß die Juden in Österreich und in den böhmischen Kronländern ein Zeichen, das sie von der christlichen Bevölkerung unterschied, tragen sollten. Es sollte ein gelber Ring aus Tuch sein, sichtbar an die Kleider genäht. Damals nahm sich die Böhmische Kammer der Juden an, indem sie auf die Gefährlichkeit des Unterscheidungsmerkmals hinwies, weil es die Juden der Willkür böser Menschen preisgebe. [42]

Nach zehn Jahren verhältnismäßiger Ruhe und Sicherheit drohte den Juden erneut die Ausweisung. Initiator war dieses Mal Erzherzog Ferdinand, der jüngere Sohn Ferdinand I., Statthalter der Böhmischen Länder. Der Grund waren Beschwerden über Münzverfälschung. Angeblich feilten die Juden die „gute Münze" ab, schmolzen das so gewonnene Silber ein und führten es aus, womit sie dem Lande schweren Schaden zufügten. Dieser schwere Verdacht bewog Ferdinand, seinem Vater im Mai 1557 die definitive Ausweisung der Juden vorzuschlagen. Die Bürgermeister und Magistrate der Prager Städte schlossen sich ohne Verzug an. In einem langen Schreiben an den Erzherzog wiesen sie auf die Beschneidung ihrer Rechte im Jahre 1548 hin sowie auf die ihnen daraus erwachsenen wirtschaftlichen Schäden. Ferdinand I. entsprach dem Gesuch seines Sohnes. Ende August erließ er ein Dekret über die Ausweisung der Juden, und hob alle früheren Geleitbriefe auf. Sofort begann man an höchster Stelle mit Erwägungen, wie man das Areal der Judenstadt am besten nutzen könnte. Die Häuser sollten aufgekauft und an christliche Handwerker verkauft werden. Ferner sollten die Hof-Gießerei und die Werkstätten jener

Gewerbe, die für die Burg eine Brandgefahr bedeuteten, ins ehemalige Ghetto verlegt werden: vor allem also die Schmiede-, Schlosser- und Wagnerwerkstätten; außerdem fand man dort einen geeigneten Platz für die Kanonen.

Das Inkrafttreten des Dekrets wurde allerdings von Jahr zu Jahr verschoben und wieder wurden Geleitbriefe erteilt, die Ausnahmen ermöglichten. Die Prager Juden wandten sich mit ihren Bitten um Aufschub der Aussiedlung an einflußreiche Persönlichkeiten wie den Thronfolger Erzherzog Maximilian, seine Gattin Maria und den Erzherzog Ferdinand selbst, und viele konnten ihrer Fürsprache sicher sein. Wie 1541 blieben auch diesmal viele Menschen in der Judenstadt, die kein Geleit besaßen. Bis zum Tod Ferdinands I. war die Vertreibung der Juden aus Prag und den Böhmischen Ländern in der Schwebe, nach seinem Tod begann sie langsam in Vergessenheit zu geraten, ohne daß eine definitive Entscheidung getroffen worden wäre. [43]/

Freilich wirkte sich die unsichere Lage der Juden in der Zeit von 1541—64 auf die Bautätigkeit im Ghetto negativ aus. Nach einem vermutlich 1540 erstellten Steuerregister, also vor der ersten Ausweisung der Juden aus Prag, lebten dort 171 Steuerzahler. In den Stadtbüchern jener Zeit sind 94 Juden eingetragen, 81 von ihnen sind Hausbesitzer. Gewiß läßt sich daraus wenig schließen. Es mußten nicht alle Märkte und vermögensrechtliche Vereinbarungen in den Stadtbüchern verzeichnet werden. Manchmal zögerte man zu lange, oder es gab rechtliche Verbindlichkeiten, auch versuchten manche Hausbesitzer sich der Eintragung zu entziehen, weil man dafür zahlen mußte. Die Eintragungen über bautechnische Veränderungen und Zubauten stammen vornehmlich aus der Zeit vor 1541. Nach diesem Datum findet man sie kaum mehr. Freilich wurden auch weiterhin Häuser gekauft und verkauft und vor allem geteilt. Käufer waren die Besitzer der Geleitbriefe, die sie zum Aufenthalt in Prag berechtigten, die Verkäufer rekrutierten sich aus jenen, die keine besaßen und Prag verlassen sollten. Die Häuser wurden „real" geteilt, also nicht nur bei der Teilung der Erbschaften sondern auch bei Käufen und Verkäufen. Die Aufteilung

von Liegenschaften an mehrere Eigentümer war üblich, in der Judenstadt aber ging es nicht um Erbanteile, sondern um praktische Teilung. Jedem Teil-Besitzer (Partial-Possessor) gehörte ein bestimmter Teil des Hauses, den er auch bewohnte. [44]/

Mit der Regierungszeit Maximilians II. (1564—76) endete für die Juden in den Böhmischen Ländern eine Epoche der Unsicherheit und sie konnten besseren Zeiten entgegensehen. [45]/ Eine Anordnung des Statthalters Erzherzog Ferdinand, der dieses Amt noch eine zeitlang bekleidete, befiehlt im Juni 1566 den Bürgern der Stadt Kolin, die von Christen gekauften Judenhäuser ihren ursprünglichen Besitzern zurückzuerstatten, woraus man schließen kann, daß es auch in Prag ähnliche Verordnungen gegeben hat. [45]/ 1567 bestätigt Maximilian den in Prag und den Böhmischen Ländern ansässigen Juden ihre alten Privilegien mit einer zusätzlichen Bewilligung des freien Handels. Eine Zuwanderung landfremder Juden jedoch wurde lediglich mit kaiserlicher Bewilligung geduldet. In den Bergstädten, in denen Silber gefördert wurde, durfte sich kein Jude niederlassen. [46]/

Zu einer weiteren Verbesserung kam es in der Regierungszeit Rudolfs II. (1576 bis 1611). Sein eigenständiger, Kuriositäten liebender Charakter fühlte sich vom jüdischen Element und der jüdischen Religion angezogen, obgleich er wie seine Vorgänger die Juden als seine „Kammerknechte" betrachtete. Man kann aus seinen Verordnungen aber einen gnädigeren und wohlwollenderen Ton heraushören. Bei der Bestätigung der Judenprivilegien im Jahre 1577 findet man die Versicherung, daß die Juden in Zukunft weder aus Prag noch den Böhmischen Ländern ausgewiesen werden dürften. In diesem Jahr wurden eigene Stadtbücher für die Judenstadt — Libri albi judeorum — eingeführt, die im Altstädter Rathaus auflagen (vgl. S. 19). Darin sollten alle vermögensrechtlichen Angelegenheiten der Judenstadt verzeichnet werden. Rudolf II. erließ auch mehrere Verordnungen zum Schutz des jüdischen Handels, namentlich in den Prager Städten. (Prag bestand damals aus vier „Städten", die ihre eigene Verwaltung und ihren eigenen Magistrat hatten,

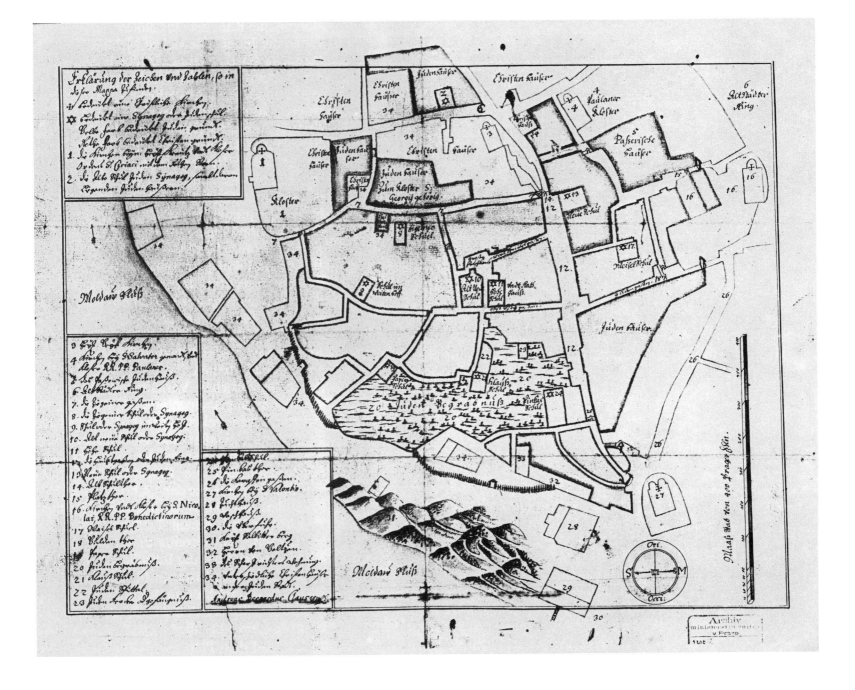

später betrachtete man sie als „Stadtviertel" von Prag.) Rudolf II. bewilligte wiederholt selbständige Wahlen der Judenältesten, ohne die übliche amtliche Aufforderung von höchster Stelle.[47]/

Die Regierungszeit Rudolfs II. war günstig für die Bauvorhaben der Prager Städte und somit auch für die Entfaltung der Judenstadt, die sich langsam über ihre mittelalterlichen Grenzen auszudehnen begann. Davon zeugt ein Vertrag zwischen den Beamten des Kir-

chensprengels von St. Niklas und den Besitzern der dort befindlichen Häuser, die 1590 von den Juden gekauft worden waren. Es ging um 11 Häuser, für die die Juden den Beamten des Kirchensprengels die gebührenden Abgaben zahlen sollten. Ein ähnlicher Vertrag wurde 1601 mit Beamten des Größeren Hl. Kreuz-Kirchenguts geschlossen.[48]/ 1595 zählte man im Ghetto 150 Häuser, demnach muß die Wohnungsnot unglaublich gewesen sein. Die Teilbesitzer der Häuser mußten ihre

13.
Andreas Bernhard Klauser,
„Die Vermessung der
Judenstadt nach dem Brand
von 1689"

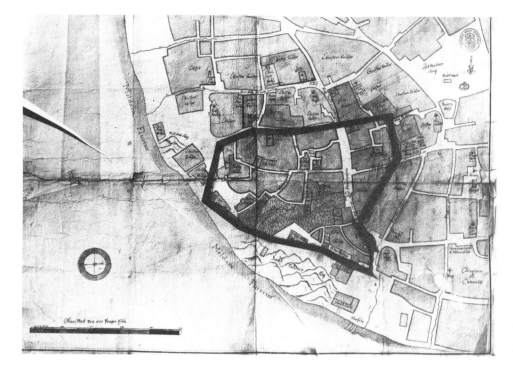

14.
Entwurf der Gebietsreduktion der Prager Judenstadt nach dem Brand von 1689.
Ohne Signatur, vermutlich A. B. Klauser

Stockwerke, Wohnungen oder Zimmer teuer bezahlen. Ein Zimer mit Kammer kostete 200—300 Schock Meißner Groschen. [49]/

Aber auch während der Regierung Rudolf II. gab es Versuche, die Juden aus der Prager Altstadt auszuweisen. 1601 übermittelten die Ratsherren der Prager Altstadt dem Kaiser einen langen Brief, in dem sie ausführlich begründeten, weshalb die Juden ausgewiesen werden müßten. Man warf ihnen vor allem vor, die Artikel von Kaiser Maximilians Majestätsbrief nicht einzuhalten. Dem Altstädter Magistrat war es ein Dorn im Auge, daß allerlei jüdisches Volk sich ohne Bewilligung im Ghetto ansiedelte und die Juden trotz des Verbots auch weiterhin Christenhäuser in der Nähe des Ghettos aufkauften, so daß die Judenstadt sich bis in die Nähe der Kirchensprengel — insbesondere der Hl. Geist-Kirche — fast bis zum Altstädter Ring hin erstreckte. Weitere Beschwerden betrafen den jüdischen Handel. Indes stieß die lange Analyse der Schädlichkeit der Judenstadt bei Hofe auf kein Verständnis. [50]/ Aufgrund der Judensteuern, der Kriegsabgaben, des Geldhandels und des Kreditgeschäfts sowie allerhand finanzieller Darlehen, die die

Böhmische Kammer aus ihnen herausholte, waren die Juden eine viel zu wichtige Einnahmequelle für die Krone. In der Folge wurde der Ankauf von Christenhäusern trotz des Widerstandes der Altstädter Ratsherren fortgesetzt. 1606 wurde das Haus des Matthias Blovsky um 350 Schock böhmischer Groschen für das jüdische Spital gekauft. 1610 erwarb Jakob Bassewi (Baschewi), der spätere Primas der Judenstadt und der erste in den Adelsstand erhobene Jude, ein Christenhaus im Sprengel von St. Niklas um 1000 Schock böhmischer Groschen. [51]/ 1611 bestätigte König Matthias (1611—1619) den Juden ihre Privilegien, ohne sie zu verbessern oder zu erweitern. Die Bestätigung der Judenfreiheiten trägt das Datum des 15. August und ist ein Beweis dafür, daß die dem Landtag von den „Pragern" erneut unterbreiteten Ausweisungsgesuche auch bei ihm kein Gehör gefunden hatten. [52]/

Die hygienischen Verhältnisse der Prager Altstadt im allgemeinen und insbesondere im Ghetto waren beklagenswert. Beschwerden über allerlei „Unflat und Kot" in den vier Prager Städten waren an der Tagesordnung. 1613 verlangten die Prager Judenältesten eine Kommission, die den „schrecklichen Unflat", den der Bader zu ihrem Bade werfe, besichtigen und diesem Treiben Einhalt gebieten sollte. Gleichzeitig ersuchte die jüdische Gemeinde um die Bewilligung, in „ihrer Judengasse" drei Brunnen für Löscharbeiten bei Bränden errichten zu dürfen. Einer dieser Brunnen sollte vor dem Hause des Abraham Frankel „hin zur alten Schul" stehen, der zweite „auf dem Platz vor dem Haus des Samuel Bassewi", und der dritte „in der Nähe des Hauses des Simon Brandeis zum Hl. Geist-Tor hin". Vermutlich verdankt die spätere Dreibrunnengasse diesen drei Brunnen ihren Namen. [53]/

Gegen Ende des 16. und zu Beginn des 17. Jahrhunderts erhöhte sich auch die Zahl der Synagogen. 1592 wurde der Neubau der Meisl-Synagoge beendet. 1599 wurde an der Südseite der damaligen Judengasse (Široká) im Block an ihrem östlichen Ende die Munka-Synagoge errichtet, die man später Wechsler-Synagoge nannte. Vor 1613 wurde eine Synagoge erbaut, die man nach ihrem Gründer

Salamon Zigeuner (Zigeiner) die Zigeuner-Synagoge nannte. [54]/

Die Niederlage des Heeres der Stände bei der Schlacht am Weißen Berg und der darauffolgende Dreißigjährige Krieg bedeuteten für Prag und die Prager Judenstadt Veränderungen sowohl im negativen als auch im positiven Sinn. Natürlich litt das Prager Ghetto wie die anderen Prager Städte unter der Besetzung. Die Soldateska der Kaiserlichen und der Katholischen Liga zog durch Prag, und das bedeutete hohe Kontributionen, Plünderung, Brandschatzung und Verwüstung vieler Häuser, wobei die Söldner der eigenen Heere sich ebenso rücksichtslos benahmen wie die der Feinde. Darüber hinaus brachte der Krieg Epidemien wie die Pest, die die Bewohner des Ghettos besonders schwer heimsuchte. Zur Zeit der Belagerung der Prager Altstadt durch die Schweden (1648) beteiligten sich die Juden aktiv an ihrer Verteidigung. Die Männer hielten Wache und arbeiteten am Bau und der Instandhaltung der Schanzen, während die Greise, die Frauen und Kinder dauernd in Bereitschaft waren, um bei den Löscharbeiten für die von feindlichen Geschossen getroffenen Objekte zu helfen. [55]/

Gleichwohl bildete sich in diesen schweren Zeiten eine Situation heraus, die den Ausbau des Ghettos fördern sollte. In Prag nämlich gab es viele Häuser, die von den Teilnehmern des mißglückten Aufstands der böhmischen Stände (1618—1620) verlassen worden waren. Viele waren lieber ins Exil gegangen, als zum katholischen Glauben überzutreten nach der Niederlage am Weißen Berg das einzig mögliche Glaubensbekenntnis in den Ländern der böhmischen Krone. Die Häuser der „Aufständischen" wurden vom Kaiser konfisziert und von der Böhmischen Kammer verwaltet. Die Liegenschaften der Exulanten wurden eilig und zu Spottpreisen veräußert. Schließlich war die Böhmische Kammer bereit, die konfiszierten Häuser wem auch immer zu verkaufen, bevor sie vollständig verkamen. Vermutlich war es das Verdienst des Hofjuden Bassewi, den Ferdinand II. 1622 in den Adelstand erhob, daß die Judengemeinde 39 Christenhäuser im Umkreis des Ghettos erwerben durfte. Die Bewilligung wurde 1622 erteilt und der Handel ging 1622—23 vor sich.

Weil an dieser großzügigen Aktion der damalige Statthalter in den Böhmischen Ländern. Karl Fürst zu Liechtenstein, beteiligt war, nannte man sie später die „Liechtensteinhäuser". 1623 erließ Ferdinand II. ein neues, wichtiges Privileg, das den Juden ermöglichte, ein Handwerk zu erlernen und es auszuüben.[56]/ Es wäre indes ein Irrtum zu glauben, der Herrscher sei den Juden besonders wohlgesinnt gewesen. Solche Privilegien pflegten die Habsburger nicht zu verschenken. Die humanen Erlasse Ferdinands II. waren die Belohnung für die 240 000 Rheinischen Gulden, die ihm die Juden nach dem Sieg am Weißen Berg für die Kriegsführung geliehen hatten. Eine solche Summe stand der jüdischen Gemeinde freilich nicht zur Verfügung und sie sah sich genötigt, sie zu leihen und dafür Zinsen zu bezahlen. [57]/ Es ist daher unwahrscheinlich, daß außer der Erweiterung der Judenstadt durch die Liechtensteinhäuser bis zur Hälfte des 17. Jahrhunderts viel gebaut wurde. Nur die Reichsten der Reichen konnten sich diesen Luxus erlauben, bei Juden und Christen gleichermaßen. In Prag gehörte dazu eigentlich nur der kaiserliche Feldherr Albrecht von Waldstein (Wallenstein), in der Judenstadt Jakob Bassewi. J. Bassewi von Treuenberg ließ seine Häuser zu einem Palast mit Arkadenhof im Stil der Spätrenaissance umbauen und errichtete 1627 an der Nordseite des Ghettos die Großenhof-Synagoge.

Nach Abschluß des Westfälischen Friedens war die Prager Judengemeinde verarmt und verschuldet und ihre Bevölkerung stark dezimiert. Im Ghetto lebten damals 2090 Menschen, davon 598 Kinder. [58]/ Man weiß übrigens genau, wie die Judenstadt damals aussah, zwei zeitgenössische Stadtpläne blieben erhalten. Der erste Plan, datiert 1628—1635, soll aus der Hand Matthias Ungers stammen, der zweite aus dem Archiv der Kreuzherren mit dem roten Stern aus der Mitte des 17. Jahrhunderts. Auf dem Unger-Plan hat die Judenstadt, deren Bodenfläche gelb gefärbt ist, schon ihren Umfang nach dem Erwerb der Liechtensteinhäuser. Das damalige Ghetto bestand aus achtzehn kleinen, unregelmäßigen Häuserblöcken von unterschiedlicher Größe. Bei der Karpfengasse endete es in einem über das ursprüngliche Tor moldauwärts vorgeschobenen Häuserblock. Dort standen an der Südseite Christenhäuser und an der Nordseite Judenhäuser, die durch große Höfe oder Gärten getrennt waren. Am östlichen Ende standen die Judenhäuser in der Nachbarschaft der Enklaven der Hl. Geist-Kirche und der größeren Hl. Kreuz-Kirche, im Süden neben der Pfarrkirche zu St. Niklas, so daß die Judenstadt fast an den Altstädter Ring grenzte. Ungefähr in der Mitte des Ghettos kann man auf dem Platz die zwei grünen, von Häusern gerahmten Flächen des Friedhofs sehen, die ein grüngraues, damals wohl unbebautes Areal trennt. Südöstlich steht ein Block von Judenhäusern in der Nachbarschaft der St. Salvator-Kirche. Von den Synagogen ist auf dem Plan nur die Altschule hinter der Hl. Geist-Kirche zu sehen und die Meisl-Synagoge, die anderen fehlen.

Der zweite Plan mag auf Veranlassung des Kreuzherrenordens entstanden sein. Auf ihm sind die Abflußstollen im Ostteil der Prager Altstadt verzeichnet, die in der Nähe des Kreuzherrenspitals in die Moldau mündeten. Die einzelnen Objekte sind in rechtwinkliger Projektion eingezeichnet, sind aber genauer als auf dem Grundrißplan von Unger. Die Grundrisse jener Häuserblöcke, die bis zur Liquidierung des Ghettos ohne Veränderung erhalten blieben, stimmen mit späteren, genaueren Plänen überein. Auf diesem Plan ist die Judenstadt nicht mit einer besonderen Farbe gekennzeichnet und sie ist auch nicht vollständig, weil der Plan an der Ostseite auf der Höhe der St. Niklas-Kirche endet. Sehr genau ist die Fläche des jüdischen Friedhofs, durch eine Häusergruppe in einen östlichen und einen westlichen Teil getrennt, zu sehen. An der Südseite grenzt er an die Pinkas-Synagoge mit ihren drei Fenstern in der Westfront. Die Häuser vis a vis sind vermutlich die von Mordechai Meisl errichteten „Klausen". Wo bis heute die Altneusynagoge steht, sind nebeneinander zwei Objekte mit parallel verlaufenden Satteldächern eingezeichnet. Das größere Dach entspricht der Synagoge, das nördliche, kleinere, ihrem Vorraum. Der Meisl-Synagoge entspricht ein längliches Objekt mit doppeltem Satteldach. Die Zigeuner- und die Großenhof-Synagoge lassen sich im Block zwischen der Rabbiner- und der Geist-Gasse nicht genau identifizieren. Im großen und ganzen übermittelt der Plan eine ziemlich gute Vorstellung von der verhältnismäßig kleinen, aber dichten Bebauung des Prager Ghettos im Frühbarock.

1642 erließ Ferdinand III. (1637—1646) ein Dekret, das die Aussiedlung der Juden ohne kaiserliche Bewilligung untersagte. Diese Anordnung wurde freilich nicht im ganzen Königreich befolgt, aus einigen Herrschaften wurden die Juden dennoch ausgewiesen.

Die ersten Jahre nach dem Westfälischen Frieden verliefen in der Prager Judenstadt verhältnismäßig ruhig. Das Ghetto entwickelte sich wie die anderen Prager Städte auch, nur daß man sich mehr auf die Instandsetzung der vorhandenen Objekte und eventuelle Zubauten einrichtete. Es wurden keine ganzen Häusergruppen aufgekauft, um auf deren Parzellen dann Paläste oder kirchliche Objekte zu errichten, wie es im 17. Jahrhundert in allen anderen Prager Städten der Fall war. In der Judenstadt lebte man bescheiden, aber der Bevölkerungszuwachs im Ghetto beunruhigte den Altstädter Magistrat so sehr, daß er 1680 Erwägungen über die Reduktion oder die Übersiedlung der gesamten jüdischen Einwohnerschaft in den Ort Lieben bei Prag anstellte. In Lieben gab es schon eine kleine, vermutlich bei der zweiten Judenausweisung aus Prag im Jahre 1557 entstandene Judengemeinde. Die Herrschaft Lieben gehörte damals Albrecht von Bruckstein, der den Juden ein gewisses Wohlwollen entgegenbrachte. 1592 hatte er ihnen den Bau einer Synagoge bewilligt. Andererseits wurde diese Siedlung von häufigen Überschwemmungen heimgesucht, aber noch bevor die „Reduktion der jüdischen Bevölkerung" konkrete Formen annehmen konnte, brach 1680 die Pest aus, die das übervölkerte Ghetto zweifellos schwerer heimsuchte als die anderen Prager Städte.[60]/ Damals kauften die Judenältesten in Wolschan (heute Prag-Žižkov) ein Grundstück an, auf dem ein Pestfriedhof mit benachbartem Lazarett angelegt wurde. [61]/

Die Pestepidemie war nicht die letzte Katastrophe, die die Judenstadt im letzten Viertel des 17. Jahrhunderts heimsuchte. Im Juni

1689 brach in der Altstadt im Christenhaus Zum schwarzen Adler ein Feuer aus, das sich mit derartiger Schnelligkeit verbreitete, daß nahezu die ganze Judenstadt niederbrannte. Damals zählte sie 318 Häuser. Außerdem verbrannten in den Gassen der Altstadt noch 382 Christenhäuser. 150 Menschen wurden ein Opfer der Flammen. Zeitgenössische Dokumente sprechen von Brandstiftung: französische Spione hätten die Brandstifter gedungen, deshalb nannte man das große Feuer den „Franzosenbrand". Der Altstädter Bürgermeister und der Magistrat beeilten sich mit dem Vorschlag, das Ghetto definitiv zu liquidieren und die Juden außerhalb der Prager

Stadtmauern anzusiedeln. Kaiser Leopold I. (1657—1705) gefiel die Idee und man begann darüber nachzudenken, wo man die neue Judenstadt bauen sollte. Es wurde die Hetzinsel (Štvanice) oder das dem Ort Lieben gegenüberliegende Moldauufer vorgeschlagen. Diese Vorschläge wurden nicht angenommen, weil es sich in beiden Fällen um Überschwemmungsgebiet handelte, wo eine Unterkellerung unmöglich war und man auf Piloten hätte bauen müssen. Auch in der Neustadt gab es damals noch viel freies Baugelände, aber die Neustädter waren nicht geneigt, den Juden Grundstücke zu überlassen. Überdies hätten die Neubauten viel mehr ge-

15.
Auszug der Juden aus Prag aufgrund des Ausweisungsdekrets von Maria Theresia, Ende Februar und Anfang März 1745. Anonymer Kupferstich

kostet als die Reparaturen und Umbauten der abgebrannten Häuser. Die Häuser besaßen solide Grundmauern und ihre gewölbten Keller und Erdgeschosse waren kaum beschädigt. Ungern hätten die Juden ihre prächtigen Synagogen verlassen! Außerdem war der Brand in einem Christenhaus ausgebrochen und es gab keinen Grund, die Juden dafür mit einer neuerlichen Ausweisung aus Prag zu bestrafen. Diese Ansicht trug die Böhmische Kammer dem Kaiser vor.

Leopold I. ließ sich überzeugen, stellte aber Bedingungen für den Wiederaufbau der alten Judenstadt. Die Häuser sollten durchwegs aus Stein und Ziegeln gebaut werden, nicht aus Holz, wie es vor dem Brand üblich war. Diese Bedingung war in Anbetracht der ständigen Brandgefahr ganz natürlich. Schwerer zu erfüllen war die Forderung, die Straßen zu verbreitern und linear zu regulieren. Ferner sollte an der Seite zur Moldau eine Brandmauer errichtet werden, und in Zukunft sollten die Judenhäuser — gleichfalls durch Brandmauern — von den Christenhäusern getrennt werden. Die Mauer an der Moldau sollte durch mehrere Pforten Zugang zum Wasser bei Brandgefahr gewähren. Die Anzahl der neuen Häuser mußte einer genau festgesetzten Zahl von jüdischen Familien entsprechen, die nicht überschritten werden durfte — ebenso wie die Zahl der Schulen und Friedhöfe, Schlachtbänke und Fleischerläden. Ferner sollten ordentliche Abtritte mit Abflußstollen in die Moldau angelegt werden. Die Häuser durften lediglich zwei Stockwerke haben und mußten mit Hausnummern versehen sein. Zu diesem Zweck wurde die Judenstadt vermessen. Ursprünglich war der Landesvermesser Samuel Globic mit dieser Aufgabe betraut worden, er erkrankte jedoch durch den schrecklichen Unrat im abgebrannten Ghetto und mußte seine Arbeit dem Landvermesser Andreas Bernhard Klauser überlassen, der sie 1690 ausführte. Die Kartierung des damaligen Zustandes und der Rekonstruktionsplan, wonach das Ghetto um einige Randgebiete verkleinert werden mußte, sind erhalten geblieben. Vor allem sollte der Häuserblock neben der Hl. Geist-Kirche wegfallen und das Ghetto durch eine breite Straße von der christlichen Stadt getrennt werden. Als Ent-

schädigung für die von einem Häuserkranz umgebene Altschule sollten die Juden ein Gelände am Moldauufer erhalten. Der Verlust weiterer Judenhäuser sollte durch Hinzunahme günstig gelegener Christenhäuser ausgeglichen werden. Von den ursprünglich dreizehn Synagogen wurden sieben abgerissen.

Natürlich stießen so grundlegende Veränderungen auf große Schwierigkeiten. Bei der linearen Regulierung der Gassen hätte man die soliden alten Grundmauern nicht verwenden können, womit sich das Bauvorhaben erheblich verteuert hätte. Außerdem verlangten die christlichen Besitzer für ihre abzutretenden Häuser horrende Preise. Und die Juden kämpften um die Erhaltung ihrer aus Stein gebauten Altschule, die vom Feuer nahezu verschont geblieben war. Nur eine Ecke der Frauenabteilung war beschädigt worden, und die hatte man unterdessen schon instandgesetzt. Gleichwohl wurde die Altschule gesperrt und amtlich versiegelt. Der Kampf um ihre Wiedereröffnung, der erst 1704 erfolgreich war, ist im 4. Kapitel geschildert. In die komplizierte Situation — die Böhmische Kammer plädierte für die billigste Rekonstruktionsweise mit Nutzung der alten Grundmauern im alten Grundriß, der Leopold I. nur zögernd zustimmte — griff der Prager Erzbischof Johann Friedrich von Waldstein ein. Vor allem sei Eile geboten, meinte er, denn die Lage sei aus religiösen Gründen mehr als bedenklich. Da die meisten Häuser in der Judenstadt unbewohnbar waren, hatte man jüdische Familien in anderen Teilen der Stadt in Christenhäusern untergebracht. Da auch in der Altstadt nach dem „Franzosenbrand" Wohnungsknappheit herrschte, wohnten nun 1115 Bewohner des ausgebrannten Ghettos in der Neustadt. Sie waren nicht nur in Bürgerhäusern, sondern auch in Adelspalästen wie im Piccolomini- und im Kolowratpalais untergebracht. Da sie in einigen Häusern auch ihre Betstuben einrichteten, drang der Prager Erzbischof darauf, dieses seiner Ansicht nach schädliche enge Zusammenleben der Juden mit den Christen schleunigst zu beenden. So kam es, daß von dem anspruchsvollen Wiederaufbauprogramm der Prager Judenstadt nahezu nichts realisiert wurde.

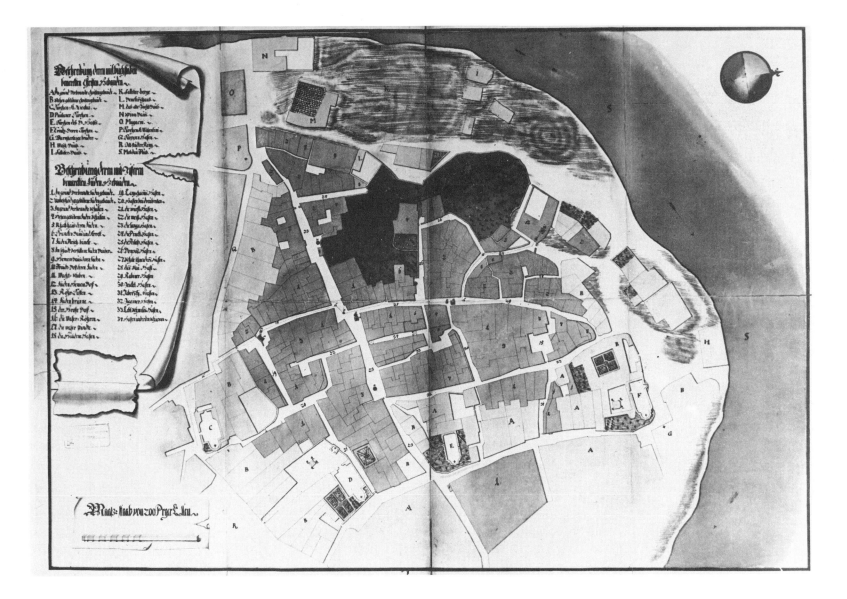

16.
J. F. Schor, **Vermessung der Prager Judenstadt nach dem Brand von 1754**

Schon im Jahre 1690 hatte man beschlossen, das Ghetto auf seinem alten Grundriß zu erneuern. Auf der Brandstätte errichteten die Juden in sehr kurzer Zeit getreue Kopien ihrer alten Wohnstätten. Nur vereinzelt gelang es, sie ein wenig zu verbessern. Über die Stadttore wurde bis 1702 verhandelt, schließlich wurde der Vorschlag angenommen, wieder sechs Tore mit einigen kleineren Abweichungen von ihrer früheren Lage vorzusehen. Aus den Aufzeichnungen über diese Verhandlungen geht hervor, daß die Judenhäuser damals schon numeriert waren.

Eine weitere Vermessung des Ghettos erfolgte 1714, durch den damaligen Hof-Maurermeister Jakob Anton Canevalle und Paul Ignaz Bayer. Die Pläne sind leider verschollen. Es waren aber schon neue Bestrebungen im Gange, den starken Bevölkerungszuwachs im Ghetto wirksam zu reduzieren. 1703 betrug die Einwohnerzahl des Ghettos 11 517 Personen, während in den vier Vierteln der Prager Altstadt (ursprünglich Pfarrbezirke) 11 618 Personen gezählt worden waren. Daher beauftragte Karl VI. (1711 bis 1740) eine Kommission, die sich mit der Frage der Reduzierung der jüdischen Bevölkerung befassen und diesbezügliche Vorschläge unterbreiten sollte. In diesem Zusammenhang ordnete er 1726 eine Zählung der jüdischen Bevölkerung an. Gleichzeitig sollte die Zahl der Häuser aller Prager Städte regi-

33

striert sowie ihre Größe und bauliche Verfassung festgestellt werden. Karl VI. ließ auch die Beschäftigung der Juden erfassen, jedoch erst drei Jahre später mit anders konzipierten, vorgedruckten Formularen. Vom Ghetto sollte ein detaillierter Plan erstellt werden, der nicht nur die Grundrisse der Häuser, sondern auch alle ihre Dispositionen verzeichnete. Ferner war die Numerierung aller Häuser und Wohnungen, der Synagogen, Schulen, Friedhöfe und anderen Objekte vorgesehen.

Leiter des Unternehmens war der damalige Landesvermesser Franz Anton Leopold Klose. Die Häuserblöcke wurden Prager Baumeistern zugeteilt, unter anderem auch Kilian Ignaz Dientzenhofer und Thomas Haffenekker. Es sind insgesamt fünf Pläne erhalten, die zweimal publiziert wurden, deren Originale jedoch verschollen sind. Das Ergebnis der Konskription aber ist vorhanden und gibt eine gute Vorstellung der Bevölkerungsdichte im Ghetto — 1729 wohnten dort 10 507 Personen in 333 von insgesamt 367 Häusern (34 waren unbewohnbar) — wie auch von der Struktur und Beschäftigung seiner Einwohner. Die Angaben über die Familien sollten klarstellen, wer vor 1618 in Prag ansässig war, und wer sich später, zum Beispiel nach der „Reduktion" von 1661, von der leider keine genauen Angaben existieren, in Prag niedergelassen hatte. Dem Landesvermesser sollten für die Leitung der Arbeit 450 Rheinische Gulden ausgezahlt werden; für die Pläne der einzelnen Objekte sollten die Baumeister 3 Rheinische Gulden erhalten. [64]/

Auch wenn einige der Reduktionsmaßnahmen, wie z. B. die Beschränkung der Familie, tief in das jüdische Leben eingriffen — vor allem das sogenannte „Familiantengesetz" von 1726 (vgl. S. 66), lebte die Prager Judengemeinde unter Karl VI. verhältnismäßig ruhig. Maria Theresia (1740—1780) jedoch erwies sich bald nach ihrem Regierungsantritt als Herrscherin, die vor radikalen Beschlüssen nicht zurückschrak. Es ist schwer zu sagen, was die Ursache der Ausweisung der Juden aus Prag und den Ländern der böhmischen Krone gewesen sein mochte, die ihr Dekret vom 18. Dezember 1744 anordnete. Die Aversion der Kaiserin mochte religiöse Wurzeln haben, die vielleicht von den Jesuiten

genährt wurden, welche bei den Habsburgern, vor allem als Beichtväter, Schlüsselpositionen innehatten. Als sie das Ausweisungsdekret unterzeichnete, war Maria Theresia zweifellos von der Gottgefälligkeit ihres Tuns überzeugt. Man sollte auch gewisse finanzielle Aspekte in Betracht ziehen. Die schlechte finanzielle Situation der Prager Judengemeinde dauerte schon mehrere Jahrzehnte, sie schuldete der Staatskasse große Summen und die Finanzkommissionen zerbrachen sich vergeblich den Kopf, wie man sie zwingen könnte, die Kontributionen zu bezahlen. Der Gewinn, den die Juden einbrachten, war weitaus geringer als vorausgesetzt, und darüber hinaus war die jüdische Gemeinde auch bei einigen Privatleuten hoch verschuldet (vermutlich im Zusammenhang mit dem Wiederaufbau des Ghettos nach dem Brand von 1689). Es ist auch nicht ausgeschlossen, daß während der bayrisch-französischen Besetzung Prags 1741 etliche Juden kollaborierten oder zumindest der Kollaboration beschuldigt wurden. In diesem Punkt war Maria Theresia sehr empfindlich. Zwar widmete die Judengemeinde der Kaiserin bei ihrer Prager Krönung das sogenannte „donum gratuitum" (freiwilliges Geschenk) in der Höhe von 90 000 Rheinischen Gulden, was jedoch an der beschlossenen Ausweisung nichts zu ändern vermochte. Die Juden sollten Prag bis zum 31. Januar 1745 und die Böhmischen Länder bis zum 30. Juni des gleichen Jahres verlassen.

Die Anordnung war eindeutig, ihre Ausführung jedoch nicht einfach, da ihr gegenseitige finanzielle Verpflichtungen im Wege standen. Deshalb verlängerte die Kaiserin die zum Verlassen der böhmischen Kronländer gegebene Frist von den ursprünglichen sechs Monaten auf sechs Jahre, und schließlich kehrten die Juden wieder nach Prag zurück. Die Böhmische Kammer war entschieden gegen ihre Vertreibung gewesen und hatte in zahlreichen Schreiben an den Wiener Hof mit genauen Zahlen auf die finanziellen Verluste hingewiesen, die diese Aktion der Stadt Prag und den Böhmischen Ländern verursachen mußte. Für Prag hat die Böhmische Kammer 2 519 646 fl. jährlich errechnet, auf dem Lande sollten die Verluste 1 888 633 fl. be-

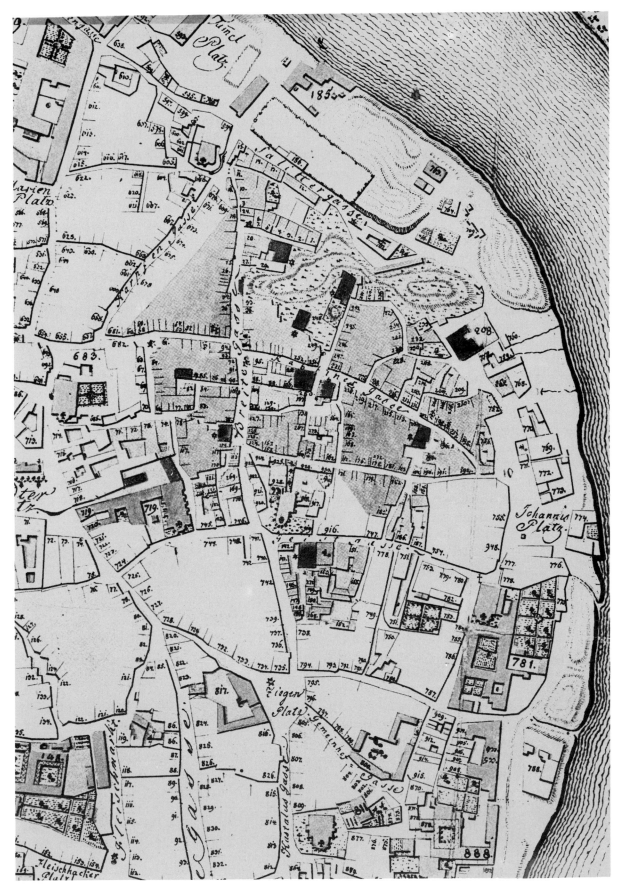

17.
Fr. A. L. Herget, „Die
Judenstadt auf dem Plan der
Hauptstadt Prag von 1790"

tragen. Bei der Schätzung des jüdischen Besitzes kam man bei den Synagogen auf die Summe von 170 000 fl., und es wurde darauf hingewiesen, daß trotz des Verbots von 1690 viele Häuser aus Holz gebaut worden waren und nach den zwei Jahren des Exils einzustürzen drohten. Überdies waren die Häuser ausgeplündert. Da vier bis sieben Häuser oft nur einen einzigen Eingang hätten, oder drei bis vier Häuser nur eine gemeinsame Küche und einen gemeinsamen Abtritt, sei die ursprüngliche Schätzung übertrieben hoch gewesen. Samt und sonders seien diese Wohnhäuser nicht mehr als 60 000 fl. wert. Die Böhmische Kammer erinnerte die Kaiserin auch daran, daß die Juden schon Jahrhunderte mit Bewilligung der Herrscher und unter dem Schutz ihrer Privilegien in den Böhmischen Ländern lebten.

Um den Juden die Vertreibung zu ersparen, griff die Böhmische Kammer zu dem in jener Zeit ungewöhnlichen Mittel einer öffentlichen Meinungsumfrage. Sie schickte allen Repräsentanten der Prager Zünfte und des Kaufmannsstandes Fragebogen, in denen sie eintragen sollten, was sie gegen die Juden vorzubringen hätten, ob sie sich durch ihre Anwesenheit in Prag beeinträchtigt fühlten oder nicht, und ob die Juden auch weiterhin exiliert werden sollten. Es zeigte sich, daß nur eine beschränkte Zahl verhältnismäßig unwichtiger Zünfte, wie die Goldsticker, Posamentierer, Handschuhmacher, Perückenmacher, Hutmacher, Bürstenbinder, Zinngießer, Ofensetzer und Spengler sich für die endgültige Vertreibung der Juden aussprachen. Es waren jene Handwerkssparten, in denen die Juden den Christen durch eigene Erzeugung oder durch Import Konkurrenz machten. Dem gegenüber waren die größeren und wichtigeren Zünfte wie die der Bäcker, Fleischer, Maurer, Zimmerleute, Tischler, Schlosser, Zimmermaler und andere der Ansicht, daß die Aussiedlung der Juden für sie starke finanzielle Verluste bedeutete, und gaben ihre Stimme für die Rückkehr der Juden aus dem Exil ab. Schließlich gelang es der Böhmischen Kammer, Maria Theresia zu überzeugen. Sie hob das Ausweisungsdekret auf, und nach fast vier Jahren durften die Juden wieder nach Prag zurück. [65]/

Wo sie diese Jahre verbracht hatten, weiß man nicht genau. Manche von ihnen waren wohl im Ort Lieben bei Prag untergekommen. In der Mitte des 18. Jahrhunderts standen dort 38 von Juden bewohnte Häuser, in denen 135 Familien einquartiert waren. [66]/ Aus dem Ghetto mußten 1 500 Familien ausgesiedelt worden sein, deren Mehrzahl weiter gepilgert war, weil die Juden sich laut Dekret in keiner geringeren Entfernung als zwei Stunden Wegs von Prag niederlassen durften.

Ende August 1748 kehrten die ersten 58 Familien nach Prag zurück und im Oktober folgenden Jahres weitere 918 Familien. Sie fanden ausgeplünderte Häuser vor, in denen es am Nötigsten mangelte. Viele Gebäude waren am Einstürzen. Es war kaum gelungen, sie ein wenig instandzusetzen, da brannte das Ghetto 1754 erneut nieder. [67]/ Auch dieser Brand war gelegt worden, es ließ sich aber nicht eruieren, wer die Brandstifter gewesen waren. Wieder soll das Feuer in einem Christenhaus gegenüber der Altschule ausgebrochen sein, gleichzeitig aber begann es auch in der Zigeunergasse und neben der Großenhof-Synagoge zu brennen. Damals brannten in der Judenstadt 190 Häuser ab, nahezu zwei Drittel aller Bauten; nur die Häuserblöcke beim Alten jüdischen Friedhof und am Moldauufer blieben verschont. Bei den aus Stein und Ziegeln gebauten Objekten war der Schaden kleiner. Das Fachwerk und die Dachstühle verbrannten, die gemauerten Wölbungen hielten zumeist stand. Zum Beispiel blieb die reich mit Stuck verzierte Wölbung der Zigeuner-Synagoge erhalten, obgleich das Gebäude sich im Zentrum des Brandes befand. Von der Hoch-Synagoge verbrannte lediglich das Dach. Größere Schäden verursachte das Feuer im benachbarten Rathaus, dessen oberes Stockwerk vermutlich nicht eingewölbt war. Am ärgsten traf das Feuer jene Objekte, die trotz des Verbotes von 1689 nur aus Holz bestanden. Auch das jüdische Spital und das Waisenhaus verbrannten.

Mit der Ausarbeitung eines Plans zum Wiederaufbau des Ghettos wurde Ing. Johann Ferdinand Schor betraut. Er sollte vor allem auf eine entsprechende Breite der Gassen achten. In den engen Gassen durften die Häu-

18.
J. Jüttner, Die Judenstadt auf dem Plan von 1811—1815

37

ser höchstens dreistöckig sein, in den breiteren waren vierstöckige bewilligt. Die obersten Geschosse sollten gemauert sein, keinesfalls aus Holz, die Dächer sollten aus Dachziegeln und nicht aus Schindeln bestehen. Diese Bestimmungen wurden freilich weder im Ghetto noch in den anderen Prager Stadtteilen strikt befolgt. Noch in den vierziger Jahren des 19. Jahrhunderts hatten viele Prager Häuser Schindeldächer. [68]/

Der Zustand der Judenstadt nach dem Brand von 1754 ist aus dem 1758 angefertigten Plan klar ersichtlich. Wie 1689 brannten außer dem Ghetto auch von Christen bewohnte Häuserblöcke, vor allem im Umkreis der Altschule und nördlich der Hl. Geist-Kirche. [69]/ Die Prager Judengemeinde, finanziell ruiniert durch die Ausweisung aus Prag und das von 1745—1748 dauernde Exil, darüber hinaus durch die horrenden Summen, die die Instandsetzung der ausgeplünderten, vernachlässigten Häuser gekostet hatte, war unfähig, die Judenstadt mit eigenen Mitteln wieder aufzubauen. Sie mußte große Anleihen bei staatlichen Institutionen und bei Privatleuten aufnehmen. Die Wiener Bank gewährte ein Darlehen von 200 000 fl., weitere 185 000 fl. kamen aus privaten Quellen. Repräsentanten des böhmischen Adels, kirchliche Institutionen sowie die Bürgerschaft liehen erhebliche Beträge. Es existieren Verzeichnisse der Schäden an Häusern und Mobiliar, die insgesamt 800 444 fl. betrugen. Von dem geliehenen Geld wurde den Geschädigten eine Summe in der Höhe von 40 fl. bis zu 3000 fl. ausbezahlt. Vermutlich ging es um Menschen, denen das Dach über dem Kopf abgebrannt war oder deren gesamtes Mobiliar neu angeschafft werden mußte. [70]/

Die Wiederherstellung der Prager Judenstadt nach dem Brand von 1754 fiel in die Zeit des Spätbarock und des Frühklassizismus. Leider gibt es heute bloß einen einzigen Zeugen dieser Ära — das Gebäude des jüdischen Rathauses, das der Baumeister Joseph Schlesinger im Stil des Spätbarock 1763 beendete. Im Uhrturm verwahrte man eine Denkschrift, die den Bericht über eine Anleihe von 200 000 fl. enthält, die es ermöglicht hatte, öffentliche und private Gebäude im Ghetto zu restaurieren oder neu zu bauen.

Von den öffentlichen Gebäuden war nicht nur das Rathaus umgebaut worden, sondern auch die Zentralkasse, das Gefängnis und das Spital, das zeitweilig in das Lazarett beim Pestfriedhof in Wolschan verlegt worden war, die Wohnung des Oberrabbiners, der neue Brunnen und das neue Große Tor.

In den siebziger Jahren kaufte die jüdische Gemeinde ein Haus, das dem Ritter von Golz gehört hatte, und ließ es nach Plänen von Ignaz Palliardi zu einem Zinshaus umbauen. Gegen Ende des 18. und zu Beginn des 19. Jahrhunderts wirkten bedeutende Prager Baumeister wie Alois Palliardi, Karl Schmidt, Johann Prachner, Franz Heger und Heinrich Hausknecht im Ghetto. [71]/ Die Prager Judenstadt zwischen 1754 und 1756 hält ein plastisches Modell aus bemaltem Karton fest, das Anton Langweil, ursprünglich Miniaturmaler und Lithograph in der Zeit von 1826 bis 1837 mit viel Liebe und äußerster Genauigkeit verfertigte. Seine einzigartige Arbeit hat ein Stück Vergangenheit festgehalten. Anscheinend war das Ghetto damals noch nicht das verrufene Armenviertel, das die Fotografien aus der zweiten Hälfte des 19. Jahrhunderts zeigen.

Zur Zeit, als der Wiederaufbau des Ghettos seinem Ende zuging, trafen die Vorboten der josephinischen Aufklärung ein. 1792 bis 1797 wurden die Patente erlassen, die die bürgerrechtlich benachteiligte Stellung der jüdischen Bevölkerung von Grund auf verändern sollten. Der Geist der Aufklärung brachte jedoch auch Unruhe ins Ghetto. Die Geister schieden sich: neben jenen, die eine Assimilierung der Juden an die christliche Umwelt begrüßten, vertraten andere unbeugsam konservative Ansichten. Vor allem die Rabbiner verteidigten die alten Traditionen.

Der Wiederaufbau des Ghettos im klassizistischen Stil bedeutete wie anderenorts auch eine Verschlechterung der Wohnqualität, vor allem dort, wo immer neue Flügel angebaut wurden und den Höfen Raum, Licht und Luft stahlen. Obwohl das Ghetto keine streng getrennte Enklave mehr war — das letzte Ghettotor war 1822 niedergerissen worden — verschlechterten sich die Wohnbedingungen zusehends. Mit Ausnahme einiger Patrizierhäuser, zu denen das Wedeles-Haus gehörte

19.
Fahne der Prager Judenstadt,
gestiftet von Mordechai Meisl

20.
Häuserblöcke zu beiden Seiten der damaligen Rabbinergasse in nördlicher Richtung.
A. Langweil, „Modell der Hauptstadt Prag"

1204 unheizbare Zimmer, 276 Kammern, 201 Keller, 1198 Küchen und 356 Altane im Dachstuhl für das Laubhüttenfest (Sukkot). 1806 gab es 278 Häuser, deren Räumlichkeiten ungefähr die gleiche Struktur hatten. In ihnen wohnten 1629 Familien, insgesamt 6298 Personen. Über den Zustand der Wohnhäuser unterrichtet ein Verzeichnis von 1820, das erneut eine Beschreibung der Wohnungen und der später bis zu 1835 ausgeführten Veränderungen enthält. Damals gab es 276 Häuser, also um zwei weniger als um 1806. Mehr als 80 von ihnen waren so reparaturbedürftig, daß der Prager Magistrat die Besitzer wiederholt aufforderte, ihm diesbezügliche Baupläne zur Genehmigung vorzulegen. Zweifellos wurden damals mehrere Gebäude instandgesetzt, denn wer der Forderung des Magistrats nicht nachkam, mußte eine Geldstrafe bezahlen. Freilich erlaubte die geringe Ausdehnung des Ghettos keinen Spielraum für effektive Erneuerungen. Darüber hinaus war der Klassizismus in seinen Auswirkungen entschieden utilitaristischer als die vorangegangene Epoche. In der ersten Hälfte des 19. Jahrhunderts entstehen in Prag die schlechtesten Bauten, sofern es sich nicht um noble Bauvorhaben handelte, bei denen man nicht sparen mußte. Die Umbauten dieser Zeit zeichnen sich durch Teilung und Unterteilung aus, mit dem Ziel, so viele Wohnungen als möglich herauszuschlagen. Und da dies in ganz Prag der Fall war, kann man voraussetzen, daß im Ghetto noch rücksichtsloser vorgegangen wurde. Die Häuser wurden aufgestockt, was die Gassen noch schmaler erscheinen ließ und die Wohnungen zu dunklen Löchern ohne Licht und Luft machte. [72]/

Demnach ist es kein Wunder, daß zu Beginn des 19. Jahrhunderts die wohlhabenderen Juden bestrebt waren, das übervölkerte Ghetto, eine Brutstätte ansteckender Krankheiten, zu verlassen. Bis 1806 war es der Gemeinde gelungen, außerhalb der Ghettogrenzen 89 Häuser zu erwerben, in die 181 Familien, insgesamt 760 Personen, übersiedelten. Die Häuser befanden sich zum großen Teil in der Karpfengasse, der Geistgasse, am Stockhaus und auf dem Johannesplatz. Dieser erweiterte Sprengel, der verwaltungsrechtlich nicht zum Ghetto gehörte, wurde „Unter der

oder das mit Terrassen versehene Moscheles-Haus, das Renaissance-Haus des Bassewi von Treuenberg oder das des Samuel Hönig von Hönigsberg, gab es nur minderwertige Gebäude mit überfüllten Wohnungen und ungenügenden hygienischen Einrichtungen.

Zu Beginn des 19. Jahrhunderts wurden mehrere Konskriptionen von Häusern und Wohnungen durchgeführt, an Hand derer man sich eine Vorstellung der Wohnverhältnisse im Ghetto machen kann. 1801 gab es dort 274 Häuser, die in 1191 Anteile geteilt waren. Jeder Anteil — und sei es bloß eine Kammer — bedeutete realen Hausbesitz. In diesen Häusern gab es 1790 heizbare und

Schnur" genannt, weil er vom anliegenden Teil der Altstadt durch einen Draht getrennt war, der anzeigte, bis wohin die Juden am Samstag gehen durften. Bis 1811 gelang noch der Hinzuerwerb von weiteren 20 Häusern im Bereich der Hl. Geist-Kirche. 1812 kam der Sprengel „Unter der neuen Schnur" hinzu, der bis 1836 um weitere 53 Häuser erweitert werden konnte. In der eigentlichen Judenstadt wurde damals 42 Häuser gebaut, 22 umgebaut und 4 Häuser niedergerissen. Diese Erweiterung der Judenstadt über ihre ursprünglichen Grenzen hinaus ging nicht ohne Schwierigkeiten vor sich. Der Ankauf von Christenhäusern wurde wiederholt verboten, und noch um 1846 versuchte der Prager Magistrat, die Juden zu zwingen, in das Ghetto zurückzukehren. Gegen diese Tendenzen richtete sich das Argument, daß die Juden in anderen europäischen Städten wohnen könnten, wo es ihnen beliebte, und ein Ghetto nur mehr in Prag und im Orient existierte. Zu einer endgültigen Lösung dieser Frage kam es jedoch erst im Revolutionsjahr 1848. 1849 wurde das Prager Ghetto unter dem Namen Josephstadt zum V. Prager Stadtviertel. Jedoch erst 1861 wurde die Josephstadt den anderen Prager Stadtvierteln gleichgestellt, womit die Juden endlich auch de facto gleichberechtigte Bürger wurden, die nach Belieben ihren Wohnort wählen konnten. [73]/

Auf die alte Judenstadt wirkte sich diese positive Entwicklung eher tragisch aus. Allmählich wurde sie zu einem Armenviertel für Juden und Christen und ihr Schicksal begann sich zu erfüllen: nicht nur ihre Bevölkerungsstruktur, auch ihre von Christen bewohnte Umgebung veränderte sich. Am Moldauufer, bis dahin ein spärlich und notdürftig bebautes Überschwemmungsgebiet — mit Ausnahmen eines kurzen Streifens nördlich der Karlsbrücke — entstand zuerst nach der Nivellierung des Geländes in den Jahren 1841—1845 der heutige Smetana-Kai (Smetanovo nábřeží) mit dem Denkmal Kaiser Franz I. Zwanzig Jahre später folgte der Bau des Lažanský-Palais an der Ecke des Moldau-Kais und der heutigen Národní, eines prächtigen, im Geiste der Neurenaissance entworfenen Palastes. Etwas später, von 1868—71, baute man das Interimstheater, gefolgt vom Pracht-

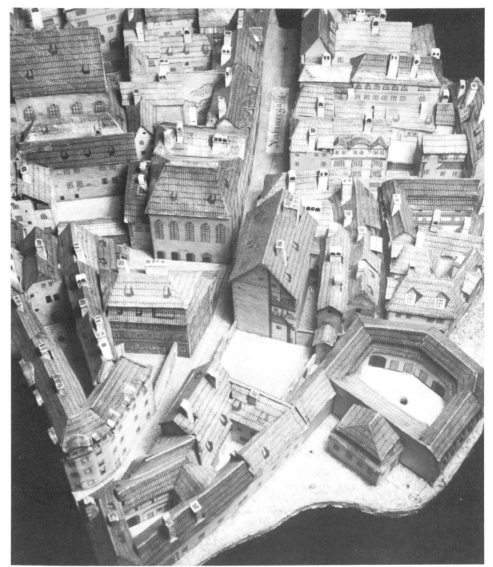

bau des Nationaltheaters, das 1881 vollendet wurde. Fast gleichzeitig hatte man auch mit der Urbanisierung der nördlichen Teile des Moldauufers begonnen, im Bereich des bisherigen Tummelplatzes in der Nähe der Plattner- und der Karpfengasse, sowie der Zone der Salitereien und des aufgestapelten Flößholzes, das auf Langweils Modell an konstruktivistische Architekturen gemahnt. Von 1876—84 baute man das Rudolfinum (heute Dům umělců — Künstlerhaus), ursprünglich als Galerie der Gesellschaft der patriotischen Kunstfreunde (Společnost vlasteneckých přátel umění). Die im Stil der Neurenaissance gehaltenen Gebäude der Kunstgewerbeschule folgten kurz darauf.

21.
Blick auf die gleichen Häuserblöcke in östlicher Richtung. A. Langweil, „Modell der Hauptstadt Prag"

1856 begannen die Verhandlungen über das „Assanierungsgesetz". Nachdem alle vermögensrechtlichen, technischen und finanziellen Fragen geklärt waren, konnte man 1889 an die Vermarkung der einzelnen zur Sanierung freigegebenen Bezirke herangehen. Damals wurden zwei Assanierungsgebiete bestimmt. Das erste war das gesamte V. Stadtviertel — die Josephstadt mit den anliegenden Teilen der Prager Altstadt, das zweite war ein Teil der Neustadt. Der Stadtrat hatte schon 1882—86 einen Wettbewerb für den Sanierungsplan ausgeschrieben. Nach dem Inkrafttreten des Gesetzes wurde das Assanierungsgebiet in 38 Sektoren eingeteilt. Dann begann man im nördlichen Teil des Ghettos, zwischen der Josephstädter Straße, der Geistgasse, der heutigen Pařížská und dem Altstädter Ring, die zum Verschwinden verurteilten Gebäude niederzureißen. Trotz aller Schwierigkeiten und der Proteste jener, die kunsthistorisch wertvolle Objekte zu retten versuchten, wurde der Assanierungsplan von 1897—1917 restlos verwirklicht. An der Stelle der Judenstadt und der anliegenden Teile der Prager Altstadt wurde ein neues, modernes Stadtviertel errichtet. Der Assanierung fielen auch wervolle historische Objekte außerhalb des Ghettos zum Opfer, wie das Benediktiner-Kloster St. Niklas, nach den Projekten von F. M. Kaňka und K. I. Dientzenhofer ausgeführt, nur die Klosterkirche mit einer eher mißlungenen Kopie der Prälatur blieb erhalten. Die Häuser auf der Nordseite des Altstädter Rings und das schöne Kren-Haus, das den Platz nordwärts abgeschlossen hatte, wurden niedergerissen. [74]/

Das Prager Ghetto hat sich im Verlauf seiner Existenz außerordentlich widerstandskräftig, zäh und ausdauernd erwiesen. Naturkatastrophen, vor allem die großen Brände wüteten im übervölkerten Ghetto mit seinen engen Gassen noch ärger als in den anderen Stadtteilen. Von Zeit zu Zeit wurde die Judenstadt von Überschwemmungen heimgesucht, die das Ghetto ebenso gefährdeten wie die anderen am Moldauufer gelegenen Stadtteile. Darüber hinaus gab es bis zum 19. Jahrhundert Pestepidemien, die die unter miserablen hygienischen Verhältnissen zusammengepferchte jüdische Bevölkerung dezimierten.

Hinzu kamen die wiederholten Versuche, die Bevölkerung des Ghettos zu reduzieren oder ganz auszuweisen. Das alles jedoch hatte die Prager Judengemeinde unter schweren finanziellen Opfern immer wieder zu überwinden gewußt. Was sich nicht überwinden ließ, war die Verelendung, die in der zweiten Hälfte des 19. Jahrhunderts als Folge der Emanzipation und des Auszugs eines Teils der jüdischen Bevölkerung eintrat.

Die verlockende Gelegenheit, sich außerhalb des Ghettos niederzulassen, konnten vor allem die reicheren Schichten nutzen. Eben darunter begann allmählich der traditionelle Gemeinsinn der jüdischen Bevölkerung zu leiden und das verursachte schließlich den Verfall der Häuser, die niemand mehr instandsetzen wollte oder konnte. So reiften die Bedingungen für die „Assanierung" heran, die die Josephstadt, das V. Prager Stadtviertel und ehemalige Ghetto, auf immer auslöschen sollte.

Aber das Gebiet der ehemaligen Judenstadt mit seinen verschonten Synagogen — der Altneuschule, der Hoch-Synagoge, der Klausensynagoge, der Meisl-Synagoge, der Pinkas-Synagoge und dem Tempel, der auch Spanische Synagoge genannt wird- und dem jüdischen Rathaus blieb auch nach der Assanierung das Kultuszentrum der jüdischen Bevölkerung von Böhmen und Mähren. Nur für eine kurze Zeit war es den Hitlerfaschisten gelungen, diese außergewöhnliche Stellung durch die Judendeportationen nach Theresienstadt und in andere Konzentrationslager zu unterbrechen. In diesen tragischen Zeiten war die religiöse und administrative Funktion des jüdischen Zentrums eingestellt worden. Heute erscheint es wie ein Wunder, daß damals, anders als in den historischen jüdischen Zentren Deutschlands wie Worms oder Frankfurt a. M., keines der Prager jüdischen architektonischen Denkmale vernichtet wurde. Alle Synagogen blieben erhalten und auch der Alte Jüdische Friedhof blieb unberührt, ebenso das gesamte wertvolle Inventar der geschlossenen Synagogen auf dem Gebiet des Protektorats Böhmen und Mähren, das inventarisiert und deponiert wurde. Das gleiche galt von den unzähligen Büchern, die damals aus dem gesamten Protektoratsgebiet

und aus anderen Orten der Tschechoslowakei nach Theresienstadt geschafft worden waren. Deshalb war es möglich, gleich nach der Niederlage des Hitlerfaschismus in Prag an die alten Traditionen anzuknüpfen.

Die historischen Objekte des Ghettos von Prag begannen in kultureller und administrativer Hinsicht wieder ihre ursprüngliche Funktion zu erfüllen. In der Altneusynagoge werden Gottesdienste abgehalten, das jüdische Rathaus wurde wieder Verwaltungszentrum der jüdischen Gemeinden in der Tsche-choslowakei, und die anderen Gebäude dienen als Ausstellungsräume und als Depositorien des Staatlichen Jüdischen Museums, das eine umfangreiche Sammlung kostbarer synagogaler und häuslicher Kultgegenstände sowie eine reichhaltige hebräistische Bibliothek verwaltet. Dort, wo es einst stand, lebt das Ghetto in der Erinnerung an seine Traditionen und Schicksale weiter, von denen die erhaltenen historischen Gebäude und der Alte Jüdische Friedhof viel zu erzählen wissen.

22.
J. Minařík: Abbruch der Häuser in der Rabbinergasse während der Assanierung der Judenstadt. Ölgemälde

Es ist heute fast unmöglich, sich eine Vorstellung von der längst erloschenen Gemeinschaft im Ghetto zu machen, die jahrhundertelang in der gleichen Region lebte. Von den zahllosen Menschenleben, deren Schicksal sich in der Judenstadt vollendete, erzählen einige Grabsteine auf dem Alten Jüdischen Friedhof in der bilderreichen Sprache ihrer Zeit. Diesen oder jenen Namen findet man in alten Chroniken, und die bedeutendsten Persönlichkeiten des Ghettos werden in den Memorbüchern der Synagogen erwähnt. Alles, was wir vom Leben der Prager Judenstadt wissen, betrifft seine repräsentative Außenseite, und das genügt nicht, um das Wesen einer lebendigen Gemeinschaft zu erfassen, ihren Alltag und ihre Feierstunden. Gleichwohl wollen wir versuchen, die mannigfaltigen Informationen zu einem Mosaik zusammenzustellen, das eine gewisse Vorstellung des Ghettolebens zu geben vermag.

Eingangs muß gesagt werden, daß die Bewohner des Ghettos ein Doppelleben führten. Der geistige Gehalt ihres Daseins wurde vom Ablauf des jüdischen religiösen Jahres bestimmt, von unzähligen Vorschriften, Gebeten und Verboten begleitet. Sie stammen einerseits aus dem Alten Testament, vor allem aus dem Pentateuch — der Thora, andererseits aus der mündlichen, in der Mischna kodifizierten Tradition, die im Talmud präzisiert und durch unzählige Erläuterungen der einzelnen Gebete und Verordnungen ergänzt worden war. Weitere Ergänzungen stammen aus Erläuterungen und Entscheidungen rabbinischer Autoritäten seit dem Beginn des Exils (nach der Zerstörung des Tempels von Jerusalem im Jahre 70 unserer Zeitrechnung), die immer wieder aufs neue erläutert und präzisiert wurden. Wenn die rabbinischen Autoritäten einander widersprachen, entstanden Polemiken, die abermals zu Beschlüssen und Entscheidungen führten.

Die Bestimmungen, Gebote und Verbote betrafen alle Lebensbereiche, wie aus den Titeln der sechs „Ordnungen" (Teile) der Mischna hervorgeht: I. „Seraim" (Saaten) befaßt sich mit menschlichen Beziehungen, der Landwirtschaft und dem religiösen Alltag, vor allem den Gebeten. II. „Moed" (Feste) enthält Bestimmungen zum Sabbat, den Feiertagen und dem jüdischen Kalender. III. „Naschim" (Frauen) behandelt Bestimmungen über Ehe, Eherecht, Scheidung und Schwagerehe. IV. „Nesikin" (Schädigungen) betrifft das Zivil- und Strafrecht. V. „Kodaschim" (Heiligkeiten) befaßt sich mit Gottesdiensten und dem Opfer- und Schächtgesetz, also den Regeln für die rituelle Schlachtung. VI. „Teharot" (Reinheiten) enthält Bestimmungen über Verunreinigung und Reinigung.

Die Mischna ist ein Kodex und bildet das Kernstück des Talmud, der von der sogenannten Gemara ergänzt wird. Die Gemara enthält Erläuterungen und Polemiken zu den einzelnen, in Traktate und Kapitel eingeteilten Ordnungen der Mischna. Es existieren zwei Versionen des Talmud. Die palästinische wurde vom jüdischen Kulturzentrum erstellt, das auch nach der Zerstörung des Tempels von Jerusalem weiter bestand und in Palästina wirkte. In der Zeit des Kaisers Hadrian (117—138 u. Z.), besonders nach der unterdrückten Revolte des Bar Kochba (135 u. Z.), haben sich für die Juden in Palästina die Bedingungen des religiösen Lebens und allmählich auch die ökonomischen Verhältnisse verschlimmert. Damals übersiedelten viele nach Babylonien, wo sie in relativer Ruhe leben und neue Religionszentren gründen konnten. Dort wurde der babylonische Talmud verfaßt, der jünger ist als der palästinische. Während die Mischna noch hebräisch geschrieben ist, ist die Gemara der beiden Talmude — des kürzeren palästinischen und

/II/
DAS PRAGER GHETTO

des weitaus umfangreicheren babylonischen — in west- und ostaramäischer Sprache verfaßt, die seit dem 2. Jahrhundert u. Z. das Hebräisch im literarischen Bereich zu verdrängen begann. In beiden Versionen des Talmud wechselt der religionsgesetzliche Teil, die „Halacha" (wörtlich — der Gang) mit historischen, volkstümlichen Erzählungen ab, die auf hebräisch „Haggada" heißen.

Die erste im Talmud verankerte Pflicht für Männer ist das Morgen-, das Nachmittags- und das Abendgebet. Die Gemeinde versammelt sich am Montag, am Donnerstag und am Morgen des Sabbat und abends zu gemeinsamen Gebeten in der Synagoge. Das Kernstück des Sabbat-Gottesdienstes ist die Lesung aus der Thora, die in 54 sogenannte „Sedarim" (Ordnungen oder Abschnitte) eingeteilt ist, damit im Laufe des Jahres die ganze Thora vorgelesen werden kann.

Eine weitere Pflicht war die Einhaltung der rituellen Reinheit, was sowohl die Nahrung als auch das sexuelle Leben betraf. Als rein gilt nur das Fleisch von Wiederkäuern mit gespaltenen Klauen und von Fischen mit Flossen und Schuppen. Bei Vögeln gibt es Verzeichnisse jener Gattungen, deren Genuß erlaubt war. Voraussetzung ist in jedem Fall die rituelle Schlachtung (Schächtung) des Tieres und sein vollständiges Ausbluten. Diese Tötungsart war schon im Alten Ägypten üblich. Die jüdische Küche kennt kein Wildbret, weil des Erschießen eines Tieres den rituellen Vorschriften nicht entspricht und daher nicht „koscher" ist. Die orthodoxen Juden haben ihre eigenen Schlächter (Schochet), die die traditionelle rituelle Schlachtung vollziehen. Aber nicht jedes nach Vorschrift geschlachtete Tier ist rein; falls an seinen inneren Organen eine Anomalie festgestellt wird, ist es für den Genuß ungeeignet. Dieser Umstand erklärt die Tatsache, daß die Christen häufig Fleisch bei jüdischen Metzgern kauften, was im Prager Ghetto Anlaß zu Mißhelligkeiten gab. Die kirchlichen Institutionen sahen es nämlich ungern, wenn Christen am Sonntag Fleisch bei den Juden kauften. Zu den Speisegesetzen gehört auch, daß der gleichzeitige Genuß von Milch- und Fleischspeisen untersagt ist. In konservativen

Haushalten gibt es getrenntes Geschirr zur Zubereitung von Fleisch- oder Milchspeisen; sogar verschiedene Geschirrtücher werden verwendet. Im sexuellen Leben erlaubt die rituelle Reinheit während der Menstruation der Frau keinen geschlechtlichen Verkehr. Nach Beendigung der Menstruation mußte sich die Frau im rituellen Bad, der „Mikwe" reinigen.

Ein Zölibat im Sinne der christlichen Religion kennt das Judentum nicht. Das im Talmud verankerte Fundament des Lebens im Sinne des Judaismus ist die Familie. Die Eheschließung ist göttliches Gebot. Die Trauungszeremonie findet unter einem „Chuppa" genannten Trauhimmel statt, der die Freiwilligkeit der Braut („Chala") bei der Eheschließung symbolisiert. Ein weiteres Symbol ist der Trauring, den der Bräutigam („Chatan") im Beisein zweier Zeugen während des über einem Becher Wein gesprochenen Segens „Kiddusch" der Braut an den Zeigefinger steckt. Ein Bestandteil der Hochzeitszeremonie ist auch das Vorlesen des Ehevertrags „Ketuba", der die gegenseitigen Rechte und Pflichten der Brautleute enthält. Unter anderem garantiert der junge Ehemann der Gattin materielle Sicherstellung im Falle einer ihrerseits schuldlosen Scheidung oder der Verwitwung. Nach dem Vorlesen der Ketuba werden über dem Becher Wein die sieben Trausegen gesprochen und als Beendigung der Zeremonie zerbricht der Bräutigam ein Glas zum Gedächtnis an die Zerstörung des Tempels von Jerusalem.

Kinder betrachtet man als Erfüllung der Ehe. Auf die Nachkommen legt man so großen Wert, daß eine länger währende Unfruchtbarkeit der Frau ein Scheidungsgrund ist. Ein neugeborener Knabe wird am achten Tag nach seiner Geburt beschnitten, womit er Mitglied der Gemeinde wird — ein Sohn des Bundes. Nach der Tradition ist nur ein Knabe, der einer jüdischen Mutter geboren wurde, ein Jude, ob er nun beschnitten ist oder nicht, die Kinder eines jüdischen Vaters und einer nichtjüdischen Mutter sind keine Juden. Der jüdische Knabe wird im religiösen Sinn mit dreizehn Jahren erwachsen, er wird „Bar Mizwa" — gebotspflichtig, wörtlich „Sohn des Gebotes". Von nun an muß er alle

Gebote beachten. Beim Gebet muß er die „Tefillin" (Gebetsriemen) anlegen und kann beim Gottesdienst in der Synagoge zum Vorlesen der Thora aufgerufen werden. Da jüdische Knaben sehr früh zu lernen beginnen, ist das Lesen aus der Thora kein Problem für einen dreizehnjährigen. Mädchen werden — ebenfalls im religiösen Sinn — mit zwölf Jahren erwachsen. Allerdings werden den Frauen von der jüdischen Religion viel weniger konkrete Pflichten auferlegt, abgesehen vom göttlichen Gebot, Kinder zu gebären.

Die für den Sabbat und die Feiertage geltenden Bestimmungen mußten von beiden Geschlechtern streng eingehalten werden. Der Sabbat, der siebente Tag der Woche, ist ein Ruhetag, an dem man weder arbeiten, noch Handel treiben, reisen oder gar eine

Waffe gebrauchen darf. Nur in unmittelbarer Lebensgefahr darf ein Jude zur Waffe greifen. Der Sabbat ist religiösen Pflichten und Werken der Barmherzigkeit gewidmet. Die Gemeinde versammelt sich in der Synagoge zum Gottesdienst, in den freien Stunden besucht man Alte und Kranke. Die Ankunft des als Braut personifizierten Sabbat feiert man mit dem Anzünden von mindestens zwei Kerzen, über denen, ebenso wie über einen Becher Wein, der Sabbatsegen gesprochen wird. Die schon am Vortag zubereiteten Speisen sind reichhaltiger als an den anderen Tagen der Woche. Der Sabbat endet abermals mit dem Segen, der über dem Wein und den Kerzen — manche sind aus mehreren Dochten geflochten — gesprochen wird.

Das jüdische Synagogenjahr beginnt im

23.
J. G. Hartmann—J. Hiler, Umzug der Prager Juden anläßlich der Geburt des Thronfolgers Prinz Leopold, 1716, Kupferstich

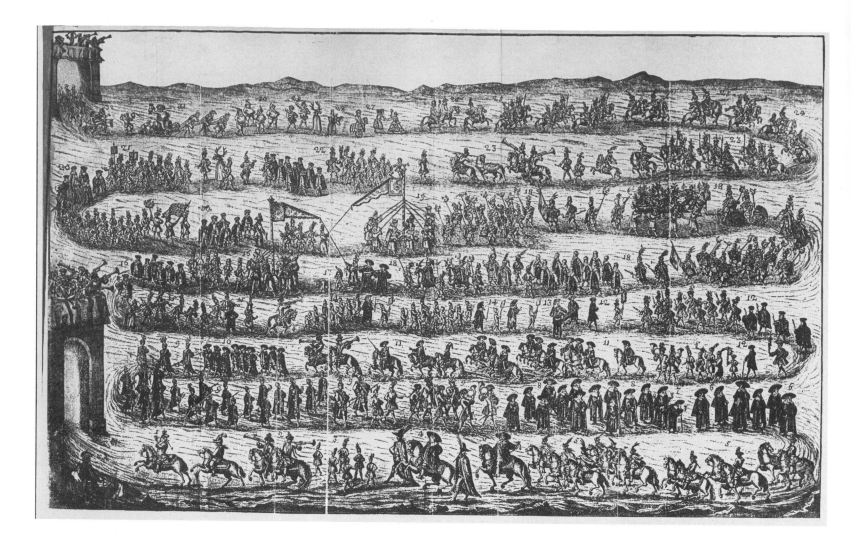

24.
Umzug der Prager Juden anläßlich der Geburt des Thronfolgers Prinz Joseph, 1741. Kupferstich

Herbst, mit dem ersten Tag des Monats Tischri. Da das jüdische Jahr ein Mondjahr ist, das sich regulieren läßt, findet das Neujahrfest „Rosch-ha-Schana" im September oder im Oktober statt. Rosch-ha-Schana ist ein ernstes Fest. Es erinnert an die Erschaffung der Welt und ist ein Tag der Besinnung, der die zehntägige Bußzeit eröffnet, zu der das Blasen des „Schofar" (eines Widderhorns) die Gemeinde aufruft. Diese Bußzeit wird am 10. Tischri mit dem Versöhnungstag „Jom Kippur" beendet. An diesem Tag soll sich jeder Jude mit seinem Nächsten versöhnen und um Vergebung für seine Sünden bitten. Jom Kippur ist ein Festtag, die Strenggläubigen verbringen den ganzen Tag in der Synagoge im Gebet. Der Schlußgottesdienst

endet mit der Lobpreisung des einzigen Gottes.

Fünf Tage nach Jom Kippur, am 15. Tischri — also entweder im September oder im Oktober — folgt das Laubhüttenfest „Sukkot". Es dauert sieben Tage und war ursprünglich ein Erntedankfest. Ein Symbol dieses Festes ist außer der „Sukka" — der Laubhütte — auch der aus einem Palmzweig, einem Myrtenstengel und einer Bachweidenrute bestehende Feststrauß, der „Lulaw" sowie der „Etrog" — eine Zitrusfrucht. Die Palmenzweige und die Etrog-Früchte wurden nach Böhmen aus Kalabrien eingeführt. Der Lulaw wurde zum Dankgottesdienst in einer Prozession zur Synagoge getragen und geschwenkt. Während der sieben Tage des Festes speiste man in einer Sukka, einer altanähnlichen Hütte. In der Prager Judenstadt waren diese „Sukkot" als fester Bestandteil des Hauses im Dachstuhl eingerichtet.

Am neunten Tage nach dem Beginn des Laubhüttenfestes begeht man „Simchat Tora", das Thora-Freudenfest. An diesem Tage nämlich endet der Thora-Vorlesungszyklus und ein neuer, wieder auf ein Jahr verteilt, beginnt. An diesem Tage werden ausnahmsweise auch Knaben, die jünger sind als dreizehn Jahre, zum Vorlesen der Thora aufgerufen. Mit dem Laubhüttenfest beginnen zwar die ersten hohen Feiertage im jüdischen Kalender, aber sie sind die letzten des Landwirtschaftsjahres, das im Frühjahr beginnt.

Im Monat Kislew, dem dritten Monat des jüdischen Kalenders, folgt das Lichterfest „Chanukka". Nach dem christlichen Kalender wird es entweder im November oder im Dezember gefeiert. Chanukka, das Fest der Tempelweihe, erinnert an den Sieg der von Juda Makkabäus geführten Juden über die Syrer im Jahre 165 v. u. Z. Dieser Sieg wurde mit der Wiedereinweihung des verwüsteten und entweihten Tempels von Jerusalem gefeiert. Im Laufe des acht Tage währenden Festes werden hintereinander acht Lichter in eigens zu diesem Zweck bestimmten Leuchtern — „Menora" genannt — entzündet, an jedem Tag des Festes ein Licht mehr. Chanukka ist das jüdische Lichtfest und zeigt Parallelen zur christlichen Adventzeit.

Diesen Feiertagen folgt eine längere, lediglich vom „Purim-Fest" unterbrochene Pause. Nach dem jüdischen Kalender wird es am 14. Adar, also im Februar oder im März gefeiert. Manche historische Quellen bezeichnen Purim als „Jüdischen Fasching". Tatsächlich ist es ein heiteres Fest, das an die im Buch Ester geschilderten historischen biblischen Ereignisse erinnert. Es geht um die wunderbare Errettung der Juden in Persien unter König Ahasver, dessen Gattin Ester, einer Nichte des Mordechai, es gelingt, die von Ahasvers Günstling Haman geplante Vernichtung der Juden abzuwenden. Die Erzählung ist wie die Thora auf einer Rolle geschrieben, auf der „Megilla Ester". Die „Megillot" dienen meist dem häuslichen Gebrauch und sind reich illustriert.

Der erste Feiertag des Landwirtschaftsjahres ist das „Pessach-Fest", das acht Tage dauert. Es beginnt am 19. Tag des Monats Nisan, also im März oder im April, oft, aber nicht immer zur Zeit des christlichen Osterfestes. Das Pessach-Fest erinnert an den Auszug der Juden aus Ägypten, man nennt es auch Fest der ungesäuerten Brote. Es beginnt im Kreise der Familie mit einem festlichen Abendmahl, das „Seder-Abend" genannt wird, weil an diesem Abend eine bestimmte Ordnung (hebräisch Seder) eingehalten werden muß. An diesem Abend werden ungesäuerte Brote „Mazzot" und Bitterkräuter verzehrt, „das Brot des Elends und die Bitterkräuter der Knechtschaft" und Wein getrunken. Das jüngste Kind des Hauses stellt vier Fragen nach der Bedeutung bestimmter Bräuche. Die erste lautet: „Wodurch ist diese Nacht ausgezeichnet vor allen anderen Nächten?" Der Hausvater antwortet mit der Lesung aus der „Haggada", einem reich illustrierten Buch, das Schilderungen biblischer Ereignisse enthält. Zur Zeit der Existenz des Tempels von Jerusalem verzehrte man bei diesem Abendmahl ein Lamm. Die Beschreibung einer solchen Mahlzeit kennen wir aus dem Neuen Testament — es ist „Das letzte Abendmahl", dessen Schilderung in allen vier Evangelien nahezu den gleichen Wortlaut hat. In der Diaspora stellte ein gerösteter Lammknochen symbolisch das Osterlamm dar. Weitere symbolische Speisen sind die Bitterkräuter, die in Salzwasser getaucht werden, ein Ei zur Erinnerung an das Festopfer zur Zeit des Tempels, und „Charosset", ein Brei aus Äpfeln, Rosinen, Nüssen und Feigen, dessen lehmartige Farbe an den Frondienst der Israeliten als Bausklaven in Ägypten erinnern soll.

Sieben Wochen nach Pessach wird das Offenbarungsfest „Schawuot", ursprünglich ein Erntefest, gefeiert. Es dauert zwei Tage und wurde im Exil, als die Juden dort keine Landwirtschaft mehr betrieben, mit der Erinnerung an die Offenbarung am Berge Sinai verknüpft. Die fünfzig Tage zwischen Pessach und Schawuot heißen Omer (d. i. Garbe, im Sinne Feldfruchtopfer) und gelten als Trauertage. In dieser Zeit kann keine Heirat stattfinden, ähnlich wie in der christlichen Fastenzeit.

Am neunten Tag des Monats Aw begeht man den Trauertag „Tischa be Aw", zum Gedenken an die erste und die zweite Zerstörung des Tempels von Jerusalem, 586 v. u. Z und im Jahre 70 u. Z. Es ist auch der Tag, an dem man, ähnlich wie am christlichen Allerseelenfest, der Toten gedenkt.

Die „letzten Dinge des Menschen" waren Sache der heiligen Begräbnis-Bruderschaft „Chewra Kaddischa", die 1564 in Prag gegründet oder vielleicht nach unsicheren Zeiten des Exils erneuert worden war. Pflicht ihrer Mitglieder war es, Kranke zu besuchen, Totenwache zu halten, die Verstorbenen zum Begräbnis herzurichten und die Begräbniszeremonie zu vollziehen. Für einen Toten wird elf Monate das „Kaddisch"-Gebet gesprochen, das die Heiligkeit Gottes in alle Ewigkeit preist, und die Erlösungshoffnung ausdrückt.

Diese kurze Übersicht ist für jene Leser bestimmt, die das Wesen des religiösen jüdischen Lebens nicht kennen. Ohne diese grundlegenden Informationen, die dem Judaisten sehr vereinfacht erscheinen mögen, ist es unmöglich, die Ursachen der Konflikte der Ghettobewohner mit den christlichen Behörden der Katholischen Kirche und den christlichen Nachbarn zu begreifen. [1]/

Die Prager Judenstadt kam mit der christlichen Umwelt auf unterschiedlichen Ebenen in Berührung. Nachbarliche Beziehungen gab es dort, wo Christenhäuser an Judenhäuser grenzten, oder vereinzelt auch in der Judenstadt standen. Wie aber diese Beziehungen in der Praxis aussahen, ist schwer zu sagen. Auf Wunsch der kirchlichen Institutionen sollte der gesellschaftliche Verkehr zwischen Christen und Juden auf ein Minimum beschränkt bleiben. Den Juden war es untersagt, Christen in ihr Haus einzuladen und sie zu bewirten. Inwieweit diese Verbote eingehalten wurden, wissen wir nicht.

Ferner gab es geschäftliche Beziehungen, vor allem auf finanzieller Basis. Die Juden liehen den Christen Geld auf Zinsen (der sogenannte Wucher), auf Schuldbriefe und auf Pfand. Diese finanziellen Beziehungen waren indes nicht so einseitig, wie man es annehmen könnte. Es borgten nämlich nicht nur die Juden den Christen, auch die Juden waren häufig bei den Christen verschuldet. Die Geldleihgeschäfte gingen in aller Öffentlichkeit vor sich. Oft ging es um große Summen und wertvolle Pfandobjekte, die in ein besonderes Verzeichnis eingetragen wurden. In überlieferten Archivalien findet man viele derartige Dokumente. [2]/ Später betrieben die Juden auch den Warenhandel. Man handelte mit eingeführten Waren, mit kostbaren Stoffen wie Brokat, Samt und Damast, mit Pelzwerk, Gewürzen und anderen seltenen Dingen, aber auch mit Waren aus zweiter Hand. Diese Geschäfte wickelten sie zunächst auf der jüdischen Hauptstraße ab und später auf dem jüdischen Tarmarkt oder Tandelmarkt in der Galli-Gasse. Allmählich begannen die Juden auch Handwerk zu betreiben. Schon zu Beginn des 16. Jahrhunderts hört man von jüdischen Glasern, die auch für Christen und sogar für kirchliche Institutionen arbeiten. Bald begannen sich in Prag jüdische Goldschmiede und Gold- und Perlsticker durchzusetzen. Diese Gewerbe kann man bis heute in den jüdischen Zunamen wie Goldschmied, Goldstücker oder Perlstücker wiederfinden. Später kamen noch die Posamentierer, Seiler, Perückenmacher, Hutmacher, Bürstenbinder, Handschuhmacher, Sattler, Zinngießer und andere Handwerker hinzu.

Die Kontakte der Ghettobewohner mit der christlichen Umwelt konnten sich nicht spontan entwickeln. Sie waren ähnlich genau geregelt wie das innere Leben des Ghettos. Das Fundament der Lebensbedingungen der israelischen Gemeinschaft in der Prager Judenstadt und in den Ländern der böhmischen Krone waren die Judenfreiheiten, die königlichen Privilegien. Vor allem das Otokarianum, das Privileg Přemysl Ottokars II. von 1264, das 1258 für die Juden in Brünn erneuert und erweitert worden war. Von seinen dreiunddreißig Paragraphen befassen sich die ersten sieben mit der Geldleihe an Christen gegen Pfand. Es werden verschiedene Modalitäten bei anstehenden Prozessen erörtert, wobei der jüdische Eid anerkannt wird und vor Gericht immer zwei Zeugen — ein christlicher und ein jüdischer — vernommen werden sollen. Die Juden haben ihren eigenen Richter, der in Streitfällen unter ihnen entscheidet. Appellationsinstanz, auch für Prozesse mit

Christen, ist nicht der Stadtrichter, sondern der König und sein Oberstkämmerer. Vier Paragraphen aus dem Bereich des Strafrechts sollten die Juden an Leib und Leben schützen. Wer einen Juden tötete, konnte mit dem Verfall seines Vermögens bestraft werden, wer ihn verletzte oder schlug, mußte der königlichen Kammer und dem Geschädigten eine hohe Summe als Schadenersatz entrichten. Den Juden war maut- und zollfreier Grenzverkehr gewährleistet, nur ihre Waren muß-

ten sie verzollen. Ihre Toten durften sie zollfrei transportieren. Synagogen (man nannte sie „Schulen", weil sie auch als Lehrhäuser dienten) und Friedhöfe waren gegen Beschädigung geschützt. Auf Grabschändung stand die Todesstrafe. Mehrere Paragraphen befassen sich mit der Rechtssprechung innerhalb des jüdischen Gemeinwesens. Der Schwur auf die Thora war nur in Ausnahmefällen gestattet. Die Paragraphen 21 und 22 befassen sich erneut mit Strafsachen. Bei ungeklärten

25.
Klementinum/ Westfassade.
Das Jesuitenkollegium war der älteste Sitz der Jesuiten und Zentrum aller gegen die Judenschaft gerichteten Aktionen und der Bestrebungen, Konvertiten zu gewinnen

Mordfällen soll Hilfe bei der Fahndung nach dem Mörder gewährt werden. Erhebt ein Christ gewalttätig die Hand gegen einen Juden, wird sie ihm abgehauen. Bei der Pfandauslöse ist der Christ verpflichtet, auch die Zinsen zu bezahlen. Schuldscheine auf Immobilien sollen mit beweglicher Habe gedeckt werden. An jüdischen Feiertagen ist es untersagt, Pfandauslöse zu fordern. Wird ein Pfand nicht nach Jahr und Tag eingelöst, darf es der Jude als sein Eigentum betrachten. Wer sich gewaltsam eines Pfandes bemächtigt, wird bestraft. Wer ein jüdisches Kind entführt, soll als Dieb betrachtet und bestraft werden. Die „Blutbeschuldigung", nach der die Juden zu Pessah Ritualmorde an Christenkindern verübten, war im Hinblick auf die 1253 von Papst Innozenz IV. erlassenen Bulle (s. u.) untersagt. War ein Jude der Ermordung eines Christenkindes beschuldigt, mußten drei

26.
Grabplatte des Simon Abeles in der Teynkirche

27.
Simon Abeles, Frontispiz des 1728 herausgegebenen Buches über den Prozeß gegen seinen Vater Lazarus Abeles, seinen angeblichen Mörder

Christen und drei Juden Zeugenschaft ablegen. Wurde seine Unschuld erwiesen, sollte derjenige, der ihn zu Unrecht beschuldigt hatte, bestraft werden. [3]

Aus dem Inhalt der 33 Paragraphen der Judenfreiheiten Přemysl Ottokars II. geht hervor, daß die Juden sich im Mittelalter vornehmlich mit der Geldleihe gegen Pfand befaßten. Schon damals jedoch importierten sie nicht näher bezeichnete zollpflichtige Waren. Als Handwerker werden sie im Otokarianum nicht erwähnt. Zwei Bullen von Papst Innozenz IV. (1253), ein Jahr später von Přemysl Ottokar proklamiert, enthielten viele Bestimmungen, die den Juden in ihrem privaten und religiösen Leben Schutz gewähren sollten. Beispielsweise war die Zwangstaufe, die physische Gewaltanwendung gegen Juden sowie die Grabschändung strengstens untersagt. Im Artikel über die Blutschuld weist der Papst darauf hin, daß das Alte Testament den Juden den Genuß jederlei Blutes ausdrücklich untersagt. Ungeachtet dessen überdauerte die Ritualmordbeschuldigung bis ins 20. Jahrhundert. Im Jahre 1368 ergänzte Přemysl Ottokar II. sein Privileg um zwei Paragraphen. Darin war es den Juden nicht gestattet, offensichtlich gestohlene Waren als Pfand zu nehmen. Ferner sollten die Juden mit einem Viertel der Kosten zur Instandhaltung der Stadtmauern und -graben beitragen. [4]/

Das große Judenprivilegium von Přemysl Ottokar II. und die Schutzbriefe von Papst Innozenz IV. tragen den Stempel ihrer Zeit, im Grunde aber handelt es sich um vernünftige und humane Verordnungen. Allerdings konnten Schutzbriefe und Privilegien allein den Schutz der jüdischen Minderheit nicht gewährleisten. Ob die Bestimmungen der einzelnen Paragraphen auch eingehalten wurden, hing auf allen Ebenen von den Verwaltungsbehörden ab. Nur wenn Herrscher und Regierung die Zügel so fest in der Hand hatten wie unter Přemysl Ottokar II., bedeuteten die Privilegien auch wirksamen Schutz. Darüber hinaus waren sie nur zu Lebzeiten ihres Verfassers gültig. Die Juden mußten jeweils bei seinem Nachfolger um ihre Bestätigung ansuchen, was erhebliche Geldsummen kostete. Man sollte aber nicht verschweigen, daß kirchliche Institutionen auf ähnliche Weise vom König zur Kasse gebeten wurden.

Vermutlich wurden die Judenprivilegien von allen Herrschern bestätigt, die den böhmischen Thron bestiegen, auch wenn dies nicht in allen Fällen durch Quellen belegt ist. Einige böhmische Könige erweiterten die Judenfreiheiten, jedoch nicht alle waren stark genug, die strikte Einhaltung ihrer Paragraphen und somit die Sicherheit der Juden in den Ländern der böhmischen Krone zu gewährleisten. Allem Anschein nach bestätigte auch Wenzel IV. die Privilegien, wie es sein Vater, Karl IV., getan hatte. Gleichwohl kam es zur Zeit seiner Regierung (1378—1419) in der Prager Judenstadt zu den blutigen Ereignissen von 1389.

König Wenzels schwache Regierungsführung hatte noch andere negative Folgen. Zwar besaß die Prager Judengemeinde ihre vom Judenrecht geprägte Selbstverwaltung,

von der jedoch vermögensrechtliche Belange ausgenommen waren. Das Stadtgericht übernahm hier die Rolle des Grundbuchamtes, später wurde in den Stadtbüchern des Altstädter Rathauses ein Platz für jüdische Geld- und Vermögensangelegenheiten reserviert. Es war kein Wunder, daß sich der Bürgermeister und die Ratsherren in der Judenstadt gewisse Rechte anmaßten — und je schwächer die Regierung war, desto energischer wurde der Magistrat. Zwar verlieh Wenzel IV. im Jahre 1393 den Juden noch das Sonderrecht, allein der königlichen Gerichtsbarkeit zu unterstehen, aber es galt nicht lange. Nach den Umwälzungen der Hussitenkriege erweiterte der Altstädter Magistrat im Jahre 1440 seine Rechte um mehrere, die Juden betreffende Paragraphen. Es ging erneut um das Geldgeschäft, um Abgaben für importierten Wein, um das jüdische Gerichtswesen und sogar um die Bekleidung der Juden. Später kamen noch zahlreiche Erlasse von König Wladislav II. (Jagiello) hinzu, der 1471 bis 1516 in Böhmen regierte. Obgleich Wladislaw II. die Judenprivilegien bestätigt hatte, proklamierten die Stadträte ihre eigenen Bestimmungen und Verordnungen, wie der Erlaß des Neustädter Magistrats von 1503 bekräftigt. [5]/

In nahezu allen Dokumenten geht es um Geld. Ursprünglich sollten die Juden als königliche Kammerknechte dem König jährlich eine bestimmte Abgabe leisten. Jedoch schon im Jahre 1487 beantragte der böhmische Landtag, daß die Juden eine Sondersteuer entrichten sollten, und weitere Gebühren kamen ständig hinzu. Im 16. Jahrhundert wurde den Juden nach und nach die Geldleihe gegen Schuldscheine verboten, und sie durften lediglich gegen Pfand leihen, wobei das Pfandobjekt keine Liegenschaft sein durfte. Die jährliche Judensteuer wurde zur Hälfte von der Prager jüdischen Gemeinde und den Gemeinden der königlichen Städte aufgebracht, die andere Hälfte zahlten die auf den feudalen Herrschaften ansässigen Landjuden. Häufig wurde den Juden auch ein Sondertribut abverlangt, den der Herrscher für seine persönlichen Belange benötigte. Im Jahre 1540 mußten die Juden beispielsweise 2000 fl. (Rheinische Gulden) zur Errichtung eines

Ziergartens auf der Prager Burg bezahlen. [6]/

Auch bei den mannigfaltigen Beschuldigungen, die zu Recht oder zu Unrecht gegen die Juden erhoben wurden, ging es meistens um Geld, um Münzfälschung, bei der die Juden angeblich die „gute Münze" abgefeilt, das gewonnene Silber eingeschmolzen und außer Landes geschafft hatten, oder um unerlaubte Kredite und ähnliches mehr. Später wurde bei jeder Krönung oder einem anderen größeren Ereignis in der königlichen Familie ein großes „freiwilliges" Geldgeschenk —

„donum gratuitum" — zur Pflicht, die sich allerdings auch auf kirchliche Institutionen erstreckte. Im 17. Jahrhundert zahlten die Juden den 45. Teil der gesamten Jahressteuer des Königreichs Böhmen, ohne Rücksicht auf ihren Anteil an der Bevölkerung. Die Prager Juden sollten zwei Drittel der Summe bezahlen, die Landjuden nur ein Drittel. Die Verhandlungen über eine Änderung dieses Verhältnisses, das die Prager als ungerecht empfanden, zogen sich bis ins 18. Jahrhundert. Die Prager verlangten für sich 3/5 der Kon-

28.
Bebauung der Pinkasgasse mit einem Teil des Alten Jüdischen Friedhofs östlich von der Pinkas-Synagoge. A. Langweil, „Modell der Hauptstadt Prag"

tributionssumme und für die Landjuden 2/5. 1653 war die Aufteilung der Steuerlasten noch relativ gerecht. In Prag lebten damals 2090 Juden, davon 598 Kinder; im übrigen Gebiet Böhmens 1127 Erwachsene und 327 Kinder. Später verschob sich das Verhältnis offensichtlich zu Gunsten der Landjuden. Darüber hinaus war die gesamte jüdische Bevölkerung während des Dreißigjährigen Krieges beträchtlich dezimiert worden und namentlich in Prag finanziell so erschöpft, daß sie unfähig war, ihre Steuerpflichten zu erfüllen. Die Summe der geschuldeten Kontributionen wuchs von Jahr zu Jahr. Das erklärt die vielen Wirtschaftskommissionen, die seit Beginn des 18. Jahrhunderts ins Leben gerufen wurden, um Mittel zur Gesundung der jüdischen Finanzen und zur Eintreibung der jüdischen Kontributionsschulden zu finden. Da wurde praktisch alles besteuert — Lebensmittel, Getränke, Textilien, das Betreiben eines Handwerks, der Besitz von Kramstellen, die Einkünfte der Begräbnisbruderschaft, des jüdischen Bades und der Besitz von Luxuswaren.

29.
Ansicht der Bebauung bei der ehemaligen Zigeunergasse gegen die Moldau zu.
A. Langweil, „Modell der Hauptstadt Prag"

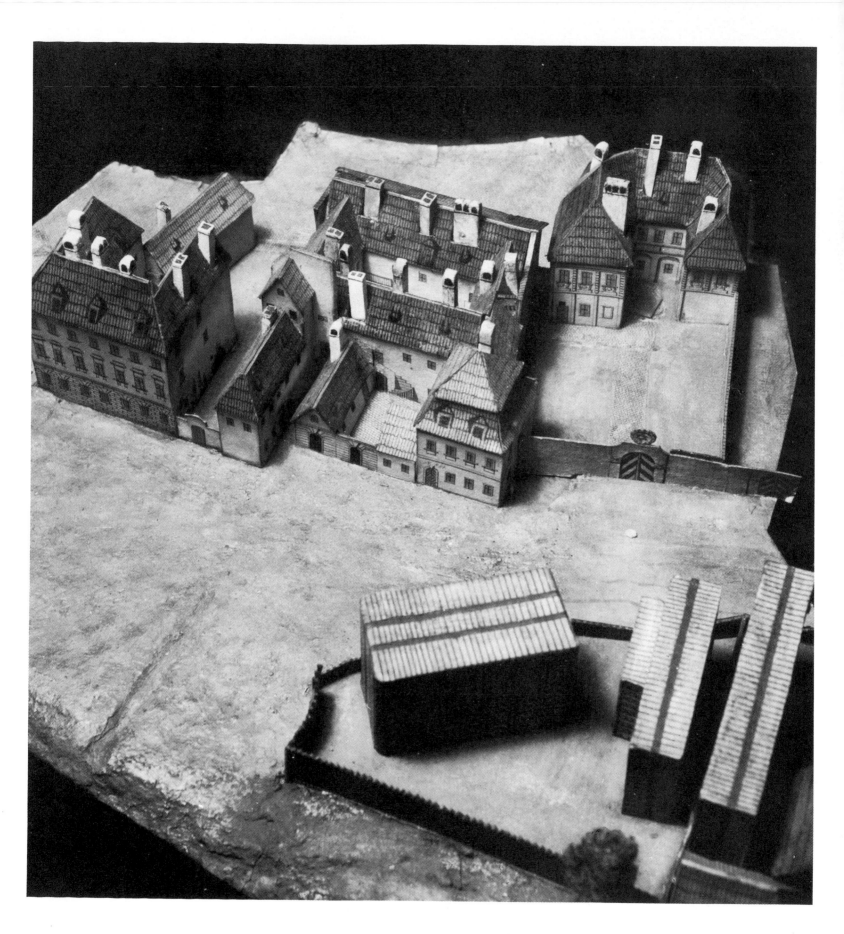

31.
Joachimsgasse mit der
Meisl-Synagoge in der Mitte
des Hintergrundes.
A. Langweil, ,,Modell der
Hauptstadt Prag"

Wer sich im Samt und Seide kleiden und mit Gold und Silber schmücken wollte — was noch 1702 für Juden streng untersagt war — konnte sich das laut Beschluß der Wirtschaftskommission von 1740 ruhig leisten, wenn er eine Sondersteuer bezahlte. [7] /

Die jüdische Selbstverwaltung in den Böhmischen Ländern haben wir schon erwähnt. Im 16. Jahrhundert vertraten fünf Judenälteste die Interessen der Judenheit im Kronland Böhmen, die Prager Judenstadt vertraten fünf Gemeindeälteste und ein Richter. Diese Selbstverwaltung durften die Juden zwar wählen, aber das Verzeichnis der vorgeschlagenen Personen mußte vor den Wahlen der Obrigkeit unterbreitet werden. Nach der Konsolidierung der königlichen Macht unter Ferdinand I. war das die Böhmische

Kammer; sie bestimmte Beamte, unter deren Aufsicht die Wahl verlief. An der Spitze des Ältesten Kollegiums stand in der ersten Hälfte des 16. Jahrhunderts noch kein Primas, daher wechselten die einzelnen Mitglieder einander alle vier Wochen in der Führung ab. Die Judenrichter und die Rabbiner wurden auf die gleiche Weise gewählt. Ihre Personalien mußten gleichfalls der Obrigkeit zur Bestätigung unterbreitet werden. Gelegentlich zog man auch den Prager Erzbischof als Begutachter heran. Die Wahlen waren geheim und die Anzahl der Wähler war beschränkt. Ursprünglich wurde der Ältestenrat alljährlich erneuert, später alle drei Jahre.

Die gewählten Judenältesten mußten dem König einen Treueeid leisten, in dem sie gelobten, ihr Amt gerecht, ordentlich und treu

30.
Moldauufer mit Flößholz
nördlich der Judenstadt.
A. Langweil, ,,Modell der
Hauptstadt Prag"

zu versehen. Gegen Ende des 16. Jahrhunderts steht schon ein Primas an der Spitze des Ältestenrats. In der zweiten Hälfte des 17. Jahrhunderts begann sich die Selbstverwaltung der Prager jüdischen Gemeinde und der jüdischen Bevölkerung in Böhmen zu erweitern. An der Spitze der Judenschaft standen weiterhin fünf Älteste, Gemeindeälteste aber gab es nun sechs. Ferner wählte man fünf vereidigte Schreiber, einen Richter und acht Gerichtsbeisitzer. Das Gericht bestand aus fünfzehn Juristen mit unterschiedlichen Kompetenzen und zwei Kandidaten. Ferner gehörten sechs Kirchenälteste zur Administration, sechs Kasseninspektoren, sechs Inspektoren des Tandlmarkts und fünf Inspektoren der Studenten.

Außer den gewählten Funktionären hatte die Prager Judengemeinde noch bezahlte Angestellte — den Kassierer, den Hauptbuchhalter und einen „Gegenhändler" genannten Buchhalter. Beide führten selbständig ihre Bücher, die dann bei Revisionen verglichen wurden. Außerdem arbeiteten noch andere Kassierer in der Gemeindeverwaltung, die die vielen jüdischen Steuern und Abgaben einheben mußten. Die Gemeinde hatte auch im Teynhof zwei Beamte, einen Schreiber und einen Diener, die beide bei der Abwicklung der Geschäfte benötigt wurden. Seit dem 10. Jahrhundert diente der Teynhof fremden Kaufleuten als Herberge. Hier konnten sie ihre Waren deponieren und hier war auch die Zollabfertigung.

Die jüdische Gemeinde zahlte vor allem ihre Angestellten und die Zinsen der Darlehen, ferner die Reinigung der Stadt und noch eine Reihe anderer Posten für ihre Instandhaltung. Die Judenältesten bekamen ein bestimmtes Honorar für die Ausübung ihres Amtes. Außerdem waren die Juden verpflichtet, dem Altstädter Kaiserrichter jährlich einen kleineren Betrag zukommen zu lassen, dem Prager Stadtkommandanten ein „Schutzgeld" zu entrichten, sowie den Repräsentanten aller möglichen Ämter und Institutionen Neujahrsgeschenke zu machen. In die Prager Klöster schickte die jüdische Gemeinde Hechte als Geschenk. Darüber hinaus mußte sie eine besondere Abgabe für Frühjahrs- und Herbstobst bezahlen, die sich ver-

mutlich auf die Zitrusfrüchte und die Feststräuße für das Laubhüttenfest und die für Pessach benötigten Bitterkräuter bezog. Zweifellos führte die Prager Judengemeinde den größten Teil der Einkünfte aus den unterschiedlichen Abgaben und Steuern über das Rentmeisteramt an die Böhmische Kammer ab. [8]/

Die Kontrollen der Obrigkeit beschränkten sich nicht auf das öffentliche Leben und den Handel, sie griffen auch in die private Sphäre ein. Es gab in Fragen der Bekleidung Gebote und Verbote, ein besonderes Zeichen (der gelbe Ring oder der gelbe Fleck) mußte (nach einer Verordnung von 1551) sichtbar an den Kleidern getragen werden und die Bewegungsfreiheit der Juden war vor allem an christlichen Feiertagen eingeschränkt. Darüber hinaus griff die Landesverwaltung in das Familienleben ein. Beispielsweise gab es eine Verordnung, daß bei einer jüdischen Hochzeit nicht mehr als 40 Gäste eingeladen werden durften und bei einer Beschneidungsfeier nur 20 Gäste. Diese Maßnahmen aus der „Jüdischen Polizeiordnung" von 1702 sollten vermutlich die Juden zur Sparsamkeit anhalten, damit sie die geschuldeten Kontributionen bezahlen konnten. [9]/

In diesem Zusammenhang muß man daran erinnern, daß die Juden vor dem 19. Jahrhundert niemals gleichberechtigte Bürger waren, da sie keinem der historischen Stände des Landes angehören durften. Die Rabbiner konnten nicht Mitglieder des geistlichen Standes werden und die gesamte jüdische Bevölkerung war vom Bürgerstand ausgeschlossen. Man achtete sorgfältig darauf, daß kein reicher Ghettobewohner sich als Bürger ausgeben konnte.

Zu Reibungen zwischen der jüdischen und der christlichen Welt kam es auf dem Gebiet der Religion. Die katholische Kirche des Mittelalters war eine streitbare Kirche. Die Ungläubigen zum wahren Glauben zu bekehren betrachtete sie als geheiligtes Ziel, das sie nicht selten mit Gewalt durchzusetzen versuchte. Die Juden aber waren Ungläubige und trugen angeblich die Schuld an der Kreuzigung Christi, den sie nicht als Messias anerkannten. Obwohl man die Juden in ihrem „Alttestamentarischen Wahn" meist in Ruhe ließ, kam es von Zeit zu Zeit zu drastischen Versuchen, sie zum Katholizismus zu bekehren. Im Mittelalter ging das mit roher Gewalt vor sich, später wurde die Bekehrung sorgfältig geplant.

In den Böhmischen Ländern hatten die Juden zu Beginn der zweiten Hälfte des 16. Jahrhunderts ziemliche Ruhe vor Bekehrern. Die mittelalterlichen Orden waren durch die Hussitenkriege derart dezimiert, daß sie sich in ihren Klöstern schlecht und recht am Leben erhielten und nicht mehr die Energie aufbrachten, sich mit den Juden zu befassen. Auch waren nach den Hussitenkriegen gefährlichere Gegner aufgetreten — die Böhmischen Brüder und die Lutheraner.

Erst im Jahre 1555, als die Jesuiten nach Prag berufen worden waren und sich bei St. Clemens ansiedelten, trat eine markante Veränderung ein. Die Jesuiten waren ein militärisch organisierter Orden, die Missiontätigkeit unter Heiden und Nichtkatholiken war ihre oberste Pflicht. Obgleich sie von den Habsburgern vor allem wegen der vielen Abtrünnigen vom Katholizismus ins Land gerufen worden waren, konnten die Juden ihrer Aufmerksamkeit nicht entgehen. Zwar hatten die Jesuiten anfangs in Prag mit allerhand Schwierigkeiten zu kämpfen, aber das hinderte sie nicht, sich um die Bewohner der Judenstadt zu kümmern. Ihre Aktivitäten führten bald zu einer gefährlichen Affäre. Es begann damit, daß Kaiser Ferdinand I. von der Judengemeinde Bücher anforderte, die Beleidigungen des katholischen Glaubens enthalten sollten. Zunächst behauptete man, daß die Initiative von einem getauften Juden, einem gewissen Jehuda von Modena ausgegangen sei. Angesichts der Tatsache jedoch, daß auch die Jesuiten Kenner des Hebräischen waren, liegt die Vermutung nahe, daß sie die Hand im Spiel hatten. Die hebräischen Bücher wurden nach Wien geschafft, aber auf Befehl des Kaisers noch im gleichen Jahr zurückerstattet. Ein Jahr später griffen die Jesuiten schon ganz offen in das religiöse Leben des Ghettos ein. Im Jahre 1561 war ein gewisser Doktor Heinrich Blyssenius, der am Jesuitenkolleg Theologie und Hebräisch unterrichtete, mit einer besonderen Predigt für Juden betraut worden, die er jeden Dienstag in der Clemenskirche hielt. Er predigte auf deutsch und hebräisch. Eine tschechische Predigt für Juden hielt ein gewisser Priester Václav in der Hl. Geist-Kirche. Der Erfolg aber war gering. Es ließen sich so wenige Juden taufen, daß die Jesuiten allmählich auf diese Art der Bekehrung verzichteten und die Judenstadt bis zur Schlacht am Weißen Berge in Ruhe ließen.

Die Zeit nach der Schlacht am Weißen Berge ermöglichte den Jesuiten die volle Ent-

32.
Tallit und Tefillim: Ein weißes, braun gestreiftes Tuch zum Umschlagen mit Schaufäden (Zizit) an den vier Enden und Gebetriemen, die beim Morgengebet am linken Arm und an der Stirn getragen werden.

59

33.
J. Minařík: Jüdische
Fleischbänke. Ölgemälde

faltung ihrer langgehegten Pläne. Der Prager Erzbischof Kardinal Ernst von Harrach, der 1623 den erzbischöflichen Stuhl bestieg, war ein energischer Mann, der sein Interesse an der Rekatholisierung des Landes nicht nur auf protestantische Ketzer beschränkte. Die Prager Jesuiten arbeiteten musterhaft nach seinen Intentionen, und da im Clementinum immer jemand hebräisch unterrichtete oder wenigstens Grundkenntnisse dieser bibli-

schen Sprache hatte, faßte man an höchster Stelle erneut den Beschluß, die Juden zu bekehren. Zu diesem Zweck sollten jeden Samstag in der Kirche Maria an der Lake spezielle Predigten stattfinden. Prediger sollte ein der hebräischen Sprache mächtiger Jesuit sein, und etwa 80—100 Ghettobewohner sollten sich einfinden. Bald jedoch mußte man feststellen, daß das Hebräisch der Jesuiten sehr zu wünschen übrig ließ und den wenigen Juden, die man zusammengetrieben hatte, eher lächerlich vorkam. Da beschloß man, auf Deutsch zu predigen. Aber der Kirchenbesuch war auch aus anderen Gründen schwer zu erzwingen: Mit dem Gebot über die Heiligung des Sabbat ließ er sich nicht vereinbaren, die Juden mußten am Gottesdienst in der Synagoge teilnehmen. [10]/ Wie die Juden damals dieses Problem lösten, weiß man nicht, diesbezügliche Aufzeichnungen sind leider verschollen. Die Predigten in der Kirche Maria an der Lake hatten jedenfalls nicht den gewünschten Effekt. Ohnehin versuchten die Jesuiten in erster Linie, die jüdische Jugend für den katholischen Glauben zu gewinnen. Man weiß, daß eine diesbezügliche Stiftung existierte, die auch zum Ankauf eines Hauses für getaufte Juden verwendet wurde. Es soll in der Neustadt gegenüber der St. Wenzelskirche gestanden haben. [11]/

Welche tragischen Folgen das Bestreben, unter der jüdischen Jugend Anhänger zu gewinnen, zeitigen konnte, beweist der Fall des zwölfjährigen Simon Abeles und seiner Familie. Der Vater, Lazarus Abeles, hatte angeblich den Knaben getötet, als er erfuhr, daß dieser sich taufen lassen wollte. Der Unglückliche mußte die vermeintliche Tat mit dem Leben bezahlen, er wurde vor Gericht gestellt, gefoltert, verurteilt und hingerichtet. Lazarus Abeles hinterließ eine Witwe und drei unmündige Kinder. Die Akten des Prozesses enthalten viele Unklarheiten. Insbesondere die Figur des getauften Juden Kafka, der den Knaben in seine Wohnung gelockt hatte und ihn dem Vater nicht herausgeben wollte, um schließlich spurlos zu verschwinden, erweckt den Verdacht, daß die Tragödie sich anders abspielte, als es die offizielle Version behauptet. Eine mit dem Fall sich befassende Schrift kam 1696 im Druck heraus, in Deutsch, Latein und Französisch. Der kleine Simon, der ursprünglich auf dem Alten Jüdischen Friedhof ohne jüdische Zeremonien begraben worden war, wurde exhumiert, ärztlich untersucht und nachher feierlich in der Teynkirche begraben, wo sich sein Grabstein bis heute befindet.

Ein Dorn im Auge der katholischen Autorität waren vor allem die hebräischen Bücher — ob sie nun in Prag gedruckt oder aus den Nachbarländern, vor allem aus Polen, eingeführt worden waren. Im Bereich der Zensur arbeitete das erzbischöfliche Konsistorium eng mit den Jesuiten zusammen, und sowohl die Böhmische Kammer als auch die Stadthalterei wurden von ihren Aktivitäten informiert. [12]/ In den Archiven des Klementinums kann man eine Menge Material über die Zensur der hebräischen Bücher finden. Die Jesuiten waren in erster Linie für die Konfiskation

34.
Wahrzeichen der jüdischen Fleischerzunft.

61

35.
Ansicht des jüdischen Friedhofs mit Umgebung von Südosten. Im Hintergrund ein bei der „Assanierung des fünften Prager Stadtviertels" zerstörter Teil des Friedhofs. A. Langweil, „Modell der Hauptstadt Prag"

der Bücher in der Judenstadt und in den jüdischen Druckereien verantwortlich. Den größten Schaden richtete wohl der blinde Eifer des Jesuitenpaters Wolfgang Preissler an, eines „Kenners" der hebräischen Sprache, der Ende des 17. Jahrhunderts in Prag wirkte.

Zu Beginn der neunziger Jahre des 17. Jahrhunderts wurden viele Bücher aus dem Besitz der Rabbiner und jüdischen Gelehrten konfisziert, obwohl außer Rabbinern und Schriftgelehrten niemand die Bücher verstand, und selbst Pater Preissler sie nur teilweise entziffern konnte. Nach einem von

Preissler erstellten Verzeichnis, das die Titel meist verstümmelt wiedergibt, wurde damals auch die religiöse Literatur für den täglichen Gebrauch konfisziert, sei es nun der Talmud und seine unterschiedlichen Auslegungen, Gebetbücher oder kabbalistische Schriften. Der Talmud enthalte zahlreiche Lästerungen der christlichen Religion, behauptete Preissler, ebenso das Buch Schar, das Hauptwerk der Kabbala. In Preisslers Verzeichnis findet man auch die populärsten religionsgesetzlichen Werke wie „Schulchan Aruch" von Joseph Kara und Schriften der Prager Rabbiner wie „Orach le Chajjim" von Schelomo Efraim Luntschitz oder „Lebuschim" von Mordechai Abraham Jaffe. Damals wurde den Prager Rabbinern sogar verboten, in den Synagogen zu predigen.

Die jüdische Gemeinde wehrte sich und wies darauf hin, daß den Juden ihre Bücher stets ohne Diskussion bewilligt worden waren. Sie führte den Präzendenzfall von 1669 an, als die Untersuchung konfiszierter hebräischer Bücher gezeigt hatte, daß diese sich ausschließlich mit der mosaischen Religion befaßten, ohne die christliche auch nur zu erwähnen.

Pater Preissler gab indes nicht nach. Er produzierte weitere Beweise für die Schädlichkeit der konfiszierten hebräischen Bücher und erstellte ein Verzeichnis der inkriminierten Stellen. Darin finden sich unter anderem folgende Sätze: „Der Jude soll einem Heiden weder Gutes noch Böses tun, einen Christen aber soll er töten." Oder: „Sieht ein Jude einen Christen am Rande eines Abgrunds ste-

hen, stürze er ihn hinab!" Oder: „Wenn ein Jude einen Christen töten wollte, aber irrtümlich einen Juden erschlug, soll ihm seines guten Vorsatzes wegen die Strafe erlassen werden." Dergleichen Unsinn behauptete Preissler in den hebräischen Bücher gefunden zu haben! Auch die Idee, daß die Prager Rabbiner ihre Predigten schriftlich der Zensur unterbreiten sollten, stammte von ihm. Die Kultusgemeinde protestierte natürlich gegen diese Vereitelung ihrer Gottesdienste, da kein Rabbiner seine Predigt schriftlich vorbereitete. Daß ein Rabbiner einem katholischen Priester seine Predigt zur Revision schicken müsse, war eine unerhörte Zumutung. Schließlich ersuchten die Vertreter der jüdischen Gemeinde, man solle zur definitiven Entscheidung der Angelegenheit Kenner der Heiligen Schrift aus dem Ausland — aus Basel, Leyden, Leipzig und Wittenberg—bestellen.

In einer weiteren Replik der Kultusgemeinde wird wörtlich gesagt, Pater Preissler

36.
Jubiläumsbankett der Beerdigungsbruderschaft Chewra Kadischa, anonymes Ölgemälde aus der ersten Hälfte des 19. Jahrhunderts

37.
Gebet der Mitglieder der
Chewra Kadischa am Grab von
Rabbi Löw. Anonymes
Ölgemälde aus der ersten
Hälfte des 19. Jahrhunderts

sei vielleicht ein gelehrter Mann, jedoch in Belangen hebräischer und aramäischer Sprachen keinesfalls so bewandert wie ein Rabbiner oder jüdischer Schriftgelehrter. Die Kultusgemeinde machte sich sogar die Mühe, alle inkriminierten Stellen der konfiszierten Bücher zu übersetzen, genau zu erläutern und Pater Preissler der Unkenntnis oder der Fälschung zu überführen. Schließlich legte sie auch die Druckerlaubnisse, das „Imprimatur" (imprimatur — „es werde gedruckt", Vermerk auf dem Korrekturabzug) des Erzbischöflichen Konsistoriums zur Prager Ausgabe der konfiszierten Bücher vor. Pater Preissler verfaßte noch eine letzte Schmähschrift gegen die hebräischen Bücher, deren Argumentation sehr schwach war. Das Ende dieser peinlichen Geschichte erscheint nicht in den Archiven des ehemaligen Jesuitenkollegiums. Vermutlich hatte das „Imprimatur" des erzbischöflichen Konsistoriums seine Wirkung getan. Die hebräischen Bücher wurden schließlich zurückerstattet, die Zensur aber blieb bestehen. Sie galt vor allem

jenen Büchern, die in Prag gedruckt werden sollten.

Im Jahre 1715 wurde dem damaligen Oberrabbiner David Oppenheim die „Vorzensur" als Pflicht auferlegt. In einem langen, 1716 geschriebenen Brief weist Oppenheim darauf hin, daß er dieses Amt nicht versehen könne, da er dann die Pflichten eines Oberrabbiners vernachlässigen müßte. Er wies auch auf Inkonsequenzen bei der Zensurpraxis der hebräischen Bücher hin. Häufig nämlich wurden Bücher mit schon erteilter Druckerlaubnis bei der neuen Ausgabe verboten. Nach Oppenheims Ablehnung wurde Simon Jaiteles als jüdischer Zensor vorgeschlagen. Zur gelegentlichen Konfiskation hebräischer Bücher kam es auch fernerhin, so daß Oberrabbiner David Oppenheim seine große, kostbare Bibliothek nicht bei sich in Prag behalten konnte, sondern sie bei einem seiner Verwandten in Hannover deponieren mußte. [13] /

Die Zensur und die Konfiskation der hebräischen Bücher waren der ernsteste Eingriff in das Geistesleben der Prager Judenstadt. Es gab aber auch andere Verordnungen, die direkt oder indirekt die Ausübung der Religion behinderten. Vom erfolgreichen Kampf der Juden gegen die Schließung ihrer Altschule nach dem Brand von 1689 haben wir im 1. Kapitel berichtet. Die geschlossenen Synagogen waren in der Hauptsache Privatbethäuser, gegen die man schon seit dem Ende des Dreißigjährigen Krieges ins Feld gezogen war. Die Privatsynagogen dienten als Lehrstätten (Bet ha Midrasch) und Bethäuser. Es gab ständig Kontrollen, um sie ausfindig zu machen. Da meldete zum Beispiel der Kleinseitner Stadthauptmann im Jahre 1716, man habe wieder jüdische „Winkelschulen" entdeckt, die, mit Ausnahmen der für Alte und Kranke bestimmten, geschlossen werden müßten. Die Gottesdienste in den Bethäusern des David Karpeles und des Mosche Glaser mußten in der Altneusynagoge abgehalten werden. Die Kultusgemeinde bat damals, die erwähnten Privatbethäuser nicht zu sperren,

da sie alten Leuten dienten, die den Weg zur Altneuschule — der „Großen Schul" — nicht mehr bewältigen konnten. Natürlich war auch für den Bau oder die Eröffnung eines christlichen Gotteshauses die Bewilligung des Konsistoriums nötig, sie wurde jedoch äußerst selten abgelehnt. [14]

Es gab auch administrative Eingriffe in das jüdische Religionsleben, die auf den ersten Blick nichts mit Religion gemein hatten, die aber in ihren Konsequenzen gegen die Grundprinzipen der jüdischen Gemeinschaft verstießen. Obgleich die Bevölkerung der Judenstadt nach dem Dreißigjährigen Krieg stark dezimiert war und die Pestepidemie von 1680 viele Tote gefordert hatte, war der Bevölkerungszuwachs erstaunlich. 1703 betrug die Zahl der Ghettobewohner 11 517 Personen, davon 2816 erwachsene, wehrfähige Männer. Demnach war im Laufe eines halben Jahrhunderts die Bevölkerung der Prager Judenstadt um das fünffache angewachsen. Während der Pestepidemie, die 1713 in den

38.
Vor der Beerdigung. Grabrede des Rabbiners auf dem Judenfriedhof in Wolschan. Erste Hälfte des 19. Jahrhunderts

Böhmischen Ländern wütete, mußte das Ghetto erneut hohe Verluste an Menschenleben verzeichnen, aber die Bevölkerungszahl war noch immer nicht auf das Niveau von 1653 gesunken.

In dieser Zeit setzte Kaiser Karl VI. eine neuerliche „Reduktionskommission" ein. Der Zweck ihrer Konskriptionen und Verzeichnisse war es, die Anzahl der jüdischen Familien festzusetzen, die eine Aufenthaltserlaubnis in Prag erhalten sollten, und Verordnungen zu erarbeiten, die dafür sorgten, daß diese Anzahl nicht überschritten wurde. Es war streng untersagt, daß sogenannte „Landjuden" sich in Prag ansiedelten und das Ghetto stand unter ständiger Kontrolle. Die Mitglieder der Reduktionskommission klügelten eine Verordnung aus, die an die Wurzeln der jüdischen Auffassung des bürgerlichen und religiösen Lebens griff. Durch ein Patent vom 16. Oktober 1726 (das Familiantengesetz) wurde lediglich dem ältesten Sohn einer jüdischen Familie die Eheschließung be-

39.
Blindes Gäßchen hinter der Meisl-Synagoge. Fotografie von J. Eckert, um 1898

40.
Südseite der Breiten Gasse in östlicher Richtung. Aufnahme von J. Eckert, um 1898

41.
Schmielesgasse, Ausmündung
in den kleinen Holzmarkt.
Aufnahme von J. Eckert, 1896
bis 1905

willigt. Den jüngeren war das Zölibat zwar
nicht anbefohlen, heiraten aber durften sie
nur außerhalb der Grenzen des Königreichs
Böhmen. Demnach mußten die jüdischen
jungen Männer, wenn sie nicht das Glück hatten, Erstgeborene zu sein, zwischen Zölibat
und Exil wählen. Eine Mißachtung der
Vorschrift wurde mit strengen körperlichen
Strafen und Landesverweisung geahndet. Da
eine mit Kindern gesegnete Familie das Fundament der mosaischen Religion bedeutete,
begreift man, wie einschneidend das Familiantengesetz in das religiöse Leben eingriff.
Die heftigen Proteste und Rekurse der Juden
fanden lange kein Gehör. Erst im Jahre 1734
kam es zu einer Milderung der unmenschli-
chen Verordnung. Karl VI. bewilligte außer
den Eheschließungen der Erstgeborenen in
jedem Landkreis sieben zusätzliche Ehen. [15]/
Von Zeit zu Zeit wurden mehr oder weniger schikanöse Gebote und Verbote erlassen,
in denen sich die christliche Unduldsamkeit

42.
Blick durch die Rabbinerstraße
in nördlicher Richtung.
Aufnahme J. Eckert aus den
neunziger Jahren des
19. Jahrhunderts

gegen Pfand geliehen, vor allem Schmuck-
stücke oder kostbare Gewänder. Diebesgut
war ein problematisches Geschäft, denn ein
Jude, bei dem gestohlene Sachen versetzt
wurden, erfuhr ja erst dann davon, wenn der
Bestohlene sie in der Judenstadt entdeckte
und zurückverlangte. Das darauf geborgte
Geld war verloren. Wladislaw II. erlaubte
Darlehen auch auf gestohlenes Gut und überließ es dem Gläubiger, dem Bestohlenen und
dem Dieb, die Sache zu bereinigen. Natürlich
führte diese Praxis zu bitteren Streitigkeiten.
Zu weiteren Mißhelligkeiten kam es, wenn
der Jude einen unerlaubt hohen Zinsfuß
verlangte oder die Schuldner das Geld
nicht fristgemäß zurückerstatteten und sich
dann weigerten, die Zinsen der Zinsen zu bezahlen. [17]/

Gegen Ende des 15. Jahrhunderts lebte der
jüdische Handel auf. Davon spricht eine 1500
datierte Bestimmmung des mährischen Lan-
desgerichts in Olmütz (Olomouc) worin den
Juden ausdrücklich der Besuch von Märkten

43.
**Dreibrunnenplatz auf der
Kreuzung der Meislgasse mit
der Kostečná-Gasse und der
Joachymgasse. Aufnahme von
J. Eckert um 1898**

manifestierte. Ein Erlaß aus dem Jahre 1587,
also der Regierungszeit Rudolf II., untersagt
den Juden, das Purimfest zur gleichen Zeit
wie das christliche Osterfest zu feiern. [16]/

Der dritte Kontakt der Bevölkerung der
Prager Judenstadt mit der christlichen Umwelt war ihr Einkommenserwerb, die „jüdische Nahrung". Im Mittelalter bedeutete dies
fast ausschließlich den Geldverleih auf beträchtliche Zinsen. Nach der Judenordnung
von Wladislaw II. vom Jahre 1497 hatten die
Juden ein Anrecht auf einen doppelt so hohen
Zinsfuß wie die Christen (20 %), weil sie dem
König und den Ämtern Abgaben leisten und
darüber hinaus noch eine Jahreskontribution
stellen mußten — alles Lasten, von denen die
christliche Bevölkerung befreit war. Allerdings spricht das vorhandene Quellenmaterial fallweise von viel höheren Zinsen. In Prag
wurde das Verzeichnis der Darlehen im
Oberstburggrafenamt geführt, in den anderen
Städten in den Stadtbüchern, jeweils in der
Gegenwart von Bürgen. Ursprünglich wurde
das Geld sowohl gegen Schuldbriefe als auch

44.
**Joachymgasse in Richtung zum
Dreibrunnenplatz. Aufnahme
von J. Eckert, um 1898**

Mit dem jüdischen Geldgeschäft hing auch die Prozedur des Judeneids (more judaico) zusammen, der bis ins 18. Jahrhundert seine mittelalterliche Form behielt. Der Jude stand vor dem heiligen Buch mit den zehn Geboten, in einigen Gegenden auf einem dreibeinigen Stuhl oder gar einer Schweinshaut. Der Christ eröffnete die erniedrigende Zeremonie mit den Worten: „Jude, ich beschwöre dich im Namen des einzigen, lebendigen ewigen Gottes, bei der Thora und ihrem Gesetz..." Der Jude mußte beim Schwur seine rechte Hand in das Buch legen und für den Fall, daß er einen Meineid leistete, alle möglichen Strafen und Flüche auf sein Haupt herabrufen. [19]/

Die Entwicklung vom Wucher zum Handel ging verhältnismäßig schnell vor sich. Einem Schriftstück der Böhmischen Kammer vom 5. Oktober 1538 zufolge war der Handel schon damals die Hauptbeschäftigung der Juden, da die Darlehen auf Schuldscheine untersagt waren. Freilich tat der Prager Altstädter Magi-

und der Warenhandel gestattet wird, allerdings nur in Städten, nicht auf dem Lande. Die Praxis in den königlichen und Markgräflichen Städten war unterschiedlich. In den Bestimmungen der Prager Neustadt von 1503 kann man lesen, daß die Juden neben dem Geldgeschäft gegen Pfand — nicht mehr gegen Schuldbriefe — auch neue und getragene Kleidung auf besonders bezeichneten Märkten verkaufen durften. Auf christlichen Märkten durften sie keine Ware anbieten und den christlichen Handwerkern keine Konkurrenz machen. Später wurde der Handel mit neuen Waren — Kleidung oder Pelzwerk — untersagt, lediglich der Altwarenhandel war gestattet. Diese neuen Verordnungen wurden nach dem Jahre 1515 erlassen, als Wladislaw II. die Judenstadt der Verwaltung des Bürgermeister und der Ratsherren der Prager Altstadt unterstellt hatte. Auf Schuldscheine durften nicht mehr als 100 Schock Meißnische Groschen geliehen werden, bei größeren Summen mußte die Bewilligung des Altstädter Magistrats eingeholt werden.

47.
**J. Minařík: Pinkasgäßchen,
Blick zum Alten Jüdischen
Friedhof, Rechts Westfassade
der Pinkas-Synagoge.
Öl/Leinwand**

48.
**J. Minařík: Hampasgasse mit
Blick auf das Gebäude des
Kunstgewerbemuseums.
Öl/Leinwand**

strat das seine, um die jüdischen Geschäfte zu beeinträchtigen, indem er die jüdischen Waren wiederholt konfiszierte. Vor allem aber wurde der jüdische Handel durch die Ausweisung der Juden aus Prag im Jahre 1541 lahmgelegt. Erst nach dem Tode Ferdinands I., als 1564 die Ausweisung rückgängig gemacht wurde, konnte der Handel wieder aufleben. Die Regierung Maximilians II. und Rudolfs II. war den Juden gut gesinnt, nur in den Berg-

städten durften sie keinen Handel treiben, um nicht an die „Münze" heranzukommen und das Silber vielleicht außer Landes zu bringen. Die Juden waren erfahrene Finanzleute und Geldwechsler, auf die sich auch die Böhmische Kammer zu stützen begann. Beispielsweise beim Münzwechsel im Jahre 1569, der nicht einfach war, da im Lande Münzen unterschiedlicher Herkunft im Umlauf waren. [20]/ Der schnellen Entfaltung des jüdischen Wa-

Seite 72

49.
Blick in den Hof eines Hauses
im Bereich der Gasse „Bei der
alten Schul". Aufnahme von
J. Eckert aus dem Jahre 1905

50.
Hof des Renaissancehauses des
Jacob Baschewi. Aufnahme von
J. Eckert, um 1900

51.
Hof eines Hauses in der Roten
Straße, im Hintergrund die
Zigeuner-Synagoge. Aufnahme
J. Eckert aus dem Jahre 1905

renhandels half vor allem der Umstand, daß
die Juden als bewegliches kosmopolitisches
Element schon sehr früh ausländische Waren importierten — kostbare orientalische
und italienische Stoffe wie Brokat, Damast,
Samt und Seide, sowie Pelzwerk und Gewürze. Allmählich wurde auch sporadisch
die Ausübung eines Handwerks bewilligt, was
früher — mit Ausnahme des schon erwähnten
Glasergewerbes — undenkbar gewesen war.
Anfänglich wurde die Bewilligung nur in seltenen Fällen erteilt. 1577 gestattete Rudolf II.
in einem Majestätsbrief dem Juden Joseph de
Cerui (Coref), das Goldschmiedehandwerk
in den Prager Städten und sogar auf dem
Hradschin auszuüben. Im 16. Jahrhundert arbeiteten in der Judenstadt schon Perlsticker,
die nicht nur Thoramäntel und Vorhänge für
Synagogen anfertigten, sondern auch christliche Kunden und sogar kirchliche Institutio-

52.
Eckhaus der Familie Wedeles
und der Nachbarfamilie
Moscheles in der Neuen
Poststraße. Aufnahme
J. Eckert, um 1900

nen belieferten. Allmählich begannen sich auch christliche Märkte und Jahrmärkte dem jüdischen Handel zu öffnen. [21]/

Ende des 16. Jahrhunderts handelten die Prager Juden außer mit Stoffen und Pelzwerk auch mit Wolle, Wein, Talg, Pferden, Schlachtvieh und allen möglichen Waren, wie aus einer 1593 datierten Beschwerde der Kürschnerzunft über jüdischen Konkurrenten hervorgeht. Ein Erlaß Rudolfs II. aus dem Jahre 1595 untersagt den Juden, Kürschner-

ware heimlich herzustellen, der Verkauf derselben aber war gestattet, da die Juden sie auch als verfallenes Pfand oder im Tauschhandel erworben haben konnten. [22]/

Zu diesem Zeitpunkt hatte der jüdische Handel über die Grenzen des Prager Ghettos hinaus die Form der gelegentlichen Märkte und des Hausiererhandels überschritten. Die Juden besaßen schon ihren regelrechten Markt in der Prager Altstadt, der anfangs „Tarmarkt" und später „Tandlmarkt" hieß.

Der Tandlmarkt befand sich in der Galli-Gasse an der Nordseite der St. Gallus-Kirche. In einigen Häusern hatten die Juden Gewölbe und Verschläge zum Lagern der Waren gemietet. In den Laubengängen dieser Häuser und in ihrer Nähe hatten sie ihre Kramstellen, Sitzstühle und Buden, wo sie ihre Waren feilhielten. Dafür mußten sie den Hausbesitzern eine sicher nicht unbeträchtliche Summe bezahlen. Auch der Altstädter Magistrat ließ sich die Handelsbefugnis für den Tandlmarkt gut bezahlen. Der Verkauf von Pelzwerk, Kleidungsstücken und anderen Waren war ihnen durch Sonderprivilegien gestattet. In einem Beschluß von Kaiser Matthias vom Jahre 1617 werden diese Sonderprivilegien erwähnt. Es ging damals um einen Streit zwischen christlichen Kaufleuten, Krämern, Schneidern und Kürschnern und ihren jüdischen Konkurrenten, den der König als Appellationsinstanz zu entscheiden hatte. Es war demnach den Juden gestattet, mit Kleidungsstücken und Pelzwerk Handel zu treiben, die Ware mußten sie jedoch von christlichen Handwerkern herstellen lassen. [23]/

Der jüdische Tandlmarkt war die Ursache vielfältiger Spannungen und Streitigkeiten. Seine Kramläden und Marktbuden befanden sich in der engsten Nachbarschaft der Galli-Kirche, die nach 1620 dem Karmeliterorden gehörte. Die Karmeliter beschwerten sich ständig bei der Böhmischen Kammer über den unziemlichen Lärm des Tandlmarkts, der ihre Gottesdienste störe. Im Jahre 1715 begann man, zweifellos auf Initiative der Karmeliter, eine Verlegung des Tandlmarktes zu erwägen. Jedenfalls wurden in diesem Jahr die meisten jüdischen Kramläden, praktisch alle vor den Laubengängen der Häuser befindlichen, niedergerissen. Gegen die Verlegung des Tandlmarkts protestierten nicht nur die Juden, sondern auch die christlichen Hausbesitzer, für die der Mietzins eine willkommene Geldquelle bedeutete. Schließlich wurde ein Kompromiß geschlossen: Zwischen der Kirche und dem Tandlmarkt sollte eine 3—3,50 m breite Gasse offen bleiben, die vom Markt durch eine Mauer getrennt war. Aus den Aufzeichnungen der zahlreichen Kommissionen, die sich mit dieser Affäre befaßten, geht hervor, daß die Juden da-

53.
Ostfassade der Meisl-Synagoge mit Blick in das damalige Meislgäßchen. Aufnahme von J. Eckert, um 1898

54.
Trödelgeschäft im ehemaligen Ghetto

mals für die Lagerung ihrer Waren auch an anderen Stellen in Prag Räume gemietet hatten. Sie befanden sich zumeist in der Nähe des Tandlmarkts, zum Beispiel in der Melantrichgasse. [24]/

Zu Beginn des 18. Jahrhunderts handelten die Juden schon mit allen erdenklichen Waren. In der „Jüdischen Polizeiordnung" von 1702 sind als Waren Edel- und Buntmetalle angeführt, ferner Wolle, Flachs, Häute, Pelzwerk, alte und neue Kleider, Federn, Getränke — einschließlich Wein und Branntwein — Vieh, Geflügel, Talg, Öl und Lederwaren, vor allem Sättel. [25]/

Bis zum Ende der zwanziger Jahre des 17. Jahrhunderts war ein jüdischer gelernter Handwerker eine Ausnahme. Allerdings geht aus zeitgenössischen Aufzeichnungen hervor, daß die Juden gewisse Gewerbe auch ohne Bewilligung ausübten, da vor allem die Schneider und die Kürschner sich darüber beschwerten. Erst Ferdinand II. gestand den Juden das Privileg zu, jedes Handwerk zu erlernen und es auch auszuüben; allerdings nur für jüdische Kunden. Einem gelernten jüdischen Handwerker war es untersagt, christliche Lehrlinge oder Gesellen, wie auch Pfuscher aufzunehmen. Das Interesse der Juden an der Ausübung eines Handwerks war groß, aber nicht alle Sparten waren im Ghetto vertreten. Nach späteren Verzeichnissen arbeiteten in der Judenstadt neben den Goldschmieden, Glasern, Stickern, Schustern, Schneidern und Kürschnern auch Handschuhmacher, Loh- und Weißgerber, Sattler, Seiler, Hutmacher, Kammacher, Knopfmacher, Bürstenbinder, Färber, Klempner, Zinngießer, Strumpfwirker und Perückenmacher. Einige dieser jüdischen Handwerker schlossen sich sogar zu Zünften zusamen, die im letzten Viertel des 17. Jahrhunderts aufkamen. Gewerbe, die in der Judenstadt nicht betrieben wurden, gehörten vor allem in den Bereich des Bauwesens — nirgends werden jüdische Maurer und Zimmerleute, Steinmetze, Schmiede und Schlosser, Kupfer- und Hufschmiede, Tischler oder Ofensetzer erwähnt. Aus den Verlautbarungen der Steinmetzzunft von 1741 erfährt man, daß christliche Steinmetze die Grabsteine für den Alten jüdischen Friedhof und vermutlich auch für

alle anderen jüdischen Friedhöfe verfertigten. Vereinzelt wurde Juden gegen Ende des 17. Jahrhunderts die Bewilligung zur Ausübung des Wachsziehergewerbes erteilt.

Von freien Berufen findet man nur den eines Arztes. Die jüdischen Ärzte hatten seit jeher auch bei den Christen einen guten Ruf. Das Studium an der Prager medizinischen Fakultät wurde ihnen aber nur in einem einzigen Fall, dem des Salomon Gumpertz im Jahre 1719, bewilligt. Erst ab 1774 durften Juden an der Prager Universität Medizin studieren, freilich durften sie ihre Praxis nur für Glaubensgenossen ausüben. [26]/

Aus dem letzten Viertel des 17. Jahrhunderts gibt es erste Nachrichten über Kunstmaler in der Prager Judenstadt. Damals beschwerten sich zwei Repräsentanten der Altstädter Malerzunft über einen jüdischen Maler, der vom Hybernerorden mit dem Wandschmuck seines Refektoriums sowie der Verfertigung des Altarbildes, das den heiligen Franziskus darstellte, betraut worden war. Nach Ansicht der Beschwerdeführer war besonders das Altarbild ein scheußliches Machwerk. Überdies hatten die jüdischen Maler Altstädter Bürgern wiederholt ihre Bilder angeboten. Der beschuldigte Maler Löbl Brandeis aber verteidigte sich energisch: er habe nach den Privilegien Ferdinands II. vom Jahre 1628 das Recht, das Malergewerbe auszuüben. Wie die Causa Brandeis ausging, erwähnen die zeitgenössischen Quellen nicht. Aber die Hyberner ließen die bezahlten Arbeiten des jüdischen Künstlers wohl kaum übermalen, so daß sie höchstwahrscheinlich die Wände ihres Refektoriums bis zur Schließung des Klosters unter Joseph II. (1780 bis 1790) schmückten. [27]/

Besonders beliebt waren die jüdischen Musikanten. Man lud sie häufig ein, vor einem erlauchten Publikum zu musizieren. Zum Beispiel spielte bei der Heirat des Peter Wok von Rosenberg eine jüdische Kapelle aus Prag auf. Im Jahre 1650 erteilte ihnen sogar der Prager Erzbischof Kardinal Harrach eine Lizenz, in der es wörtlich heißt „... daß die jüdischen Musikanten nicht allein auf den Mahlzeiten und Banketten, sondern auch auf den Hochzeiten und Kindstaufen, jedoch anders nicht, als nach verrichtetem Gottesdienst

55.
J. Minařík: Das ehemalige Gäßchen „Bei der alten Schul" mit Blick auf die Westfassade des „Tempels". Öl/Leinwand

und wo keine Kirchen-Ceremonien oder Sollenitäten vorgehen, musicieren und spielen dürfen." Ihre Beliebtheit und die zitierte Lizenz brachte den jüdischen Musikanten freilich viele Beschwerden ihrer christlichen Kollegen ein. Die Musikanten der Prager Judenstadt hatten eine eigene Zunft, deren strenge Statuten es nicht ermöglichten, den christlichen Kollegen zu starke Konkurrenz zu machen. Beispielweise durfte ein jüdischer Musikant nur zwei seiner Kinder im Spiel auf einem Instrument unterrichten. Ein neues Mitglied durfte nur im Falle, daß ein anderer Musiker gestorben oder so krank war, daß er nicht mehr spielen konnte, in die Zunft aufgenommen werden. Es wurde sogar ein eigener Inspektor zur Aufsicht der Musikanten eingesetzt. Ein Verzeichnis der jüdischen Kapelle vom Jahre 1651 besagt, daß sie einundzwanzig Mitglieder hatte, die zum einen das „Instrument" spielten, wohl ein Orgelportativ, zum anderen den „Diskant" — vermutlich die Geige, ferner die Baßgeige und die Zimbel. [28]/

Das Ghetto des 17. und 18. Jahrhunderts war anders als das des vorhergehenden Jahrhunderts. Die Zahl seiner Bewohner war zwar größer, die jüdische Gemeinde insgesamt jedoch weitaus ärmer. Nach vorhandenen Steuerregistern lebten im dritten und vierten Jahrzehnt des 16. Jahrhunderts 171 jüdische Familien im Ghetto; 10 dieser Familien besaßen mehr als 1000 fl., 66 besaßen 200—999 fl., 79 Familien hatten weniger als 200 fl. Einem Verzeichnis aus dem Jahre 1748 zufolge lebten damals 766 Familien im Ghetto. Nur 6 von ihnen besaßen ein Vermögen, das 10 000 fl. überstieg, 8 Familien verfügten über 5000—9999 fl., 32 Familien über 2000 bis 4999 fl., 106 Familien besaßen 500—1999 fl., und die Mehrzahl — also 610 Familien — waren mit einem Vermögen von 100 bis 499 fl. ausgesprochen arm. Schon lange waren die Prager Juden keine reichen Gläubiger mehr, die dem Herrscher, dem Adel und den Bürgern Darlehen auf Schuldbriefe oder gegen Pfand gewährten. Sie waren unfähig, der Staatskasse die Kontributionen zu zahlen, und sowohl bei Privatleuten als auch bei kirchlichen Institutionen hoch verschuldet. Im Jahre 1744 waren die größten Gläubiger

57.
Gebäude des ehemaligen Zeremoniensaales und der Totenkammer des Alten Jüdischen Friedhofs, 1911 in pseudoromanischem Stil nach dem Entwurf von Arch. Gerstel errichtet. Es war das letzte neuerbaute jüdische Kultobjekt im Bereich des ehemaligen Ghettos zur Zeit der Assanierung. Heute gehört es zum Areal des Staatlichen Jüdischen Museums

der jüdischen Gemeinde die Dominikaner zu St. Maria Magdalena auf der Kleinseite und zu St. Ägidi in der Prager Altstadt, im nordböhmischen Deutsch-Gabel und im westböhmischen Eger. Es folgten die Jesuiten im St. Bartholomäus-Konvikt und schließlich die Augustiner zu St. Thomas. Privatpersonen schuldete die jüdische Gemeinde schon vor dem großen Brand im Jahre 1754 die ansehnliche Summe von 160 000 fl.

Daß geistliche Institutionen, allen voran die Jesuiten, der jüdischen Gemeinde hohe Geldsummen borgten, mag überraschen. Waren es doch eben die Jesuiten, die die Juden planmäßig verfolgten und ihnen das Leben schwer machten. Und doch lieh Simon Schürer, Regent des Jesuiten-Konvikts, im Jahre 1677 der jüdischen Gemeinde 5000 fl. auf die üblichen 6 % Zinsen, und im Jahre 1695 lieh das Jesuitenkolleg im Klementinum weitere 3000 fl. Diese Tatsachen weisen darauf hin, wie vielschichtig alle mit der Prager Judenstadt zusammenhängenden Fragen sind. Es wäre unrichtig, sie einseitig aus christlicher oder aus jüdischer Sicht zu beurteilen.

56.
J. Minařík: Saazer Gasse.
Öl/Leinwand

/III/
HERVORRAGENDE PERSÖNLICHKEITEN DER JUDENSTADT

Das Prager Ghetto lebte mit seinen alltäglichen Sorgen und Freuden, der festlichen Stimmung des Sabbat und der Feiertage, ganz in den Traditionen des Judentums. Selbstverständlich hatte es auch seine geistigen Führer. Zumeist waren das bedeutende Persönlichkeiten, Rabbiner, die nicht nur Prediger der Gemeinde (Kehilla) waren, sondern auch Schriftgelehrte im speziell jüdischen Sinn des Wortes. Die Prager Kehilla war ein wichtiges Zentrum der gesamten Judenheit, man bezeichnete sie als „ir ve — em be — Jisrael" (Stadt und Mutter in Israel).

Das Ghetto hatte seine Dichter und Schriftsteller, seine namhaften Ärzte und Wissenschaftler. Viele von ihnen fanden ihre letzte Ruhestätte auf dem Alten jüdischen Friedhof und wir werden sie bei der Übersetzung der Grabinschriften im 5. Kapitel näher kennenlernen. Jedoch nicht alle Persönlichkeiten, die in Prag wirkten und im Laufe der Jahrhunderte sein geistiges Antlitz prägten, wurden dort geboren oder sind dort gestorben. Für manche bedeutete Prag bloß eine kurze Station auf ihrem Lebensweg.

Allerdings beeinflußten nicht nur Rabbiner und Schriftgelehrte das Leben der Prager Judenstadt. An der Spitze der Gemeinde standen auch tüchtige, erfolgreiche Männer mit ökonomischem Weitblick, und oft war ihre Stimme bei der Wahl der Rabbiner ausschlaggebend. Auch in Verwaltungsfragen der Synagogen galt ihr Wort, vor allem in jenen Gotteshäusern, deren Errichtung sie selbst oder ihre Vorfahren ermöglicht hatten.

Zu Beginn des 5. Jahrhunderts u. Z., während der Regierung von Kaiser Theodosius II. (408—450), wurde in Palästina der altjüdische Gerichtshof (Sanhedrin) aufgelöst und bald danach begannen die Judenverfolgungen in Babylonien. Das bewirkte eine jahrelange Stagnation der dortigen religiösen Lehrstätten, die ihre frühere Bedeutung nie mehr wiedererlangten. In dieser Zeit wurde der Talmud (der schriftliche Niederschlag der Entwicklung der jüdischen Religion), zum ethischen und philosophischen Fundament der in der Diaspora zerstreuten jüdischen Gemeinschaft. Auf diesem Fundament wurde unaufhörlich weitergebaut. Die Erläuterungen der einzelnen Bestimmungen wurden präzisiert und zugeschliffen, vor allem aber mußten sie sich einer anderen Zeit anpassen. Die veränderte Lebenslage und das neue Milieu des Exils waren eine Quelle der Unsicherheit, und man mußte die alten talmudischen Bestimmungen auf die neue Lage anwenden. Dabei hatte der jerusalemische Talmud, der in seinen Bestimmungen die Verhältnisse in Palästina voraussetzte, für die Juden in der Diaspora weniger Bedeutung als der babylonische. Den bedeutendsten Talmudkommentar schrieb im 11. Jahrhundert Schelomo ben Isaak, genannt Raschi. An ihn knüpften die nordfranzösischen Schulen der Tosafisten (vom hebräischen Tosafot - Zusätze) an, die bestrebt waren, die im Talmud enthaltenen Widersprüche durch eine kasuistisch-diskursive Methode zu lösen. Ihr Werk wurde von

סכום פסוקים דספרא דאורייתא ׀ בראשית אלף ותחמש מאות
ושלשים וארבעה ׀ ואלה שמות אלהומאתים ותשעה ׀ ויקרא שמנה
מאות וחמשים ותשעה ׀ במדבר סיני אלהומאתים ושמונים ושמנה ׀
אלה הדברים אלהוחמשים וחמשה ׀ סכום הפסוקים של כל התורה
חמשה אלפים ותשע מאות וארבעים
וחמשה ׀

ברוך הנותן

גרשם בר שלמה הכהן מחזקין
מרדכי בר גרשם הכהן מחזקין
שלמה בר גרשם הכהן מחזקין

נדפס זה החומש נאום אוליעקש שאלטיט בן יורעג שולטיש

58.
**Zunftzeichen der Prager
hebräischen Drucker.
Holzschnitt. Illustration aus
dem 1530 in Prag gedruckten
Pentateuch**

späteren rabbinischen Autoritäten fortgesetzt, die neue Auslegungen und Entscheidungen hinzufügten.

In Böhmen finden wir seit dem 12. und 13. Jahrhundert tosafistische Autoren. Manche führen die Herkunftsbezeichnung „aus Prag" oder „aus Böhmen" an. So etwa Isaak ben Jakob ha-Laban (der Weiße), dessen Name mit dem böhmischen Fluß Elbe (Labe) in Verbindung gebracht wird. Seine Zusätze wurden in unterschiedliche Tosafotsammlungen aufgenommen — eine seiner Handschriften befindet sich in München. Ein weiterer Tosafist war Isaak ben Mordechai „aus Prag", wo er eine Schule leitete, und Elieser ben Isaak. Im 13. Jahrhundert begegnen wir in Böhmen Autoren umfangreicherer Schriften. Einer von ihnen ist Jekutiel ben Jehuda ha-kohen, genannt Punctator, dessen Buch „Das Auge des Lesers" in der Handschrift erhalten blieb und erst Anfang des 19. Jahrhunderts veröffentlicht wurde. In Böhmen wirkte auch Abraham ben Azriel, der Autor der Schrift „Balsamisches Beet", eines umfangreichen Kommentars zu synagogaler Poesie. Die Herausgabe seines gleichfalls in der Handschrift erhaltenen Werkes wurde erst im Jahre 1939 in Angriff genommen. Für Slawisten von Interesse ist das vier Foliobände umfassende Werk seines Landsmannes Isaak ben Mosche, genannt Or Sarua, nach dem Titel seines Buches Or Sarua — Ausgesätes Licht, das erst Ende des 19. Jahrhunderts erschien. Es behandelt die einzelnen Traktate des Talmud und fügt sowohl die Meinungen anderer Autoritäten als auch Or Saruas eigene hinzu. In seinem Werk findet man zahlreiche altslawische und alttschechische Glossen, wobei der Autor „von unserer Sprache, der Sprache Kanaans" redet. [1]/

Die erste bedeutende Persönlichkeit, von der man genau weiß, daß sie in Prag lebte und starb, ist Rabbi Abigdor Kara. Sein Grabstein ist der älteste auf dem Alten Prager Friedhof. Der jüdische Historiker David Gans führt in seiner bekannten Chronik aus dem 16. Jahrhundert an, Rabbi Abigdor Kara sei Verfasser der Elegie (einer sogenannten Selicha) zur Erinnerung an die tragischen Ereignisse im Jahre 1389), als der aufgehetzte Prager Pöbel in die Judenstadt eindrang, sie plünderte und viele ihrer Einwohner erschlug. Die Elegie, die mit den Worten beginnt: „Wer schildert das Leid, das uns geschah..." gehört bis heute zu den Gebeten, die am Versöhnungstag in den Prager Synagogen vorgelesen werden. Man nimmt an, daß Rabbi Abigdor ein Sohn jenes Rabbi Jizchak Kara war, der in zeitgenössischen Quellen als Märtyrer bezeichnet wird. Rabbi Abigdor war vermutlich als Kind

Zeuge des Pogroms, bei dem sein Vater getötet wurde. Zu Beginn des zweiten Jahrzehnts des 15. Jahrhunderts war Rabbi Abigdor Kara Mitglied des Prager rabbinischen Gerichtshofs (Bet Din). Von seiner literarischen Tätigkeit im traditionell religiösen Bereich existieren Bruchstücke seiner Erläuterungen zum Pentateuch und ein Fragment des Buches Eben Sapir (Der Saphir), das allegorische Auslegungen der Bibel enthält, ferner eine kleine lexikographische Abhandlung sowie die Handschrift eines kabbalistischen Kommentars zum letzten Psalm Kodesch hillulim (Heiligkeit des Lobgesanges). Allerdings ist Abigdor Karas synagogale Poesie wesentlich interessanter. Außer der erwähnten Elegie verfaßte er noch eine ganze Reihe von Gedichten. Vermutlich war er der letzte synagogale Poet des Mittelalters. Da sein Name im Memorbuch der Altneuschule nicht erscheint, darf man annehmen, daß er Rabbiner der Altschule war, deren kleine Gemeinde von Juden östlicher Provenienz (den sogenannten Sephardim) gegründet wurde, und später vor allem aus Spanien und Portugal vertriebene Juden aufnahm. Ein Zeitgenosse Rabbi Abigdor Karas, der Rabbiner Jakob Möln schreibt, dieser, sei bei König Wenzel IV. so angesehen gewesen, daß der Herrscher mit ihm über religiöse Themen diskutiert habe. In zeitgenössischen Quellen — den lateinischen Stadtbüchern aus den dreißiger Jahren des 15. Jahrhunderts — wird Rabbi Abigdor wiederholt mit seinem lateinischen Namen Victor erwähnt. In der tschechischen Literatur hat ihm der Schriftsteller Alois Jirásek in seiner Trilogie „Mezi proudy" (Zwischen Strömen) ein Denkmal gesetzt. [2]/

Rabbi Abigdor Kara ist der einzige mittelalterliche Rabbiner der Prager Gemeinde, von dem man mehr weiß als seinen Namen. Aus der Anonymität mittelalterlicher Angaben tritt seine Gestalt als erste bedeutende Persönlichkeit des Prager Ghettos hervor. Im Memorbuch der Altneuschule kann man die Namen mehrerer Rabbiner des 15. Jahrhunderts finden, von keinem jedoch ist bekannt, daß er ein literarisches Werk hinterlassen hätte. Erst Rabbi Jizchak Margalit, der 1525 in Prag starb und auf dem Alten jüdischen Friedhof begraben wurde, kennt man als Au-

tor der oft zitierten „Anordnung und Ausfertigung des Scheidebriefs" und einer Sammlung religiöser Vorschriften, die in der späteren Literatur gleichfalls zitiert werden. [3]/

Rabbi Jizchak Margalit erlebte schon die Anfänge des Prager hebräischen Buchdruckes, der im Laufe des 16. Jahrhunderts das Geistesleben der Prager jüdischen Gemeinde wie auch der gesamten Judenschaft der Böh-

59.
Illustration aus dem 1530 in Prag gedruckten Pentateuch. Holzschnitt

אלה הַדְּבָרִים אֲשֶׁר דִּבֶּר מֹשֶׁה
אֶל־כָּל־יִשְׂרָאֵל בְּעֵבֶר הַיַּרְדֵּן
בַּמִּדְבָּר בָּעֲרָבָה מוֹל סוּף בֵּין
פָּארָן וּבֵין־תֹּפֶל וְלָבָן וַחֲצֵרֹת
וְדִי זָהָב ׃ אַחַד עָשָׂר יוֹם
מֵחֹרֵב דֶּרֶךְ הַר־שֵׂעִיר עַד
קָדֵשׁ בַּרְנֵעַ ׃ וַיְהִי בְּאַרְבָּעִים
שָׁנָה בְּעַשְׁתֵּי עָשָׂר חֹדֶשׁ

60.
Illustration aus dem 1530 in
Prag gedruckten Pentateuch.
Holzschnitt

mit Hilfe der Geldgeber Jeschaja ben Ascher ha-levi Horowitz und Jekutiel ben Isaak Dan, genannt Bumsla, im Jahre 1512 ein Gebetbuch als ersten Prager hebräischen Text überhaupt. Im Jahre 1514 folgten Lobgesänge und Hymnen. Noch im gleichen Jahr begann man den Pentateuch mit dem Kommentar von Schelomo ben Isaak, genannt Raschi, zu drucken. Die Namen der Drucker waren Gerson ben Schelomo ha-kohen, Chajim ben David Schwarz und Jakob Epstein ha-levi. Gerson ha-kohen erhielt 1527 von Ferdinad I. das erste Privileg zum Druck hebräischer Bücher und wurde so zum Begründer des berühmten Geschlechts der Prager Buchdrucker — der „Gersoniden". Über die Bedeutung des hebräischen Buchdrucks für das Geistes- und Kulturleben der jüdischen Gemeinschaft der böhmischen Kronländer besteht kein Zweifel, insbesondere was die Zeit der existenziellen Gefährdung der Prager Judengemeinde betrifft, die Ausweisungen von 1541 und 1557. Der Nachfolger von Rabbi Jizchak Margalit, Rabbi Abraham ben Abigdor, der 1542 starb, erlebte noch die Drucklegung seiner Kommentare zum Ritualkodex des Jakob ben Ascher sowie einer Sammlung von Gebeten. [4]/

In den Jahren 1541—1564, als die Prager Juden ausgewiesen wurden und zeitweilig im Exil leben mußten, konnten keine neuen hebräischen Drucke hergestellt werden. Erst im Jahre 1568, vier Jahre nach der Beendigung der letzten Vertreibung der Juden und ihrer Rückkehr nach Prag, begann der Druckereibetrieb wieder anzulaufen. In den achtziger und neunziger Jahren des 16. Jahrhunderts arbeitete man wieder mit voller Kraft, so daß jedes Jahr Neuerscheinungen zu verzeichnen waren. Die Produktion wurde 1618, während des Aufstands der böhmischen Stände, nicht eingestellt und dauerte auch nach der Schlacht am Weißen Berge, in den ersten Jahren des Dreißigjährigen Krieges an. Erst in den dreißiger Jahren des 17. Jahrhunderts setzte eine längere Pause ein. [5]/

Zur Blütezeit des hebräischen Druckwesens in den achtziger und neunziger Jahren des 16. und im ersten Jahrzehnt des 17. Jahrhunderts trug die den Juden freundlich gesinnte Regierung Rudolfs II. ebenso bei wie

mischen Länder entscheidend beeinflußte. Im Jahre 1512 wurde in Prag die erste hebräische Druckerei nördlich der Alpen gegründet, etwa 40 Jahre nach der ersten europäischen Druckerei hebräischer Werke in Rom. Die ersten Prager Drucker — Meir ben David, Salomo ben Samuel ha-levi, Mordechai ben Elieser und Schemarja ben David — druckten

die kluge Verwaltung der Prager Judengemeinde unter dem Primas Mordechai Meisl.
Sein damaliges Niveau verdankt der Prager
Buchdruck der Tatsache, daß zu dieser Zeit
eine Reihe bedeutender Persönlichkeiten im
Prager Ghetto wirkte, Rabbiner und Schriftgelehrte von europäischem Format, die häufig Autoren der in der Druckerei der Gersoniden erschienenen Werke waren.

Es ist erstaunlich, wie kosmopolitisch die
Prager jüdische Gemeinde im 16. Jahrhun-
dert war. Rabbi Elieser Aschkenasi ben Elia
Rofe, der im Jahre 1564 die Statuten der da-
mals gegründeten Begräbnisbruderschaft
Chewra Kadischa bestätigte, stammte aus
Ägypten. Er war über Zypern und Venedig
nach Europa gekommen, war Rabbiner in
Cremona und in Posen gewesen. Nach seinem
Prager Aufenthalt wurde er Rabbiner in Kra-
kau, wo er 1586 starb. Sein Buch „Ma' ase ha
Shem" (Werk Gottes), das Erläuterungen zu
den historischen Teilen des Pentateuch enthält, kam in Venedig heraus. In den achtziger
Jahren des 16. Jahrhunderts war Jizchak ben
Abraham Chajjut, dessen Familie aus der
Provence stammte, Oberrabbiner von Prag.
Zwei seiner Schriften wurden in Prag gedruckt: eine Predigt zum ersten Tag des Pes-
sach-Festes und ein Lied zum Pessach-Vor-
abend. Beim ersten Druck fehlt das Datum,
der zweite stammt aus dem Jahre 1587. Zu
Beginn der neunziger Jahre des 16. Jahrhunderts ging Rabbi Jizchak ben Abraham Chajjut nach Polen, um in Prag von Rabbi Mordechai ben Abraham Jafe abgelöst zu werden,
der zwar aus Prag stammte, bis dahin jedoch
in Polen gewirkt hatte. Von seinem großen
enzyklopädischen Werk „Lebuschim" (Gewänder) kamen einige Teile in Prag, allerdings erst nach seinem Tode, in den zwanziger
Jahren des 17. Jahrhunderts heraus. [6]/

Der bekannteste Rabbiner dieser Zeit, dessen Ruhm Jahrhunderte überdauerte, war
— obwohl er verhältnismäßig kurze Zeit in
Prag lebte — Jehuda Löw ben Bezalel, der in
der Volkstradition der „Hohe Rabbi" und in
der hebräischen Literatur Ma Ha Ral genannt
wird. Maharal ist die Abkürzung des offiziel-
len Titels Morenu Ha-rab Rabbenu (Unser
Lehrer, unser Rabbiner) und des Namens
Löw. Für spätere Generationen war Rabbi

Löw eine sagenumwobene Gestalt, eine Art
Zauberer, der dank seiner profunden Kenntnis der Kabbala den Golem, eine aus Lehm
geformte menschliche Figur, zum Leben er-
weckte und ihn zu seinem Diener machte. Da
die Kabbala häufig als jüdische Abart der Ma-
gie betrachtet wird, obgleich sie die Lehre der

61.
**Illustration aus dem 1530 in
Prag gedruckten Pentateuch.
Holzschnitt**

שָׁבוּר

הֲמֵתְרַעֵלַתְגוֹיִם

אֲשֶׁרלֹאיְדָעוּךָוְעַל

הַמַּמְלָכוֹתאֲשֶׁר

בְּשִׁמְךָלֹא

קָרָאוּ

שָׁפוּרעֲלֵיהֶםזַעְמֶךָוַחֲרוֹן
אַפְּךְישִׂיגֵםתִּרְדְּוֹףבְּאַף
וְתַשְׁמִדֵםמִתַּחַתשְׁמֵיי׳

62.
Titelblatt der Prager Haggada
(1526). Holzschnitt

Jüdischen Mystik beinhaltet, gab die geheimnisumwobene Gestalt des Hohen Rabbi Anlaß zu zahllosen Legenden. Sie ranken sich um die Begegnung von Kaiser Rudolf II. mit Rabbi Löw, die tatsächlich stattfand, um das Grab des Ma Ha Ral auf dem Alten jüdischen Friedhof in Prag und um seinen vermeintlichen Kampf mit dem Todesengel, um nur einige zu nennen. Die Wurzeln so mancher Legenden kann man im Werk eines seiner Nachfolger, Mosche Meir Perls, finden, der zu Anfang des 18. Jahrhunderts lebte. [7]/

Tatsächlich war Rabbi Löw ein Gelehrter und ein bedeutender Represäntant des kulturellen Lebens sowohl im Prager Ghetto als auch in ganz Mitteleuropa. Er wurde wahrscheinlich im Jahre 1520 in Posen als Sohn einer Gelehrtenfamilie geboren. Sein Großvater, Rabbi Chajjim, stammte aus Worms, der Vater, Rabbi Bezalel, war Chajjims ältester Sohn. Auch die drei älteren Brüder Rabbi Löws waren Rabbiner. Von 1553—1573 wirkte Rabbi Löw als Landesrabbiner in Nikolsburg (Mikulov) in Mähren. Seit 1574 lebte er in Prag, wo er als Privatmann eine Talmudschule leitete. Im Jahre 1583 erwartete man nach dem Tode von Rabbiner Jizchak Meling, daß Rabbi Löw das Amt des Oberrabbiners übernehmen werde. Aber die Wahl fiel auf Rabbi Jizchak ben Abraham Chajjut, einen Verwandten von Rabbi Löws Gattin. Damals verließ Rabbi Löw Prag, um abwechselnd in Polen und in Mähren zu leben. Ein Jahr später aber konnte man ihn wieder in Prag antreffen, wo er die wichtige Predigt zum Bußsabbat hielt, die zu den Pflichten des Oberrabbiners gehört. Doch auch dieses Mal wurde der vielleicht zu hervorragende Schriftgelehrte nicht gewählt. Die Wahl fiel auf Rabbi Mordechai ben Abraham Jafe. Dieses Mal blieb Rabbi Löw in Prag und unterrichtete weiter an seiner Talmudschule, die sich in der Klausensynagoge befunden haben soll. Obwohl er nicht Oberrabbiner war, galt er als hervorragende rabbinische Autorität und wurde im Jahre 1592 sogar mit einer Audienz bei Kaiser Rudolf II. geehrt. Im gleichen Jahr fuhr Rabbi Löw nach Posen, wo man ihn zum Oberrabbiner ernannte. Aber spätestens im Jahre 1597 kehrte er nach Prag zurück, da ihm endlich das Amt des Oberrabbiners angeboten wurde, das er bis zu seinem Tode im Jahre 1609 versah. Diese letzten Jahre waren wohl die fruchtbarste Zeit seines Lebens. Rabbi Löw verfaßte 15 Bücher, wie seine Grabschrift besagt. Die meisten seiner Werke, neun Schriften, drei Predigten und eine Gedächtnisrede, kamen schon zu Löws Lebzeiten heraus und einige wurden in Prag gedruckt. Drei Schriften, die er selbst erwähnt, wurden nicht gedruckt und gingen verloren.

Rabbi Löw ist der bedeutendste und originellste Denker der Prager Judenstadt. Seine ungemein vielschichtige Lehre befaßt sich nicht nur mit jüdischer Religionsphilosophie und rabbinischer Weisheit, sie stößt auch in den Bereich der Ethik und der Pädagogik vor. Im Vergleich zu anderen Autoren des Prager Ghettos ist das Lebenswerk Rabbi Löws dadurch bemerkenswert, daß er von der Veröffentlichung der zur traditionellen Halachischen Literatur gehörenden Schriften Abstand nahm, um seine Aufmerksamkeit der religiös-philosophischen Interpretation der Haggada zu widmen.

Rabbi Löws Lehren sind ein Beispiel jener Synthese, die die Lehren des traditionellen Judaismus mit der Jüdischen Philosophie des Mittelalters und der Renaissance verbindet. Auch Elemente der jüdischen Mystik, der Kabbala, erscheinen, obwohl Rabbi Löw kein Kabbalist war und in seinen Schriften keine kabbalistischen Termini verwendete. Aus Rabbi Löws ethischen Ansichten spricht ein von tiefer Menschlichkeit geprägtes Weltbild. In seinen Schriften findet man Gedanken über das Recht der Völker auf ungehinderte Existenz; seine Lehre von der Entwicklung der menschlichen Gesellschaft vom Kampf aller gegen alle zu einer harmonischen Weltordnung eröffnete vollkommen neue Aspekte. Rabbi Löw stand unter dem Einfluß des sogenannten „älteren Chassidismus" (Bewegung der Frommen), einer religiös-ethischen Strömung, die dem neuzeitlichen Chassidismus des 18. Jahrhunderts voranging. Der neuzeitliche Chassidismus hat viele der religiösen und ethischen Ansichten Rabbi Löws bewahrt.

Auch in der Geschichte der Pädagogik kann man Rabbi Löws Spuren verfolgen. Er erarbeitete eine Reform des jüdischen Schulwesens, deren Prinzipien in vielen Aspekten die pädagogischen und didaktischen Ansichten von J. A. Komenský (Comenius) vorweg-

nehmen. Rabbi Löws pädagogische Reform wandte sich gegen die in den jüdischen Schulen vorherrschende scholastische Form des Unterrichts und der Bildung. Für Rabbi Löw bestand das Hauptprinzip des Lernprozesses im logischen Fortschreiten von einfachen zu komplizierteren Gegenständen. Die Geschwindigkeit hängt von Alter und Anlagen des Studierenden ab. Rabbi Löw legte besonderen Wert auf das Begreifen des Lehrstoffes. Neben dem üblichen Studium der Talmudtexte wies er auf die Notwendigkeit eines systematischen Studiums der Mischna und der Bibel hin.

Rabbi Löws Lehren kann man lange Zeit lediglich in den Werken seiner Schüler verfolgen. Seine Schriften wurden allmählich vergessen, um erst in den neunziger Jahren des 18. Jahrhunderts, im Zusammenhang mit der volkstümlich religiösen Bewegung des Chassidismus in Osteuropa, entdeckt und herausgegeben zu werden. Für seine Zeitgenossen aber waren Rabbi Löws Ideen, die seiner Zeit vorauseilten, eine Botschaft, die sie nicht begriffen. [8]/

Der Nachfolger Rabbi Löws, Rabbi Efraim Lentschitz, wurde 1604 nach Prag berufen, um dem alternden Rabbi zu helfen. Er war ein beliebter und in ganz Europa bekannter Prediger. In seinen Schriften, von denen in Prag Predigten und Erklärungen zum Pentateuch herauskamen, kann man einige Gedanken Rabbi Löws finden. Die große Linie seines Lehrers aber blieb Efraim Lentschitz versagt.

Efraim Lentschitz starb im Jahre 1619, sein Amtsnachfolger als Prager Oberhirte wurde Rabbi Jomtob Lippman Heller aus Wallerstein in Bayern, der durch seinen Kommentar zur Mischna, der in den Jahren 1614—1617 in Prag erschienen war, Aufsehen erregte. Er war der erste Prager Rabbiner, der eine Autobiographie verfaßte, die freilich erst zwei Jahrhunderte nach seinem Tod erscheinen sollte. Seine Tätigkeit als geistiges Oberhaupt der Prager Gemeinde wurde durch eine Denunziation unterbrochen, die ihn in einen in Wien abgehaltenen Hochverratsprozeß verwickelte, aus dem er sich nur mit großen finanziellen Opfern zu befreien vermochte. Er kehrte nicht mehr nach Prag zurück und starb 1654 in Krakau. Rabbi Jomtob Lippman Hel-

63.
Rabbi Löw, Statuengruppe von L. Šaloun an der Ecke des neuen Altstädter Rathauses (1908—11)

Richtung. David Gans wurde 1541 in Lippstadt in Westfalen geboren. Mit dreiundzwanzig Jahren kam er nach Prag, wo er der erste hebräische Chronist der Judenstadt wurde. Sein berühmtes Werk „Zemach David" (Der Sproß Davids) wurde 1592 in Prag gedruckt. Es enthält eine Weltchronik und eine Chronik des jüdischen Volkes. Für die Kenntnis der Verhältnisse im Ghetto von Prag ist sie ungemein wertvoll, weil darin viele Ereignisse, deren unmittelbarer Zeuge David Gans war, verzeichnet sind. David Gans beschäftigte sich auch mit Mathematik und Astronomie, er besuchte wiederholt den seit 1599 in Prag wirkenden Tycho Brahe auf seiner Sternwarte im kaiserlichen Schloß Benátky (Benátek) und stand auch in Verbindung mit Johannes Kepler. Auf diesem Gebiet veröffentlichte er ein zur Belehrung seiner Söhne verfaßtes Kompendium, das 1612 unter dem Titel „Magen David" (Der Schild Davids) gedruckt wurde. Ein umfangreicheres astronomisch-mathematisches und geographisches Kompendium kam erst viel später, im Jahre 1754, heraus. Auch David Gans ist jener geistigen Bewegung zuzurechnen, deren Protagonist Rabbi Löw war. [9]/

Zu Beginn des 17. Jahrhunderts starb in Prag die erste schreibende Frau, Frau Rebekka, Tochter des Meir Tikotin, genannt Riwka. Sie war Verfasserin einer Schrift über Säuglings- und Kinderpflege, einer Art Hilfsbuch für Hebammen und junge Mütter. Das Büchlein kam sogar in zwei Auflagen heraus, im Jahre 1609 in Prag und 1612 in Krakau. Obgleich es in der späteren Literatur häufig zitiert wird, ist kein Exemplar erhalten geblieben. [10]/

Die Prager Schriftgelehrten versuchten zu Beginn des 17. Jahrhunderts, ihren Glaubensgenossen auch die mystische Literatur der Kabbala näherzubringen. Um 1609—1610 veröffentlichte Jissachar Ber ben Moses Petachja einige Schriften zum Buche „Sohar" (Der Glanz), dem Hauptwerk der Kabbala. Außerdem verfaßte er eine umfangreiche, ganz im kabbalistischen Geiste gehaltene Darstellung der Religionslehre „Die zwei Bundestafeln", die zahlreiche Auflagen erlebte. Reuben Hoschke veröffentlichte zwei Sammlungen von Auszügen aus der gesamten

ler wird als bedeutendster Schüler Rabbi Löws betrachtet, dessen Lehren er weiterentwickelte. Sein Kommentar zu Mischna ist seit seinem ersten Erscheinen ganz oder in Auszügen Bestandteil nahezu aller Ausgaben der Mischna. Rabbi Jomtob Heller schrieb auch Kommentare zum Talmudkompendium des Ascher ben Jechiel, der 1327 in Toledo gestorben war.

Die Tätigkeit eines anderen Zeitgenossen Rabbi Löws, seines Schülers und Bewunderers David Gans, entwickelte sich in anderer

kabbalistischen Literatur, deren erste 1660 in Prag herauskam. [11]/ Er ist außerdem Autor eines Index zur Kabbala und zur Thora.

Im 17. Jahrhundert begann man in Prag, immer häufiger in jiddischer Sprache geschriebene Literatur zu drucken. Das einfache Volk und die Frauen verfügten zumeist nur über eine beschränkte Kenntnis des Hebräischen; es war angezeigt, auch ihnen das Lesen von Werken religiösen Inhalts wie auch reiner Unterhaltungsliteratur zu ermöglichen. Schon zu Beginn des Jahrhunderts druckte man unterschiedliche, häufig in Verse gesetzte jiddische Übersetzungen und Paraphrasen biblischer Literatur, ferner Literatur religiös-ethischen Inhalts und mit Erläuterungen versehene Sammlungen von Aussprüchen aus der talmudischen und rabbinischen Literatur. Im Bereich der reinen Unterhaltungsliteratur, die in Prag gedruckt oder auch eingeführt wurde, waren Schilderungen von Pilgerfahrten nach Palästina — wie die des Pragers Gerson ben Elieser — sehr beliebt. Auch jiddische Lieder wurden gedruckt, sie waren entweder religiösen Inhalts oder sie bezogen sich auf historische Ereignisse und bekannte Katastrophen, vor allem auf den „Franzosenbrand" im Jahre 1689 und auf die verheerenden Pestepidemien. Auch Lieder von Kaisern und Königen wurden gesungen und gedruckt, ferner heitere Lieder wie das von den drei trotzigen Weibern und romantische Ritterballaden. Der Belehrung und Unterhaltung diente jiddische Prosa historischen Inhalts, zum Beispiel über die Belagerung Prags durch die Schweden im Jahre 1648 von Jehuda Löb ben Isaak aus Prag, oder das Tagebuch des Meir Schmelka über die Belagerung Wiens durch die Türken (1683). Reine Unterhaltungsliteratur war die Geschichte von König Salomo oder jene, in der ein zum Judentum Übergetretener die Königin der Dämonen heiratet. Im 17. Jahrhundert lebten zwei schreibende Frauen in Prag: Bella Horowitz und Rachel Raudnitz. Sie verfaßten gemeinsam „Eine Geschichte aus der Zeit, bevor die Juden in Prag wohnten", die 1701 herauskam. [12]/

Die jüdische Gemeinschaft in den Böhmischen Kronländern brauchte bei der dauernden Unsicherheit ihrer Lage Persönlichkei-

64.
Titelblatt der „Schönen Predigt" (Deracha) von Rabbi Löw aus dem Jahre 1583

ten, deren Einfluß bei den Stadt- und Landesbehörden einen gewissen Schutz versprach. Im Ghetto von Prag gab es eine ganze Reihe „starker Männer" deren kaufmännische Begabung und Willenskraft sie für diese Rolle prädestinierten.

In der ersten Hälfte des 16. Jahrhunderts gehörten vor allem die Mitglieder der Familie Horowitz zu den reichsten und wichtigsten Repräsentanten der Judenstadt. Auf ihren Grabsteinen kann man lesen, daß sie „... den Zaun aufrichteten und in der Bresche stan-

65.
Haskara (Eintragung zum Gedenken) für Rabbi Löw und seine Gattin Perl im Memorbuch der Altneusynagoge

vorragende Finanzleute, Gelehrte, Rabbiner, Schriftsteller und Musiker hervor. Der Begründer des Prager Zweiges der Horowitz war vermutlich Ascher ha-levi ben Josef, Judenrichter im Jahre 1481. In tschechischen amtlichen Quellen nennt man ihn Seligman oder Žalman Hořovský. Sein Sohn Meir, der 1520 auf den Alten Prager jüdischen Friedhof bestattet wurde, hatte von seinem Schwiegervater, Rabbi Israel Pinchas, eines der größten Häuser im Ghetto geerbt, „U erbů" (Zum Wappen) genannt, in dem sich auch eine Synagoge befunden haben soll. Sein Bruder Jesaja Horowitz war von großer Bedeutung für das Kulturleben der Gemeinde, da er dem Konsortium angehörte, das die ersten Prager hebräischen Drucke finanzierte. Seine Verpflichtungen den Prager Druckern gegenüber sollte nach seinem Tod sein ältester Sohn Aaron Meschullam Horowitz übernehmen, der allerdings mit der ihm eigenen Arroganz reagierte. Er soll nämlich den Druckern auf ihr Drängen mit dem biblischen Zitat geantwortet haben: „Mein Vater züchtigte euch mit Ruten, ich werde euch mit Skorpionen züchtigen!"

Auf dem Alten Prager Judenfriedhof befindet sich das Grab der Riwka Horowitz, der Gattin des Jesaja, die im Juni des Jahres 1515 starb. Jesaja Horowitz starb entweder im gleichen Jahr oder zu Beginn des folgenden Jahres, was aus einer „Haskara", einer Gedenkschrift im Memorbuch der Altneusynagoge vom Jahre 276 nach der kleinen Zählung, hervorgeht. Ob sein Grabstein nicht erhalten blieb oder er anderswo bestattet wurde, weiß man nicht. Aber die Gräber seiner beiden Söhne — des stolzen und tüchtigen Aaron Meschullam wie auch seines Bruders Sabbatai kann man auf dem Alten Friedhof finden. Aaron Meschullam erscheint häufig in deutschen und tschechischen Quellen aus der ersten Hälfte des 16. Jahrhunderts, allerdings wird er Salman oder Žalman Munka genannt. Zweifellos war er nicht nur der einflußreichste, sondern auch der reichste Mann der Prager Gemeinde, da sein Vermögen im Steuerverzeichnis von 1514—1540 auf etwa 15 000 Rheinische Gulden geschätzt wird. Vermutlich handelt es sich um eine relativ niedrige Schätzung, da 1534 sein Vermö-

den", d. h. es verstanden, die Gemeinde in Notfällen zu schützen. Der Name der Familie Horowitz wird von ihrer Heimatgemeinde abgeleitet, sie waren aus Hořovice nach Prag gekommen, gehörten dem Stamm der Lewiten an und sind die Urahnen aller bedeutenden Träger dieses Namens. Sie brachten her-

gen in einem Brief der Böhmischen Kammer an Ferdinand I. mit 40 000 Rheinischen Gulden angegeben wird, zum großen Teil in verpfändeten Waren und Schuldscheinen. Von König Ludwig war Ahron Meschullam mit wichtigen Sonderprivilegien für sich und seine Familie bedacht worden: zwei Vertreter des Geschlechtes Horowitz sollten immer als jüdische Steuereinnehmer gewählt werden, zwei sollten im jüdischen Rat als Landesälteste und zwei als Gemeindeälteste sitzen, und dazu hatten sie auch das Recht, den Posten eines Rabbiners zu bekleiden. Diese Privilegien wurden später dem Sohn des Aaron Meschullam, Israel, von Ferdinand I. bestätigt.

Freilich führte die privilegierte Stellung einer Familie schon zu Lebzeiten Aaron Meschullams und seiner zahlreichen Anhänger zu derart gespannten Beziehungen zwischen der Gemeinde und den „Männern Horowitz", daß sich die Rabbiner von Polen und Aschkenas (Deutschland) veranlaßt sahen, in Prag die Ordnung wiederherzustellen. Sie wandten sich an Rabbi Joselmann aus Rosheim, der gemeinsam mit dem Prager Rabbi Abraham ben Abigdor ein 23 Artikel umfassendes Memorandum erstellte, das der Gemeinde zur Verabschiedung unterbreitet wurde. 400 Männer waren bereit, es zu unterzeichnen, die „Männer Horowitz" aber trieben die Affäre auf die Spitze, so daß Rabbi Joselmann um sein Leben fürchtete. Dreimal sah er sich gezwungen, auf der Prager Burg Schutz zu suchen. Später versuchten seine Gegner ihn zu verleumden, freilich ohne Erfolg, da die Rabbiner aus Österreich und Italien für ihn Partei ergriffen. Nichtsdestoweniger verteidigten die machtbewußten Anhänger des Aaron Meschullam ihren Standpunkt, was zu weiteren Reibereien in der Gemeinde führte, die zu der 1541 befohlenen Aussiedlung der Juden aus Prag beigetragen haben mochten. Die Böhmische Kammer nämlich war über Rabbi Joselmanns Rolle falsch informiert worden, in dem Sinne, daß die Prager Juden ohne Zustimmung des Königs einen fremden Rabbiner berufen hätten. Da Rabbi Joselmanns Memorandum nicht erhalten blieb, wird sein Inhalt auf immer unbekannt bleiben.

Aaron Meschullam, aufgrund seines Sonderprivilegs Judenältester, erhielt 1542 einen Geleitbrief, der ihn und seine Familie trotz der befohlenen Ausweisung der Juden zum Aufenthalt in Prag ermächtigte. Dieser Geleitbrief wurde 1544 und 1545 erneuert. In den Altstädter Kontrakt- und Obligationsbüchern erscheint der Name des Aaron Meschullam oder Salman Munka in der Zeit von 1507 bis zu seinem Tod im Jahre 1545 viel häufiger als der jedes anderen Glaubensgenossen. Geschäftliche Transaktionen, Darlehen, Käufe, Verkäufe und Teilungen von Häusern sind sorgfältig eingetragen. In den Akten der Böhmischen Kammer sind seine zahlreichen Prozesse registriert. Nach allem, was man über Aaron Meschullam weiß, muß er eine widersprüchliche Persönlichkeit gewesen sein. Im Jahre 1533 wurde er sogar des Hochverrats bezichtigt. Damals soll die Truhe, die sein Vermögen, sowie seine Geschäftspapiere und verschiedene Dokumente enthielt, versiegelt worden sein. Ein knappes Jahr später jedoch bestätigte ihm Ferdinand I. alle von König Ludwig verliehenen Sonderprivilegien. Obgleich Aaron Meschullam im Ghetto häufig Unruhe und Zwistigkeiten hervorrief, verstand er sich darauf, im Ernstfall seine Glaubensgenossen durch seine guten Beziehungen zur Obrigkeit wirksam zu schützen. Der Oberstburggraf von Böhmen, Leo von Rožmital, schuldete ihm beträchtliche Geldsummen. Die Prager Gemeinde verdankt ihm viel, unter anderem die Errichtung der Pinkas-Synagoge im Jahre 1535, wie die Gedenktafel in der Synagoge berichtet. Auch in seinem Epitaph auf dem Alten Prager jüdischen Friedhof wird dieser Bau lobend erwähnt.

Aaron Meschullam war freilich nicht die einzige bedeutende Persönlichkeit aus dem Geschlecht der Horowitz. Sein jüngerer Bruder Sabbatai, in tschechischen Quellen Šeftl genannt, war wohl nicht so reich, aber sein Epitaph auf dem Alten jüdischen Friedhof rühmt ihn als Oberhaupt, Lehrer und Richter der Gemeinde. Er wird nirgends als Rabbi bezeichnet, obwohl seine Kenntnis der Heiligen Schrift und seine Beredsamkeit hervorgehoben werden. Rabbiner war sein Sohn Abraham, zudem Autor mehrerer gegen Ende des

16. und zu Beginn des 17. Jahrhunderts in Prag und in Polen gedruckter Bücher. Dessen Sohn Jesaja Horowitz, von 1614 bis 1621 Oberrabbiner von Prag, ist Verfasser des berühmten Kompendiums „Schene Luchot ha Berit" (Die zwei Bundestafeln). Die Gattin des 1551 gestorbenen und auf dem Alten jüdischen Friedhof bestatteten Sabbatai Horowitz, Frau Jochebad, war Tochter jenes Rabbi Akiba aus Budin, der ein großer Gaon (hervorragende Persönlichkeit) und Fürst im Exil gewesen sein soll. Er wirkte in Prag, wo er im Jahre 1495 oder 1496 starb. Ob alles, was Moses Perls in seiner Chronik „Megillat Juchasin" von ihm erzählt, auf Wahrheit beruht, läßt sich heute nicht mehr nachprüfen. Rabbi Akiba soll der Pinkas-Synagoge zu seinen Lebzeiten (also noch vor 1495) eine Lampe und einen Vorhang gestiftet haben.

Erbe des Aaron Meschullam wurde sein ältester, 1572 gestorbener Sohn Israel. Er war kein Schriftgelehrter, aber ein geachtetes Mitglied der Gemeinde, das wiederholt den Sitzungen des Ältestenrats beiwohnte. Rabbiner war sein Sohn Pinchas, der nach Polen ging, um später in Krakau die Schwester des ruhmreichen Rabbi Israel Isserles zu heiraten. In Prag wirkte im angehenden 17. Jahrhundert ein anderer Rabbi Pinchas Horowitz, von dem wir nicht wissen aus welchem Zweig der Familie er stammte. Zum Prager Geschlecht gehörte er sicher, da er Levite und Mitglied des Vorstands der Pinkas-Synagoge war, der stets aus Nachkommen ihres Begründers, des Aaron Meschullam bestehen sollte. Rabbi Pinchas Horowitz wirkte von 1610 bis 1616 in Prag, war dann Rabbiner in Fulda, von wo er — der genaue Zeitpunkt ist unbekannt — wieder nach Prag zurückkehrte, um hier Mitglied des rabbinischen Gerichtshofs zu werden. Er war ein anerkannter Schriftgelehrter und Pädagoge. Seine Gattin, Frau Lipet, war eine Enkelin Rabbi Löws. [13]/

Von der gleichen Bedeutung für die Prager Judengemeinde wie Aaron Meschullam Horowitz in der ersten Hälfte des 16. Jahrhunderts war im letzten Drittel Mordechai Meisl. Meisl war ein bedächtiger, gütiger Mensch, ein Altruist, der sich der Sorge um die Gemeinde widmete. Er war dabei ein ungemein tüchtiger Geschäftsmann, dem alle Unternehmungen gelangen. Seit 1576 war er Mitglied des Ältestenrats, später Primas der Gemeinde. Aus zeitgenössischen Quellen geht hervor, daß er Geld auf Zinsen lieh — auch Mitgliedern der kaiserlichen Familie, wie der Kaiserin, die im Jahre 1581 2000 Taler für „Küchenbedarf" borgte — und daß er mit

66.
Joseph Schelomo del Medigo, Radierung von V. Delff 1628, nach einem Gemälde von W. Duyster

den mannigfaltigsten Waren handelte. Vor allem aber mit Goldwaren — Rudolf II. kaufte von ihm einen kostbaren goldenen Becher — aber auch mit Silber, Wolle und Talg. Im Jahre 1593 versetzte Maria von Pernstein bei ihm Juwelen und vergoldetes Geschirr im Wert von 2541 und einem halben Taler. 1597 löste ihre Schwägerin, Polyxena von Rosenberg, das Pfand aus. Die Zinsen auf vier Jahre beliefen sich auf 2238 Taler, also nicht viel weniger als die geliehene Summe, denn die Zinsen für 1 Schock Groschen betrugen damals einen weißen Groschen wöchentlich. Kaiser Rudolf II. war Mordechai (in tschechischen Quellen „Mark") Meisl sehr gewogen und belohnte seine Dienste mit vielen Sonderprivilegien.

Im Jahre 1591 erteilte er ihm die Bewilligung zur Errichtung einer Synagoge. „Für jederzeit untertänigst und gern geleistete Dienste" erhielten er und seine Erben darüber hinaus das Privileg, keine Synagogensteuer zu zahlen. Ferner hatte zu seinen Lebzeiten niemand das Recht, sein Haus zu betreten, Meisl zu kontrollieren oder ihn in seinen Geschäften zu behindern. 1592 wurde Meisl bewilligt, Geld gegen Schuldscheine zu leihen und diese Darlehen in die Akten des Oberstburggrafenamtes einzutragen, womit für ihn eine alte Praxis, von der man schon zu Beginn des 16. Jahrhunderts Abstand genommen hatte, erneuert wurde. Im folgenden Jahr verlieh ihm Rudolf II. eine außerordentliche Gnadenbezeigung: Ein Majestätsbrief gewährleistete ihm und seiner Gattin Schutz gegen Beschuldigungen, die von christlicher Seite aus Bosheit oder Rache gegen ihn erhoben werden könnten. Alle diese Privilegien bestätigte Rudolf II. im Jahre 1598. Die Bestätigung enthält eine zusätzliche Klausel, der zufolge Mordechai Meisl als Finanzmann, der dem Staat im Kampf gegen die Türken Hilfe geleistet hat, das Recht zustehe, frei über sein Vermögen zu verfügen und seine Erben zu bestimmen. Falls er ohne Testament sterbe, sollten ihn seine nächsten Verwandten beerben. Diese Klausel war von besonderer Bedeutung, da Meisls beide Ehen kinderlos geblieben waren.

Meisls Verdienste um das Wohl der Prager Gemeinde werden in seinem Epitaph erwähnt und in der Chronik seines Zeitgenossen David Gans ausführlich geschildert. Gans bezeichnet ihn als „Mäzen der Bildung, Helden der Wohltätigkeit, Vater der Armen und unermüdlichen Wohltäter seines Volkes,

67.
Joseph Schelomo del Medigo, Titelbild des Buches „Elim", Amsterdam 1629

Freund seiner Glaubensgenossen und Oberhaupt des Kaufmannsstandes". Meisl errichtete die Hohe Synagoge auf eigene Kosten, er widmete den Synagogen zu Prag, Polen und Jerusalem viele Thorarollen und goldene und silberne Kultgeräte, erbaute in Prag ein Frauenbad, ein Spital für Arme und Kranke, ließ die Judenstadt pflastern und errichtete schließlich eine prächtige, nach ihm benannte Synagoge, deren Bau mehr als 10 000 Taler kostete. Er „erwarb einen Garten zur Erweiterung des Friedhofs und errichtete ein Haus zur Versammlung der Weisen". Das letztere war eine der „Klausen", jener kleineren Objekte, die an der Stelle der heutigen Klausensynagoge standen.

Im Einklang mit dem Majestätsbrief Rudolf II. schrieb Mordechai Meisl am 1. März 1601 im Beisein von Rabbi Jehuda Löw, Joachim Brandeis, Meir Epstein und des beeide-

68.
Der Prager Arzt Isachar Beer ben Jehuda Lejb Teller, Titelbild aus seinem Buch „Der Brunnen des Lebenswassers", das 1694 gedruckt wurde.

ten Gemeindeschreibers Kaufmann Löwy sein Testament. Es enthält Bestimmungen über Krakau und Posen, denen Meisl beträchtliche Summen geliehen hatte, ferner über die Meisl-Synagoge: Ihr Ertrag sollte, einer früheren Bestimmung zufolge, den Armen zukommen. Sein Banner vermachte er der Synagoge, und die Vorhänge, die Thora-Mäntel sowie andere Dinge sollten die Söhne seines Bruders verwalten. Seine Bücher sollten unter seiner Gattin Frumet und seinen Neffen aufgeteilt werden. Ferner werden unterschiedliche Legate an Verwandte und andere Personen angeführt, deren Gesamtsumme mehr als 50 000 Rheinische Gulden betrug. Sein großes Haus und ein weiteres, von der Gasse aus zugängliches Gebäude, vermachte er seinem Neffen. Ein Zusatz zum Testament enthält Bestimmungen über die Sitzordnung in der Meisl-Synagoge.

Kaum eine Woche später — Meisl war noch am Leben — ließ Rudolf II. seinen Majestätsbrief aus den Amtsbüchern des Oberstburggrafenamtes löschen, so daß er keinerlei Geltung mehr hatte. Darüber hinaus hatte er zur Liquidierung seines eigenen Majestätsbriefes ein Gutachten der kaiserlichen Prokuratur erstellen lassen. Dieses Gutachten befaßte sich zwar mit allen Artikeln des Majestätsbriefes, im Grunde aber ging es lediglich um jenen Paragraphen, der Mordechai Meisl berechtigte, frei über sein Vermögen zu verfügen, d. h. vor allem es testamentarisch vermachen zu können. Das nämlich war nach der Ansicht der Gutachter ein Recht, das nur Angehörigen der Herren- und Ritterstandes und nur in seltenen Ausnahmsfällen auch Angehörigen des Bürgerstandes zustand. Der Jude Meisl aber war — wie alle anderen Juden in den böhmischen Kronländern — ein Kammerknecht oder gar Gefangener des Kaisers, der keinem der angeführten Stände angehören durfte. Im Sinne der Landesverfassung besaß er überhaupt keine Rechte. Im Grunde beschuldigten die Prokuratoren mit ihrem Verdikt den Kaiser, er habe mit seinem Majestätsbrief gegen die Verfassungsgesetze verstoßen. Ob nun der Kaiser das Recht hatte, ein im Widerspruch zum Grundgesetz stehendes Privileg zu verleihen, war allerdings eine staatsrechtliche Frage, die offen blieb. Jedenfalls hatte Rudolf II. kein Interesse mehr an Meisls Sonderstellung. Mit dem Tode des Juden Mordechai Meisl war auch die Dankbarkeit des Kaisers für „... jederzeit gern und untertänigst geleistete Dienste" zu Ende. Rudolf erschien es vermutlich ganz natürlich, daß des Juden enormes Vermögen der stets bedürftigen Hofkasse zugute kommen sollte. Mordechai Meisl starb am 13. März 1601, und schon am 17. März wurde sein Vermögen von der Böhmischen Kammer beschlagnahmt. Juwelen, kostbares Silbergerät, Schuldscheine, Kleider und Münzen — angeblich im Wert von 45 000 Rheinischen Gulden — wurden fortgetragen. Später sollen die Bevollmächtigten der Böhmischen Kammer zum zweiten Mal in Meisls Haus eingedrungen sein und verschiedene Münzen im Wert von 471 250 Rheinischen Gulden fortgeschleppt haben, was allerdings nicht durch Dokumente bestätigt ist.

Ob Meisls Vermögen tatsächlich so groß war, wissen wir nicht zuverlässig. Groß genug muß es schon gewesen sein, wenn der Kaiser die mit dem Gutachten der Prokuratur verbundene Mühe nicht scheute, seinen eigenen Majestätsbrief annullieren zu lassen. Um sich eine Vorstellung vom Realwert der angeführten Summe zu machen, sollte man wissen, daß sich die laufenden Ausgaben der kaiserlichen Hofhaltung in den neunziger Jahren des 16. Jahrhunderts auf etwa 400—555 000 Rheinische Gulden jährlich beliefen. Zwar protestierten Meisls Erben und die jüdische Gemeinde gegen die Eingriffe der Böhmischen Kammer, aber sie hatten keinen Erfolg. Zwei seiner Erben, seine Neffen Samuel Meisl und Mosche Kafka, wurden sogar verhaftet. Schließlich aber wurden Samuel Meisl nach seiner Entlassung aus dem Gefängnis die zwei Häuser Mordechai Meisls überlassen. Jedoch nicht „rechtens" sondern „aus Gnade", wie im Grundbuch angeführt wird, weil Samuel den Fleischern und den Waisen die Schulden seines Onkels bezahlt habe. Noch im Jahre 1614 — also schon nach dem Tode Rudolfs II. — verhandelte eine Sonderkommission über das Erbe Meisls, ohne zu einem Ergebnis zu kommen. [14]/

Der letzte jener Männer, die sich durch ihre Fähigkeiten weit über das Niveau des Ghettos erhoben und Zutritt zu den höchsten Kreisen der christlichen Gesellschaft hatten, war Jakob Bassewi oder Baschewi, hebräisch Batscheba genannt. Dieser Mann, dem die jüdische Gemeinde viel verdankte, stammte aus Italien. Er war mit seinem Bruder Samuel um die neunziger Jahre des 16. Jahrhunderts nach Böhmen gekommen. Der Name Bassewi (der Welsche) erscheint in den Altstädter Stadtbüchern zuerst im Jahre 1599, vielleicht handelt es sich um einen Verwandten der Brüder Bassewi. Über ihre Aktivitäten nach ihrer Ankunft in Böhmen ist nichts bekannt. Nichtsdestoweniger verlieh ihnen Rudolf II. schon 1599 mehrere Privilegien, die sich mit jenen des Mordechai Meisl messen können. Diese Schutzbriefe galten für beide Brüder, für ihre Familie und sogar für ihr Gesinde. Die Brüder Bassewi verfügten über das Recht des freien Warenhandels, über ungehinderte Bewegungsfreiheit in den Böhmischen Ländern und in Deutschland, sie mußten keine Kennzeichen tragen, die sie von der christlichen Bevölkerung unterschieden, in Gerichtssachen unterstanden sie nur dem König oder dem königlichen Gericht. Womit die Bassewi sich diese außerordentlichen Gnadenbezeigungen verdient hatten, weiß man nicht. Sie mochten sich sehr bald als außerordentlich fähige Finanzleute erwiesen haben, deren Bereitschaft, dem kaiserlichen Hof nützliche Dienste zu erweisen, auf solche Weise belohnt wurde. Eine Eintragung in den Prager Stadtbüchern, die besagt, daß Jakob Bassewi ein christliches Eckhaus im Sprengel von St. Niklas um 1000 Schock böhmische Groschen erworben habe, ist die erste ihrer Art. Übrigens zahlte Bassewi nicht in bar, sondern auf Raten. Im folgenden Jahr ist er schon Schutzjude von König Matthias und untersteht dem Amt des Obersthofmarschalls. Gleichzeitig bestätigt ihm der König alle von Rudolf II. verliehenen Privilegien. Den Gipfel seiner Karriere aber erreichte Jakob Bassewi nach der Niederlage der Böhmischen Stände bei der Schlacht auf dem Weißen Berge. Seit 1621 kaufte er allmählich mehrere, in den Randbezirken des Ghettos gelegene Häuser auf. Es waren die Häuser jener Protestanten, die nicht zum katholischen Glauben übertreten wollten und die Religionsfreiheit in der

Fremde vorzogen. Einige dieser Gebäude wurden auf Befehl des Statthalters von Böhmen, des Fürsten Karl von Liechtenstein, behördlich abgetreten. Seit 1616 war Jakob Bassewi Vorsteher der Prager Judengemeinde. Im Jahr 1622 wurde er als erster Jude überhaupt von Ferdinand II. mit dem Prädikat „von Treuenberg" in den Adelstand erhoben.

Bassewi betrieb hohe Politik — er stand mit dem Fürsten Liechtenstein und auch mit Albrecht von Waldstein (Wallenstein) in enger Verbindung. Er war Steuereinnehmer und soll auch an der Prägung der sogenannten „langen", d. h. schlechten Münze beteiligt gewesen sein. Seinen Einfluß aber nutzte er im Interesse der Bevölkerung der Judenstadt, die er auch vor der kaiserlichen Soldateska, die nicht minder rabiat als die feindliche war, zu schützen versuchte. Jakob Bassewi schenkte dem Prager Ghetto die Großenhof-Synagoge, die er 1627 im Stil der Spätrenaissance errichten ließ.

Bassewi war es nicht vergönnt, wie Mordechai Meisl hochbetagt in Ruhe und Reichtum das Zeitliche zu segnen. Seine riskanten Unternehmungen brachten ihn vorzeitig zu Fall. Aufgrund einer vermutlich falschen Beschuldigung wurde er 1631 verhaftet und eingekerkert. Zwar wurde er bald aus dem Gefängnis entlassen, seine Sonderstellung aber hatte er verloren. Er fand Asyl in Jitschin (Jičín) bei Albrecht von Waldstein, seinem mächtigen Schutzherren. Der Fall Waldsteins und seine spätere Ermordung zu Eger im Jahre 1634 war auch für Bassewi ein tödlicher Schlag. Sein Vermögen wurde konfisziert und er starb noch im gleichen Jahr als armer Mann in Jungbunzlau (Mladá Boleslav), wo er auch begraben ist. [15]/

Im 17. Jahrhundert wirkten viele Rabbiner in Prag, keiner jedoch konnte sich mit Rabbi Löw oder seinen Schülern messen. Ahron Spira-Wedeles (Simon der Fromme genannt) war von 1640—1689 Oberrabbiner von Prag. Zwar wurde er bis zum Ende des 19. Jahrhunderts wegen seiner Frömmigkeit und seines asketischen Lebenswandels als Heiliger verehrt, ein wichtigeres schriftliches Werk aber hinterließ er nicht. Nach seinem Tode sollte sein Sohn Benjamin Wolf Spira-Wedeles sein

Amt übernehmen, die Prager Kultusgemeinde jedoch lehnte ihn mit der Begründung ab „er treibe sich, anstatt zu studieren, auf dem Tandelmarkt und in Wirthäusern herum". An seine Stelle wurden Rabbi Gabriel aus Eltsch, der in Polen wirkte, und Rabbi Abraham Broda, der Rabbiner in Raudnitz (Roudnice) war, vorgeschlagen. Aber die definitive Besetzung des Amtes eines Oberrabbiners von Prag zog sich jahrelang hin, so daß man schließlich den Prager Erzbischof, Johann Friedrich von Waldstein, um ein Gutachten ersuchte, um zu einem Schluß zu kommen. Der Erzbischof hatte gegen den Rabbiner aus Polen nichts einzuwenden, stellte aber die Bedingung, daß dieser keine weiteren polnischen Juden nach Prag bringen sollte. Tatsächlich kam dann Rabbi Gabriel als Oberrabbiner nach Prag. Indes ging auch Wolf Spira-Wedeles nicht leer aus: er teilte das Landesrabbinat mit Abraham Broda. Auf dem Alten jüdischen Friedhof in Prag liegt sein Sohn Elia Spira, der 1712 starb, begraben. Sein Epitaph lobt seine Gelehrsamkeit. Der früh verstorbene Elia hinterließ ein kleines, aber nicht unbedeutendes Werk. Er schrieb einen Kommentar zu Mordechai Abraham Jafes „Lebuschim" für eine neue Prager Ausgabe, ferner einen Kommentar zu „Schulchan Aruch" sowie Bemerkungen zu sechs Talmudtraktaten. Beide Schriften aus den Jahren 1689 und 1701 wurden erst 1757 und 1768 gedruckt. [16]/

Von 1650—1655 lebte ein bedeutender Repräsentant jüdischer Gelehrsamkeit, Joseph Schelomo del Medigo, in Prag, wo er auch starb. Obgleich er ein hervorragender Kenner der jüdischen religiösen Literatur war, galt sein Hauptinteresse der Astronomie. Del Medigo wurde 1592 in Candia auf der Insel Kreta in einer Rabbinerfamilie venezianischen Ursprungs geboren. Neben der traditionellen jüdischen religiösen Bildung wurde er auch in Latein, Griechisch, Italienisch und Spanisch unterrichtet. Später studierte er die griechischen und römischen Philosophen, Physik und Astronomie. Fünfzehnjährig fuhr er nach Italien, wo er an der Universität zu Padua unterschiedliche Fächer studierte, unter anderem auch Medizin. Er war ein Schüler Galileo Galileis. Nach sieben Jahren kehrte er

DAVID BEN ABRAHAM OPPENHEIMER.

lediglich drei seiner Bücher herausgegeben. Das erste, „Elim", 1629 in Amsterdam gedruckt, ist ein wissenschaftliches Werk, das zweite, 1629—31 in Basel herausgegeben, ein kabbalistisches Buch, das dritte, eine Rabbi ben Natan Troki adressierte Schrift, ist eine wissenschaftliche, das Buch „Elim" betreffende Diskussion. Sein Hauptwerk, „Bosmath bath Salomo" (Bosmat, Tochter Salomos), ist leider nur aus Erwähnungen del Medigos und seiner Schüler bekannt. Es war eine alle zeitgenössischen Disziplinen umfassende Enzyklopädie — von den exakten Wissenschaften bis hin zu Philosophie und Ethik. Aber nichts blieb erhalten — weder ein handschriftliches Exemplar, noch eine genauere Charakteristik, da del Medigo es keinem seiner Schüler gestattet hatte, Einblick zu nehmen. Das Buch Elim enthält Traktate aus dem Bereich der Mathematik, der Geometrie und der Astronomie. Es ist ein für seine Zeit progressives Werk, das del Medigos profunde Kenntnis historischer und zeitgenössischer Autoren, wie auch seinen eigenen schöpferischen und kritischen Geist zeigt. [17]/

In der zweiten Hälfte des 17. Jahrhunderts beeinflußten vor allem zwei Umstände das Geistesleben des Prager Ghettos. Zunächst waren es die 1648 mit dem Chmielnickiaufstand (Chmielnicki war Organisator des Aufstandes der Ukrainer gegen den polnischen Adel) einsetzenden Judenverfolgungen in der Ukraine und in Polen, die den Strom der jüdischen Emigration umkehrten, so daß nun Juden aus Polen, Litauen und der Ukraine in die Böhmischen Länder flüchteten. Der zweite Umstand hing mit dem „messianischen Jahr 1666" zusammen. In diesem Jahr nämlich erkannte ein Teil der jüdischen Diaspora Sabbatai Zebi als Messias an. Der Pseudomessias aus Smyrna hatte durch sein Auftreten und seine Verfolgung zahlreiche Anhänger in Jerusalem, Palästina, Syrien und Smyrna gewonnen, und die verunsicherten Juden in den Böhmischen Ländern waren empfänglich für den „Sabbatianismus", der ihnen Hoffnung auf baldige Erlösung versprach. Die messianische Bewegung konnte auf lange Zeit das Leben im Prager Ghetto beeinflussen. Sie wurde von den Anhängern orthodoxer Traditionen bekämpft und als

für einige Zeit ins heimatliche Candia zurück, um 1619 wieder auf Reisen zu gehen. Er besuchte Ägypten und lebte eine Zeit in Kairo, später in Konstantinopel. Damals widmete er sich auch dem Studium der Kabbala, die ihn jedoch nicht sonderlich beeindruckte. Von Konstantinopel reiste er weiter gegen Norden, über Moldau nach Lublin, Wilna nach Livland. Seinen Lebensunterhalt verdiente er als Arzt, er war eine Zeitlang Leibarzt des polnischen Fürsten Radziwill. Von Osteuropa ging er dann nach dem Westen, nach Hamburg, wo er das Amt eines Rabbiners bekleidete, später nach Glückstadt, Amsterdam und Frankfurt a. M. Gegen Ende des Dreißigjährigen Krieges kam er schließlich nach Prag (1650), wo ihn fünf Jahre später der Tod ereilte.

Obgleich er viel geschrieben hatte, wurden

בודע ביהודה ובישראל גדול שמו רבינו הגדול מו"ה יחזקאל סג"ל לנדא זצ"ל

רב בק"ק פראג.

EZECHIEL LANDAU

Oberrabbiner bei der israelitischen Gemeinde in Prag.

Verlag u. Eigenthum v. Wolf Pascheles,Prag.

70.
Oberrabbiner Ezechiel Landau,
Lithographie von Fr. Šír aus
den dreißiger Jahren des
19. Jahrhunderts nach einer
älteren Vorlage

ben gehören. Eybenschitz starb 1764 als Rabbiner in Altona. [18]/

Im Jahre 1702 wurde David Oppenheim Prager Oberrabbiner. Er stammte aus Worms und war schon seit 1689 mährischer Landesrabbiner in Nikolsburg. Seine literarische Tätigkeit war nicht groß, jedoch als Sammler hebräischer Handschriften und Drucke steht er einzig da. Das große Vermögen, das er von seinem Onkel, dem Finanzmann Samuel Oppenheim geerbt hatte, ermöglichte ihm diese kostspielige Liebhaberei. Samuel Oppenheim hatte Kaiser Leopold große Geldsummen für den Krieg gegen die Türken geliehen und David Oppenheim konnte eine Bibliothek anlegen, deren Grundstock Prinz Eugen von Savoyen seinem Onkel gewidmet hatte: sie umfaßte 6000 Drucke und 1000 Handschriften. In zweiten Kapitel haben wir schon erwähnt, daß Rabbi Oppenheim seine kostbare Bibliothek nach der Affäre um die hebräischen Bücher nicht in Prag aufbewahrte. Sie wurde bei seinem Schwiegersohn in Hannover deponiert. Nach seinem Tod blieb sie im Besitz der Familie und wurde später nach Hamburg geschafft, wo sie 1829 von der Oxforder Bodleian Library aufgekauft wurde. Als Literat betätigte sich Oppenheim im traditionell rabbinischen Geiste. Er arbeitete auch an der Zusammenstellung eines geographisch-historischen Lexikons zur Topographie des Talmud, [19]/ das er wohl nicht beendete, jedenfalls ist es nicht im Druck erschienen.

Der letzte bedeutende Rabbiner des 18. Jahrhunderts und eine in ganz Europa bekannte Autorität in halachischen Fragen war Jechezkel Landau. Er wurde 1713 in Opatów (Abbdorf) geboren. Die traditionelle rabbinische Ausbildung genoß er in Wladimir (Wolhynien) und Brody (Galizien). Seit 1746 war er Rabbiner in Jampol (oberer Dnjestr), von wo er 1755 als Oberrabbiner und Vorsteher der Talmudschule nach Prag berufen wurde. Er war ein gelehrter, geistreicher Mann, jedoch an orthodoxe Traditionen gebunden. Daher lehnte er alle Neuerungen ab, insbesondere jene Strömung, die die Aufklärung in der zweiten Hälfte des 18. Jahrhunderts auch in jüdischen Kreisen hervorgerufen hatte. In seinem schriftlichen Nachlaß überwiegen traditionelle Responsien und Kom-

Ketzerei verurteilt. Als Sabbatianer galt auch Rabbi Jonatan Eybenschitz, der in Prag als Prediger tätig war. Seine vortrefflichen Beziehungen zu kirchlichen Institutionen verschafften ihm die Bewilligung, in den Jahren 1728—39 einige Talmudtraktate zu drucken, die freilich wegen eigenwilliger Streichungen der Texte zu den schlechtesten Talmudausga-

mentare zu talmudischen Traktaten. Landau starb 1793 in Prag. Amtsnachfolger wurde sein Schüler Eleazar Fleckels (1754—1828), gleichfalls ein Anhänger des orthodoxen Judaismus, was ihn zur strikten Ablehnung des Sabbatianismus und seiner Ableger wie auch der Ideen der Aufklärung verpflichtete. Sein Hauptwerk besteht aus drei Bänden Responsien. Die traditionelle rabbinische Literatur wurde im 19. Jahrhundert noch von dem 1868 gestorbenen Simon Lasch, Autor von Erläuterungen zur Mischna, fortgesetzt, sowie von Samuel Freund, einem fruchtbaren Autor religionsgesetzlicher Bücher, der 1881 starb. [20]/

Gegen Ende des 18. Jahrhunderts hatten die Ideen der Aufklärung auch das Prager Ghetto erfaßt. Es war vor allem die Emanzipation der Juden und ihre Gleichberechtigung als Bürger der österreichisch-ungarischen Monarchie, die ungeahnte Horizonte eröffnete. Die Bewegung der jüdischen Aufklärung kam aus Berlin, wo der jüdische Philosoph Moses Mendelssohn (1729—1786), mit gleichgesinnten jüdischen Kreisen, hebräisch gedruckte, periodische Zeitschriften herauszugeben begann, die die Ideen der Aufklärung propagierten. Bald erschienen auch in Wien ähnliche Zeitschriften. Die Folge waren scharfe Auseinandersetzungen zwischen den Vertretern der Reformbewegung und denen des orthodoxen Judaismus, vor allem in den östlichen Ländern der Monarchie. In Norditalien, wo die Assimilation schon sehr fortgeschritten war, gab es keine derartigen Konfrontationen. In Böhmen und Mähren wurde die orthodoxe Denkweise zwar allmählich verdrängt, nichtsdestoweniger blieb ihr im Bereich der jüdischen Bildung und Erziehung noch ein breites Betätigungsfeld. Die Assimilationsbewegung war bestrebt, der jüdischen Bevölkerung die Kenntnis der wichtigsten Werke der Weltliteratur durch Übersetzungen ins Hebräische zu ermöglichen. Besonders Schiller erfreute sich großer Beliebtheit, aber auch Goethe, Herder und Lessing wurden übersetzt. Allmählich entstand auch eine jüdische „moderne Literatur", zumeist kleinere Beiträge, die in Zeitschriften und Kalendern veröffentlicht wurden.

תבנית רמות פני הרב הגאון הגדול המפורסם מו"ה שמואל סג"ל לנדא זצ"ל ראב"ד דק"ק פראג.

SAMUEL LANDAU

Erster Oberjurist und Religionsvorsteher zu Prag.

Verlag u. Eigenthum v. Wolf Pascheles Prag.

Die Prager aufgeklärten Kreise gingen an das Problem der Emanzipation der Juden unterschiedlich heran. Die einen versuchten, die Ansichten des einfachen Volkes von Aberglauben und Fanatismus zu reinigen, ohne dabei die Grundlagen der mosaischen Religion zu erschüttern. Die weniger orthodox gesinnten waren bestrebt, sich stärker an das christli-

71.
Samuel Landau, Vorsitzender des Prager rabbinischen Gerichtshofs. Lithographie aus den dreißiger Jahren des 19. Jahrhunderts von Fr. Šír

72.
Porträt von Eleasar Fleckeles, Vorsitzender des rabbinischen Gerichtshofs in Prag (Vater des Gerichtshofs).
Anonym. Öl/Leinwand, Mitte des 19. Jahrhunderts

73.
A. Machek: Porträt des Prager Oberrabbiners Schelomo Jehuda Rappoport.
Öl/Leinwand, vierziger Jahre des 19. Jahrhunderts

che Milieu anzupassen, sich zu „assimilieren". Beide Richtungen jedoch verfolgten ein gemeinsames Ziel: Die Emanzipation der Juden.

Von den führenden Repräsentanten der Prager Aufklärungsbewegung sei Herz Homberg aus Lieben genannt, der in einem Sendschreiben an die Rabbiner die Errichtung von Elementarschulen im Geiste der Reformen Joseph II. forderte, ferner Peter Beer, Oberlehrer an der jüdischen Normalschule in Prag, Autor moralischer Betrachtungen im Geiste der Aufklärung, und nicht zuletzt die Brüder Baruch und Juda Jeiteles, die der konservativen Richtung angehörten. Die Aufklärungsbewegung im Ghetto von Prag verdankt Moses Landau, einem Enkel des Oberrabbiners Jechezkel Landau, ungemein viel. Als Gemeindevorsteher und Besitzer einer prosperierenden Druckerei hatte er maßgeblichen Einfluß auf das Kulturleben der Judenstadt. Er verfaßte auch Beiträge zu Zeitschriften. [21]/

Im 19. Jahrhundert entstand die sogenannte „Wissenschaft vom Judentum". Als ihre Begründer werden Leopold Zunz in Berlin, Samuel David Luzzatto in Triest und Salomo Jehuda Rapoport aus Lemberg, der seit 1844 Oberrabbiner von Prag war, angesehen. Rapoport wandte die historisch-kritische Methode bei der Erforschung jüdischer Geschichte auf die Periode nach dem Abschluß der Redaktion des Talmud an. Seine wichtigste Arbeit ist eine Sammlung von Biographien alter rabbinischer Autoritäten. Er plante auch eine Große Realenzyklopädie zum Talmud, beendete aber nur den ersten Teil, den Buchstaben A — alef. In seiner Jugend verfaßte er auch Lyrik und schrieb dramatische Werke, er bearbeitete Racines „Ester" als religiöses Spiel für das Purimfest. Er schrieb ausschließlich in Hebräisch, korrespondierte mit dem jüdischen Gelehrten Samuel Luzzatto, Professor am Rabbinischen Seminar zu Padua, und verfaßte wie dieser Beiträge für Wiener Zeitschriften. Er schrieb auch Einleitungen zu hebräischen Büchern anderer Autoren, beispielsweise zu K. Liebens „Gal — Ed", einer Sammlung von Inschriften auf dem Alten Prager Jüdischen Friedhof (1856). Rapoport starb 1867 in Prag. [22]/

Vielleicht der letzte bedeutende Prager Gelehrte, dessen Leben mit dem erlöschenden Ghetto eng verbunden war, war Oberrabbiner Heinrich Brody. [23]/ Er wurde 1862 in Ungvar (Užhorod) geboren und starb 1942 in Jerusalem. Er studierte an den Talmudschulen in Karpathorußland und am Rabbinerseminar in Berlin. In Prag wirkte er von 1913—1930. Als namhafter Kenner der hebräischen Poesie des Mittelalters veröffentlichte er viele kritische, meist mit hebräischen Kommentaren versehene Ausgaben.

Die Synagogen und das jüdische Rathaus sind die einzigen historischen Gebäude, die die Assanierung des Ghettos überlebten. Freilich blieben nicht alle Synagogen erhalten, und nicht alle, die heute noch stehen, haben ihre ursprüngliche Gestalt bewahrt. Die Zigeuner- und die Großenhofsynagoge, beide zur Zeit der Spätrenaissance erbaut, wurden nach dem Brand im Jahre 1689 im Barockstil restauriert. Von der Beurteilungskommission für die Baudenkmäler der Judenstadt wurden sie als nicht erhaltenswert befunden und fielen der Spitzhacke zum Opfer. Das gleiche Schicksal ereilte auch die Wechsler-Synagoge am Ende der Breiten Gasse. Die wiederholt umgebaute Altschule in der Geistgasse war schon vor der Assanierung von einem pompösen Tempel in eklektizistischem Stil ersetzt worden, dessen renaissancemäßige Gliederung und maurisch- dekorative Elemente ein mosaisches Gotteshaus auf adäquate Weise charakterisieren sollte. Die Altschule verschwand spurlos, ohne daß man sich Mühe genommen hätte festzustellen, ob sie noch mittelalterliches Mauerwerk besaß. Auch der Verlust der Zigeuner- und der Großenhofsynagoge ist bedauerlich, weil beide Gebäude zweifellos ein Beispiel verhältnismäßig reiner synagogaler Architektur der Renaissance darstellten, auch wenn die Reparatur nach dem Jahre 1689 vermutlich vieles überdeckte.

In historischer Sicht ist die Synagoge (hebr. Bet ha-Kneset) eine verhältnismäßig späte Institution, zu deren Einführung die Zerstörung des ersten Tempels von Jerusalem im Jahre 586 v. u. Z. beitrug. Obwohl das religiöse Zentrum von ganz Israel, der Tempel, in dem die Opfer dargebracht wurden, zerstört worden war, mußten die religiösen Traditionen des jüdischen Volkes fortgesetzt werden. Daher entstanden die „Häuser der Versammlung", auf griechisch Synagogé, in denen das Volk sich zum Gottesdienst versammeln konnte. Die Synagogen waren keine Opferstätten wie der Tempel zu Jerusalem, den Inhalt der Gottesdienste bildeten lediglich Gebete, Lesungen aus der Thora und ihre Erläuterung oder Diskussion. Auch nach der Erneuerung und Wiedereinweihung des Tempels von Jerusalem zur Zeit der Makkabäer

/IV/
DIE PRAGER SYNAGOGEN

herrschaft (135—63 v. u. Z.) blieb die Institution der Häuser der Versammlung erhalten. In Palästina hielt sie sich bis zu den Judenverfolgungen unter Theodosius II. im 5. Jahrhundert. Damals wurde das jüdische Patriarchat und der jüdische Gerichtshof Sanhedrin (aus dem griechischen Synedrion) geschlossen und die Mehrzahl der Juden zerstreute sich in unterschiedliche Länder Europas, Asiens und Afrikas in die sogenannte „Diaspora", was „Zerstreuung" bedeutet. (Im Hebräischen nennt man die Diaspora „Galut" — die Verbannung.) Die Synagogen wurden nicht nur zum Zentrum jüdischen religiösen Lebens, auch öffentliche Angelegenheiten wurden hier verhandelt, und sie dienten auch als Lehrstätten. Später begann man vor allem in den größeren Gemeinden Rathäuser für die Stadtverwaltung sowie selbständige Schulen (Bet ha-Midrasch) zu bauen, die manchmal auch die Funktion eines Bethauses übernahmen. In Prag wurde ein Rathaus und die selbständige Schule in den sechziger Jahren des 16. Jahrhunderts errichtet. Etwa seit dem Beginn des 17. Jahrhunderts dienten die Prager Synagogen nur mehr gottesdienstlichen Zwecken.

Die Idee der Synagoge hatten die Juden aus ihrer palästinischen Urheimat mitgebracht, ihre Architektur aber war sowohl von der Zeit ihres Entstehens als auch vom Milieu, in dem sie errichtet wurde, abhängig. Zu Beginn war es der Einfluß der römischen Basilika, deren Anordnung auch für die frühchristlichen Kirchen bestimmend war. Im mittelalterlichen Spanien machte sich der Einfluß der mauri

74.
Interieur der Altschule,
Radierung aus den sechziger
Jahren des vergangenen
Jahrhunderts. Aus dem Buch
von B. Foges—D. Podiebrad
„Altertümer der Prager
Josefstadt", Prag 1870

und der Gotik ein- und zweischiffige Synagogen. Dreischiffige Entwürfe, das übliche Grundrißschema der damaligen Kirchen, kamen bei den Synagogen nicht zur Anwendung. Einschiffige Synagogen waren die einfachste Bauform unter der Voraussetzung, daß der Innenraum nicht zu breit war und mit einer Balkendecke, einem Walmdach oder einem Kreuzgratgewölbe von kleinerer Spannweite gedeckt werden konnte. Ein größerer Raum erforderte im Hinblick auf die damaligen technischen Möglichkeiten eine andere Lösung. Da bot sich die zweischiffige Anordnung an, die von der christlichen Umwelt in der Profanarchitektur angewendet wurde und die man in Prag noch bei den Sälen der Paläste und größeren Häusern wie auch einigen Sakralbauten, vor allem den Klöstern mit ihren Kapitellsälen, finden kann. Einen zweischiffigen Innenraum mit einem sechskappigen Kreuzgewölbe auf zwei Säulen der Längsachse hatte zum Beispiel die romanische Synagoge in Worms, die von den Nationalsozialisten im Jahre 1938 zerstört und 1942 dem Erdboden gleichgemacht wurde. Auch die jüdische Gemeinde in Regensburg hatte eine zweischiffige Synagoge, die wir lediglich aus einer Radierung Albrecht Altdorfers aus dem Jahre 1519 kennen, als die Juden aus der Stadt vertrieben wurden und man ihre Synagoge zerstörte. Die Synagoge von Regensburg war gleichfalls romanisch, sie war aber größer als die zu Worms. Ihr achtkappiges Kreuzgewölbe ruhte auf drei in der Längsachse angebrachten Säulen.

Die Architektur der synagogalen Bauten unterlag indes nicht völlig dem Einfluß der christlichen Umwelt. Es gab aus Palästina mitgebrachte Traditionen, die den spezifischen Charakter der religiösen Versammlungen betrafen, und denen die Ausstattung des Interieurs, das viel einfacher gehalten war als das der katholischen Kirchen, entsprach. In den Synagogen von aschkenasischem Typus, wie er in West- und Mitteleuropa verbreitet war, ist an der Ostseite, in der Richtung gegen Jerusalem, der Thoraschrein angebracht, den man hebräisch Aron ha-Kodesch nennt. Demnach ist die Orientierung der Synagogen die gleiche, wie die der christlichen Kirchen, deren Hauptaltar ebenfalls an der Ostseite steht.

schen Architektur geltend, der sich vor allem in den beiden Synagogen in Toledo, La Blanca und El Transito, sowie der Synagoge von Cordoba manifestierte, die nach der Vertreibung der Juden aus Spanien in christliche Kirchen umgewandelt wurden. In Mittel- und Westeuropa baute man zur Zeit der Romanik

Die Grundlage des synagogalen Gottesdienstes bildet die Lesung aus der Thora und den Büchern der Propheten. Die Thora (die fünf Bücher Mose) ist in der mosaischen Religion von erstrangiger Bedeutung, sie genießt die gleiche Achtung wie das Allerheiligste in der Kirche. Der Text der Thora wird in hebräischen Lettern mit der Hand auf eine Pergamentrolle geschrieben. Dabei müssen strenge Vorschriften eingehalten werden: Im Text darf kein Fehler unterlaufen und das Pergament muß makellos sein, denn eine beschädigte oder fehlerhaft geschriebene Thora-Rolle darf beim Gottesdienst nicht verwendet werden. Die Thora wird sorgfältig aufbewahrt und ihr Schmuck ist Ausdruck der Verehrung, die sie genießt. Vor dem Aufrollen ist sie durch ein häufig reich besticktes Wickelband aus Leinen, den Thora-Wimpel, geschützt. Die an zwei hölzernen Rollstäben befestigte Thora-Rolle wird in einer besonderen Hülle, dem Thora-Mantel, verwahrt. Außerdem besitzt die Thora noch schmückende Beigaben: Die Rollstäbe haben silberne Aufsätze (manchmal sind sie auch mit einer Krone mit eingehängtem Glöckchen versehen) und an einem Kettchen sind ein silbernes Schild und ein silberner Zeiger in der Form einer Hand, „Jad" genannt, um die Thora gehängt. Die Thora wird im Thora-Schrein verwahrt. Bei mittelalterlichen Bauten war das eine mit einer Türe versehene Mauernische, mitunter — wie in der Prager Altneusynagoge — in architektonischer Rahmung. In neueren Synagogen ähnelt die Architektur des Aron ha-Kodesch den christlichen Altären. Die Besucher können freilich den reichgeschnitzten Thora-Schrein meist nicht sehen, weil er von einem Thora-Vorhang aus kostbarem Stoff verdeckt ist. Ebenso wie der Thora-Mantel ist er häufig mit Stickereien versehen.

Während des Gottesdienstes ist außer dem Vorlesen der Thora auch das Vorbeten oder das Singen der Gebete üblich. Ferner werden Ansprachen in der Art der Predigten in den christlichen Kirchen gehalten. Der Großteil des Gottesdienstes, vor allem die Lesung aus der Thora, zu welcher auch einzelne Teilnehmer des Gottesdienstes aufgerufen werden, fand früher nicht vor dem Thora-Schrein statt, sondern in der Mitte der Synagoge auf einem besonderen Podium. Dieses ziemlich große, von einem kunstvoll geschmiedeten Gitter umgebene Podium wird Almemor (hebräisch Bima) genannt. Aus diesem Grund sind in den älteren Synagogen die Sitzgelegenheiten nicht nach dem Thora-Schrein orientiert, sondern auf die Mitte des Innenraums hin, mitunter befinden sie sich rund um den Almemor.

Da nur die Männer an den Gottesdiensten in der Synagoge teilnehmen durften (den Frauen ist das Betreten des Hauptraumes während des Gottesdienstes nicht gestattet), entstanden Nebenräume, häufig waren es Zubauten, die man Frauenschiffe nannte. Später baute man die sogenannten Frauengalerien; sie waren vom Hauptraum zumeist nur durch offene Arkaden getrennt. Außerdem wurden auch „Wintersynagogen" errichtet, heizbare Räumlichkeiten, in denen man im Winter Gottesdienste abhielt.

Die Synagogen besitzen weder Türme noch Glockentürme. Falls die Fassade einer modernen Synagoge von einem turmartigen Aufbau geschmückt wird, handelt es sich lediglich um ein dekoratives Element. Nich von einer Glocke wurden die jüdischen Gläubigen zum Gottesdienst gerufen, der sogenannte „Schulklopfer", der Schammasch oder volkstümlich Schammes genannte Tempeldiener, klopfte an ihre Tür, um sie daran zu erinnern, daß die Zeit des Gottesdienstes gekommen war. Die Bezeichnung Schulklopfer geht auf die alte Bezeichnung der Synagogen als „Schul" zurück.

Voraussetzung für das Abhalten eines Gottesdienstes ist auch heute noch die Anwesenheit von mindestens zehn erwachsenen Männern in der Synagoge (hebräisch „Minjan"). Sofern sie sich nicht eingefunden haben, kann der Gottesdienst nicht abgehalten werden und die Gläubigen müssen sich mit einem privaten Gebet begnügen.

Wie in den christlichen Kirchen brennt auch in den Synagogen das ewige Licht („Ner Tamid") und im Vorraum befindet sich eine Waschgelegenheit zur Reinigung vor dem Gottesdienst.

Da jede jüdische Gemeinschaft sich regelmäßig zu Gottesdiensten zusammenfindet, muß es überall, wo mehrere jüdische Familien wohnen, wenigstens einen Raum geben, der als Betstube dient. Schriftliche Quellen sprechen zum ersten Mal um 1124 von einer Synagoge im Prager Burgfrieden. Man kann voraussetzen, daß sie schon im 11. Jahrhundert entstanden war. Während des Einfalles des Konrad von Znaim in Prag im Jahre 1142 brannte sie nieder und wurde nicht mehr aufgebaut. [1]/

75.
Ostfassade der Altneusynagoge, A. Langweil, „Modell der Hauptstadt Prag"

Eine weitere Synagoge wurde am rechten Moldauufer, schon im Bereich der „älteren Stadt Prag" (Altstadt) errichtet, unweit von der allerdings später erbauten Hl. Geist-Kirche. Es war die sogenannte „Alte Schul", die Altschule, das Zentrum einer kleinen jüdischen Siedlung, die hier vielleicht schon nach der Zerstörung der Kleinseitner Synagoge oder noch früher errichtet worden war. Nach Ghettotradition soll sie „die erste und älteste Schul gewesen sein, die vor vielen Jahrhunderten errichtet wurde", wie die Gemeindeältesten im Gesuch um ihre Erhaltung nach dem Brand im Jahre 1689 anführten. Sie soll nach ihrer Zerstörung im Jahre 1389 erst Ende des 15. Jahrhunderts wieder instandgesetzt worden sein, für aus Spanien und Portugal ausgewiesene Emigranten. Einige der alten Gebete, die zum Gottesdienst in der Altschule gehörten, weisen tatsächlich darauf hin, daß sie von Juden orientalischen Ursprungs — von Sefardim — besucht wurde. Ob das nun jene Sefardim waren, die im 15. Jahrhundert nach Prag gekommen waren, oder ob die Begründer der Siedlung und der Synagoge im frühen Mittelalter aus dem Orient stammten, läßt sich kaum mehr feststellen. Im erwähnten Gesuch wird angeführt, daß die Synagoge wiederholt umgebaut worden sei, es mag sich aber eher um kleinere Reparaturen gehandelt haben. Von einigen ist man sogar genauer unterrichtet. Bei dem Brand von 1689 ist sie angeblich „wie durch ein Wunder" verschont geblieben. Nach den Worten der jüdischen Gemeinde vom Mai 1690 bestand sie aus eingewölbtem Mauerwerk mit gebrannter Bedachung.

Im Jahre 1693 wurde der Baumeister Johann Baptist Allio mit der Untersuchung der Altschule betraut, da es allerhöchsten Stellen zugetragen worden war, daß die Juden sie trotz ausdrücklichen Verbotes instandgesetzt hätten (vgl. 2. Kapitel). Allio stellte damals fest, daß eine Ecke des Zubaus der Frauenschule tatsächlich ausgebessert worden war, ferner auch Teile des abgebrannten Daches. Darüber hinaus hatten die Juden noch ein neues Tor angefertigt. Die Verhandlungen über die Erhaltung der Altschule zogen sich bis in das Jahr 1704 hin, und ihre Wiedereröffnung wurde der Gemeinde erst bewilligt, als sie Kaiser Leopold dafür 20 000 Rheinische Gulden angeboten hatte. Mit dieser Summe bezahlte der Kaiser die Schulden seiner Tochter. Damals mußten auch Bedingungen des erzbischöflichen Konsistoriums erfüllt werden: Wegen der Nähe der anliegenden Hl. Geist-Kirche wurden an der Seitenfassade zwei Fenster zugemauert, der Eingang auf die der Kirche abgewandte Seite verlegt und die Umfassungsmauer der Synagoge erhöht. [2]/

Inwieweit die Altschule durch den neuerlichen Ghettobrand von 1754 betroffen war, weiß man nicht. Auf dem damals von J. F. Schor verfertigten Plan des Ghettos ist der Block, in welchem sich die Synagoge befand, als Ganzes, also ohne Markierung der einzelnen Parzellen dargestellt. In der Legende aber ist er mit Nummer 1 bezeichnet, was bedeuten sollte, daß alle dort vorhandenen Objekte ausbrannten. Die Altschule hatte Mauern und Gewölbe aus Stein, so daß man annehmen kann, daß bloß ihre hölzernen Bestandteile verbrannten, vielleicht der Dachstuhl, der auch unter gebrannter Bedachung Feuer gefangen haben konnte. [3]/

Daß die Altschule in ihrer mittelalterlichen Form erhalten geblieben war, bestätigt Langweils plastisches Modell der Stadt Prag: Die Altschule ist hier ein längliches Gebäude mit Satteldach, die Schmalseite des Baus durch dreieckige Giebel beendet, die Südseite ist mit einfachen, in unregelmäßigen Intervallen zwischen den fünf Spitzbogenfenstern aufgeteilten Säulen verstärkt. An der Nord- und Südseite besitzt sie ebenerdige Zubauten, die denen der Altneusynagoge ähneln. Diese Zubauten erfüllten sowohl den Zweck eines Vorraumes an der Südseite als auch den der Frauenschule an der Nordseite. Die Ostseite des Hauptgebäudes ist von zwei gotischen Fenstern durchbrochen, zwischen denen sich, etwas höher, ein drittes kleines Fenster befindet. Gegenüber der Hl. Geist-Kirche ist die Synagoge durch eine hohe Mauer von der Gasse getrennt. Einer zeitgenössischen Radierung zufolge, die das Interieur der Altschule zeigt, war ihr einschiffiger Innenraum mit einem spätgotischen Netzgewölbe eingewölbt, was eine Restaurierung gegen Ende des 15. Jahrhunderts zu bestätigen scheint.

Auf der Westseite befindet sich im Geschoß eine Galerie, die vermutlich später errichtet wurde. Ob es sich um gotische oder neugotische Architektur handelt, oder vielleicht um eine Kombination beider Formen, ist schwer zu entscheiden. Ein Almemor in der Mitte des Innenraumes ist nicht vorhanden. Freilich kann man nicht ausschließen, daß die Alt-

76.
Altneusynagoge von Südosten, Aufnahme von J. Eckert aus den neunziger Jahren des 19. Jahrhunderts

schule einen Almemor besaß, der erst im Jahre 1837 entfernt wurde, als hier der reformierte Ritus eingeführt wurde. Die beiden Bankreihen sind auf die gleiche Weise angeordnet wie in den katholischen Kirchen. Bis zum Jahre 1845 wirkte in der Altschule der Orientalist und Hebräist Leopold Zunz, einer der Begründer der Wissenschaft vom Judentum, der später in Berlin tätig war. Da der reformierte Ritus bei den Gottesdiensten Musik erlaubte, besaß die Altschule auch eine Orgel. Um für die Entwicklung der synagoga-

len Musik zu sorgen, wurde der tschechische Komponist František Škroup, Autor der ersten tschechischen Oper und der tschechischen Nationalhymne, engagiert. Er wirkte von 1836—1845 in der Altschule.

In den vierziger Jahren des 19. Jahrhunderts wurde das Interieur der Altschule im neugotischen Stil umgebaut. Aber ihren ständigen Besuchern, die zumeist reiche Juden waren, gefiel das alte Gebäude des Tempels nicht mehr. Im Jahre 1867 wurde die Synagoge ohne die geringste Dokumentation nie-

77.
Westfassade der Altneusynagoge

78.
Altneusynagoge von Nordosten

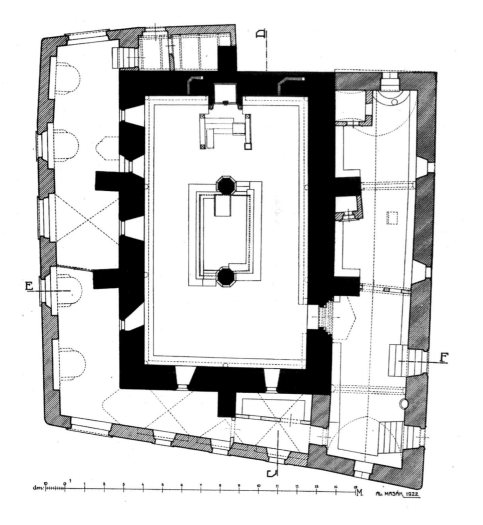

79.
Grundriß der Altneusynagoge in der Höhe des Erdgeschosses

dergerissen und von dem protzigen Neubau der Spanischen Synagoge ersetzt, die der damaligen Vorstellung von Repräsentation besser entsprach. [4]/ Das Projekt wurde von den Architekten Ignaz Ullmann und Josef Niklas ausgearbeitet, im eklektizistischen Stil, der Elemente der Renaissance mit maurischer Architektur vereinte, sowohl an der Außenseite des Baus als im reich geschmückten und gegliederten Interieur. Der Rohbau war 1868 beendet, an der Ausschmückung des Interieurs arbeitete man noch etwas länger. Die Spanische Synagoge war der letzte Synagogen-Bau auf dem Gebiet des Ghettos.

Die zweitälteste Synagoge des ehemaligen Ghettos ist die Altneusynagoge (Altneuschule). Ursprünglich hieß sie die Große oder die Neue Schul. Erst als im 16. Jahrhundert zwei weitere Synagogen errichtet wurden —

insbesondere die Familiensynagoge der Wechsler und der Duschenes in der Breiten Gasse, die man gleichfalls Neue Schul nannte, mußte für die ältere Neue Schul eine andere Bezeichnung gefunden werden. Seither nannte man sie ganz einfach Alte neue Schul, was später auf Altneuschule gekürzt wurde. Das Entstehen der Synagoge hängt mit der Errichtung der Befestigungsmauern der Prager Altstadt und der Entwicklung ihrer Bautätigkeit im 13. Jahrhundert zusammen. Die Altneusynagoge ist das älteste Baudenkmal im Ghetto.

Die Altneuschule ist heute die einzige erhaltene zweischiffige mittelalterliche Synagoge. Vermutlich waren es weniger die zweischiffigen Säulenhallen der Prager Adels -und Bürgerhäuser, die die Bauart der Altneuschule unmittelbar beeinflußten. Bei der damaligen ständigen Migration der jüdischen Bevölkerung und ihren engen Beziehungen zu Glaubensgenossen in den Nachbarländern erscheint es natürlicher, daß als Modell entweder die romanische Synagoge in Worms oder die jüngere, in die erste Hälfte des 13. Jahrhunderts datierte Synagoge von Regensburg diente. Das zweischiffige Grundrißschema wurde in den architektonischen Formen der Frühgotik realisiert. Es scheint aber, daß in Prag dieses Grundkonzept mit neuen Ideen symbolischen Inhalts bereichert wurde.

Das schlichte, rechteckige Gebäude der Altneuschule ist an den östlichen und westlichen Stirnseiten mit hohen, spätgotischen, aus Ziegeln gefertigten Giebeln abgeschlossen, deren heutige Gestalt freilich zum Teil ein Resultat der puristischen, unter der Aufsicht des Architekten Josef Mocker im Jahre 1883 durchgeführten Restaurierung ist. Die Außenmauern der Synagoge werden von relativ niedrigen, kompakten, nach oben hin abgeschrägten Stützpfeilern verfestigt, die über den Dächern der ebenerdigen Zubauten an der Nord-, Süd- und Westseite des Baues hervortreten. In der Mitte der Stirnwände befindet sich je ein Pfeiler, an den Längswänden zwei. Der zweischiffige Innenraum ist mit sechs Kappen des fünfteiligen Gewölbes auf zwei achteckigen Pfeilern überwölbt. Die Anwendung eines fünfteiligen Rippengewölbes war seinerzeit ein vieldiskutiertes Problem. Wir nehmen an, daß die Fünfzahl eine Zahlensymbolik enthält, die der jüdischen Mystik, vor allem der Kabbala entstammte. Die zwölf Fenster der Altneuschule sind so angeordnet, daß an der südlichen und an der nördlichen Seite sich je fünf befinden und an der Westseite zwei. Jedem Fenster entspricht eine Kappe des fünfteiligen Rippengewölbes. Damit die Zahl zwölf eingehalten werden kann, die Anzahl der Stämme Israels, bleiben die letzten Felder der südlichen und nördlichen Wand blind. Die Rundfenster an der Ostseite wurden zusätzlich eingeschnitten; ursprünglich befand sich über dem Thora-Schrein nur ein einziges kleines Fenster. Die kreisförmigen Schlußsteine des Rippengewölbes ziert das gleiche Blattornament wie die Kragsteine der Dienste.

Der Thora-Schrein (Aron ha-Kodesch) weist Steinmetzarbeiten auf, die aus mindestens zwei Epochen stammen. Die Ädikula wird von zwei kleinen Säulen gerahmt, deren Schäfte mit Weintrauben- und Akanthusblätterreliefs verziert sind. Die gleichfalls mit Akanthusblättern verzierten Kelchkapitelle beschließen zwei nach den Seiten ausladende Voluten. Auf Diamantquadern aufliegende Konsolen bilden die Sockel. Die beiden Säulchen tragen ein in der Mitte zurückweichendes, mit Perlstab verziertes Gesims. Das alles ist offenkundig Formgebung der Renaissance. Hinter dem Gesims aber ragt das ursprüngliche gotische, dreieckige Tympanon hervor, dessen ganze Fläche das Relief eines Weinstockes mit Trauben und Blättern ausfüllt. Das schlichte Rahmengesims ist mit Krabben verziert. Aus Dokumenten über die Restaurierung der Altneuschule in den achtziger Jahren des 19. Jahrhunderts geht hervor, daß damals die Säule an der rechten Seite in so schlechtem Zustand war, daß man sie mit Metallreifen festigen mußte. Eine Restaurierung des ganzen Thora-Schreines wurde 1920 durchgeführt, als man beide Säulchen auseinandernahm, um sie neu zusammenzu-

80.
Längsschnitt der Altneusynagoge

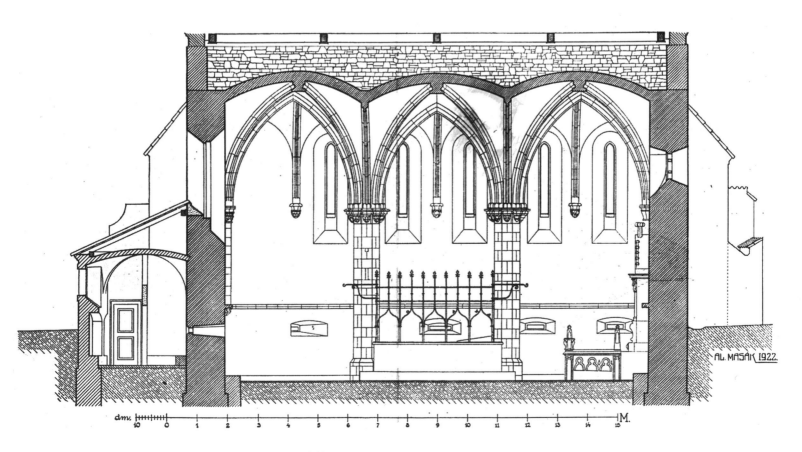

111

setzen und zu ergänzen. Der eigentliche Thora-Schrein ist heute mit einer Türe aus getriebener Bronze aus der ersten Hälfte des 19. Jahrhunderts verschlossen. Zum Schrein führen steinerne Stufen, deren rechte Seite ein einfaches Steinpult für den Kantor (hebräisch „Chasan") einnimmt. An den Seiten des Treppenhauses befinden sich zwei mit Maßwerk durchbrochene Parapette aus Sandstein, von Säulchen abgeschlossen, deren Reliefs die gleichen Motive aufweisen. Die Aufsätze der Säulen in der Form von Obelisken sind ebenfalls Zierelemente der Renaissance. Der Obelisk an der Südseite wurde durch einen profilierten, mit einer Platte bedeckten Sockel ersetzt, auf dem der siebenarmige Leuchter stand. Vor der ur-

sprünglichen mittelalterlichen Ausstattung der Synagoge blieben auch die Steinbänke an der Nord- und Südwand erhalten, die heute mit Holz verkleidet sind. Die Mitte des Raumes zwischen den beiden Säulen nimmt der von einen hohen Gitter umschlossene Almemor ein. Die Schmiedearbeit des Gitters weist spätgotische Motive auf, die schon in Elemente der Frührenaissance übergehen.

Das Äußere der Synagoge schmückt lediglich das in den südlichen Vorraum führende gotische Hauptportal. Die Fläche des auf einem einfachen Balken ruhenden Tympanons ist mit reliefierten Weinblättern und Weintrauben verziert, die aus einem Stamm mit spiralenförmig eingerollten Zweigen wachsen. Der Stamm entspringt aus zwölf Wur-

81.
Altneusynagoge, südlicher Vorraum, Blick gegen Osten

— oder ob er einen Teil eines Gebäudes dar-
stelle, dessen Mauerwerk in den Neubau der
Synagoge im 13. Jahrhundert übernommen
wurde. Der Typus des Vestibüls deutet allerdings darauf hin, daß man seinen Bau und den
des Hauptgebäudes der Synagoge gleichzeitig
begonnen hatte, in der ersten Hälfte des
13. Jahrhunderts. Falls nun das Vestibül früher fertig war als das Hauptgebäude, hätte es
als Betstube dienen können. (Darauf deutet
die steinerne Säule für das Pult des Vorbeters
an seiner Ostseite). Dann konnte die eigentliche Synagoge weitergebaut werden, die erst
ein halbes Jahrhundert später beendet war.
Die Altneuschule war gewiß nicht der einzige
mittelalterliche Bau, der langsam und in
Etappen gebaut wurde. Die Intervalle zwi-

82.
Gotisches Eingangsportal vom
südlichen Vorraum gesehen

83.
Altneusynagoge, südlicher
Vorraum, Blick gegen Westen

zeln, die offensichtlich die zwölf Stämme Israels symbolisieren. Eine gewisse Starrheit
des Reliefs deutet auf ein spätes Stadium der
Frühgotik hin. Entgegen einer früheren Datierung, die das Entstehen der Altneuschule
in die sechziger Jahre des 13. Jahrhunderts
verlegte, vertritt die zeitgenössische Fachlite-
ratur die Ansicht, daß die Synagoge erst in
seinem letzten Viertel errichtet wurde.

Die Altneusynagoge ist an drei Seiten von
ebenerdigen Zubauten umgeben. Der interes-
santeste ist vermutlich der südliche Vorraum.
Sein archaisches Aussehen diente seinerzeit
als Argument für eine Vorverlegung des
Entstehens der Synagoge. Allerdings übersah
man einige Details in der Beziehung dieses
Vorraums zum Hauptgebäude, die darauf
hinweisen, daß der Vorraum älter ist als die
Synagoge. Eine definitive Auswertung hängt
von den Forschungen ab, die zeigen sollen, ob
der Bau früher selbständig war — in diesem
Falle hätte er als Synagoge dienen können

schen den Etappen waren groß genug, um eine Veränderung der Stile zu begründen.

An der Nordwand des südlichen Vorraums führt ein kleines, spätgotisches Portal in das Frauenschiff. Es weist darauf hin, daß vor dem Umbau im Renaissancestil sich dort ein älterer, vermutlich nicht eingewölbter Raum befand. Die Jahreszahl 1732 auf der Tafel mit einer hebräischen Inschrift über dem letzten Fenster des Westschiffes bezieht sich auf seinen nördlichen Abschnitt, der in den Jahren 1731—32 entstand. Im südlichen Vorraum stehen zwei kleine, selbständige Bauwerke, das eine in der nordöstlichen Ecke, das andere an der Westseite des östlichen Stützpfeilers. Sie sind im Stil der Renaissance gehalten und dienten als Kassen für die Judensteuern. [5]/

Im Gegensatz zu den anderen Synagogen wurde die Altneuschule niemals in die bauliche Anordnung ihrer Umgebung einbezogen. Sie war stets von einem freien Raum umgeben, der eine Art inneren Markt der Judenstadt darstellte. Durch diese Lage und ihre solide Konstruktion blieb sie von den zahlreichen Ghettobränden verschont. Nach der Altneuschule entstand bis in die zweite Hälfte des 15. Jahrhunderts kein neues jüdisches Gotteshaus; freilich kann man die Existenz von Betstuben in Privathäusern nicht ausschließen. Erst 1482 wurde eine neue jüdische „Schul" in der neugegründeten Siedlung „In der Grube" (V Jámě) in der Prager Neustadt errichtet. Die kleine jüdische Kolonie lebte hier nur kurze Zeit. Nach 1490 verschwanden Siedlung und Schule spurlos und wir wissen nicht, wie sie ausgesehen hat.

Große Bedeutung für das Leben der Prager Gemeinde hatte die Pinkas-Synagoge, die gegen Ende des 15. Jahrhunderts am südwestlichen Rand des Ghettos errichtet wurde. Sie steht bis heute und gehört zum Areal des Staatlichen Jüdischen Museums. Ursprünglich wurde sie als Privatbethaus im Haus „U erbů" (Zum Wappen) errichtet, das einem gewissen Jisrael Pinchas gehörte. In den Quellen erscheint sie 1492 zum ersten Mal. Aus dem Vertrag zwischen den Familienmitgliedern im Jahre 1492 geht indes nicht eindeutig hervor, wer der Gründer der Synagoge gewesen ist, Rabbi Pinchas oder erst sein

Schwiegersohn Meir Horowitz. Es ist auch nicht bekannt, wie lange sich das Haus „Zum Wappen" in jüdischem Besitz befand. [6]/

Die Pinkas-Synagoge ist als einziges der historischen Gebäude des verschwundenen Ghettos archäologisch erforscht worden, und das sogar zweimal: zu Beginn der fünfziger und der siebziger Jahre unseres Jahrhunderts. Unter dem Fußboden des westlichen Teiles des Hauptschiffes wurden bei den Forschungsarbeiten von 1951—52 Mauerreste eines nahezu quadratischen Objekts gefunden, die von der Leiterin der Untersuchung für die Reste einer romanischen Synagoge aus dem 11. Jahrhundert gehalten werden. In den Kellergewölben befindet sich ein Wasserbehälter, der als ein rituelles Bad angesehen wird. Ob sich aber im Keller dieser Wasserbehälter befand — in den Prager Häusern gab es zu diesem Zeitpunkt Dutzende solcher Wasserbehälter — der dann zur Errichtung eines rituellen Bades verwendet wurde, als das Haus in den Besitz der Horowitz überging, kann man nicht mit Sicherheit behaupten. Die Hypothese von der romanischen Synagoge stützt sich darauf, daß die Juden von alters her im Bereich der heutigen Široká ulice, die einst Lange oder Breite Gasse oder auch Juden Ringel hieß, lebten. [7]/ Die Geschichte der Pinkas-Synagoge enthält viele Fragezeichen und so wird es wohl noch lange Zeit bleiben.

Vom Bau der Pinkas-Synagoge hingegen besitzen wir eine eindeutige Information: eine ursprünglich an der westlichen Front des Gebäudes eingesetzte Tafel, die sich heute im südlichen Vestibül befindet. Sie besagt in hebräischer Sprache, daß Ahron Meschullam Horowitz das Gotteshaus erbauen ließ. Die Jahreszahl 1535 bezieht sich auf den Beginn der Bauarbeiten, das Datum ihrer Beendigung wird nicht erwähnt. Die Autorin der Monographie über die Pinkas-Synagoge vertritt die Ansicht, daß das Hauptgebäude in zwei Etappen entstand. [8]/ Im Verlauf der ersten, die sie in den zwanziger Jahren des 16. Jahrhunderts ansetzt, wurde der Ostteil mit drei Gewölbejochen und dem Almemor erbaut. Daran knüpfte bald eine weitere Etappe an, die die Synagoge gegen Westen um zwei Gewölbejochen verlängerte; längs der Süd-

seite dieses Zubaus wurde noch ein Vorraum, gleichfalls mit zwei Gewölbejochen, angegliedert. Im Hinblick auf den verhältnismäßig geringen Umfang der Zubauten konnten sie — wenigstens im Rohbau — innerhalb eines Jahres fertiggestellt sein. Sollte nun die ältere Familiensynagoge sich tatsächlich im Westteil der heutigen befunden haben, erscheint dieses bautechnische Verfahren einleuchtend. Damals wurden die meisten Kirchen auf diese Weise gebaut. Die ältere diente so lange zum Gottesdienst, bis die neue Kirche an ihrer westlichen oder östlichen Seite wenigstens zum Teil fertiggebaut war.

Die Pinkas-Synagoge war als einschiffiger Saal mit eingezogenen Stützpfeilern konzipiert. Er ist mit einem Netzgewölbe mit doppelt kannelierten Rippen spätgotischen Charakters überwölbt. Die Rippen werden von polygonalen, kannelierten Diensten aufgefangen, die schon den Einfluß der Renais-

84.
Altneusynagoge. Innenansicht. Im Hintergrund der Aron ha-Kodesch

85.
Altneusynagoge, Almemor

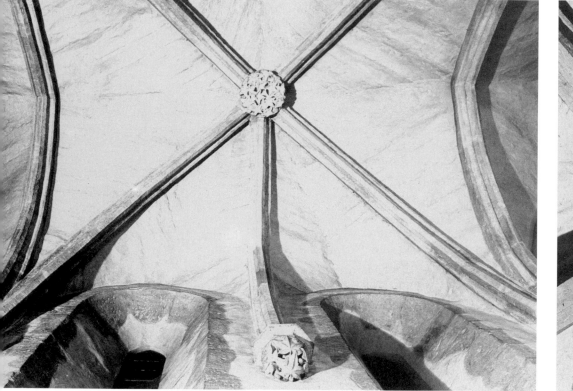

86.
Kappe des fünfteiligen
Rippengewölbes der
Altneusynagoge

87.
Schlußstein des
Rippengewölbes der
Altneusynagoge

sance verraten. An Renaissance-Dekor gemahnen auch die reliefierten, in den quadratischen Feldern des Netzgewölbes angebrachten größeren Rosetten wie auch die kleineren an den Kreuzungspunkten seiner Rippen. Das anspruchsvolle, saalartige Raumgefüge war mit einem aus Stein gehauenen Thora-Schrein ausgestattet, dessen Fragmente bei den Forschungsarbeiten in einem Hohlraum unter dem späteren Thora-Schrein in der Ostwand des Innenraums gefunden wurden. Die Formgebung dieser Fragmente ist noch spätgotisch. Auch Überreste des ehemaligen Almemor, der sich ungefähr in der Mitte des Ostteils befand, wurden entdeckt. Seinen Grundriß stellt ein Recheck mit an der südöstlichen und der nordwestlichen Seite abgeschränkten Ecken dar. Diese Reste, behauene Säulchen und behauene Kielbogen, weisen darauf hin, daß die Steinmetzarbeiten am Almemor ebenso wie das ganze Gebäude der Synagoge das Werk einer Übergangsperiode war, in der Elemente der Gotik und der Renaissance sich vermischten. Aus den aufgefundenen Fragmenten wurde in situ auch

das Portal rekonstruiert, das ganz der Frührenaissance angehört. Die abgeschrägten, kannelierten Pilaster an beiden Seiten tragen ein fein profiliertes Gebälk, dessen Fries mit antikisierenden Motiven, mit hebräischen Lettern, dem Davidstern und der Levitenkanne als Symbol der levitischen Abstammung der Horowitz verziert ist. Das Portal wird von einem verhältnismäßig weit ausladenden Gesims abgeschlossen.

In dieser Gestalt, als Teil des Hauses der Horowitz, bestand die Synagoge bis zum Beginn des 17. Jahrhunderts. Das Haus ging von einer Generation auf die andere über, deren Vereinbarungen in die Kontraktbücher der Altstadt und später in die „Libri albi Judeorum" zu Lebzeiten des Besitzers eingetragen wurden. In den Verträgen wird das Haus bis zum angehenden 17. Jahrhundert „U erbů" (Zum Wappen) genannt. Die „Schul" in diesem Hause trägt offenbar noch keinen Namen. Erst in einer Eintragung von 1566 kann man lesen, daß „das Haus U erbů neben der Munka-Schul gestanden sei. Im Jahre 1601 überließ Šťastný — Horowitz „... ein Viertel des Hauses U erbů sowie ein Viertel der Bänke der Schul dem Isaak Pinkas, seinem Sohn..." Erst 1601 kann man in der Eintragung über den Kauf eines Hauses in der nächsten Nachbarschaft lesen „... hinter dem Horowitz-Haus gegen die Pinkas-Schule." [9] Daraus kann man schließen, daß die Bezeichnung Pinkas-Schule oder Pinkas-Synagoge späteren Datums ist, und man weiß nicht, nach welchem der vielen Pinchas oder Pinkas Horowitz sie benannt wurde. Der Name Pinchas wiederholte sich in dieser Familie im Laufe des 16. Jahrhunderts so häufig, daß man ihn fast als Synonym des Namens Horowitz betrachten darf. [10]

Zu Anfang des 17. Jahrhunderts kam es zu einem ernsten Streit zwischen den Erben der Synagoge, der 1607 mit einem komplizierten Vergleich gelöst wurde, demzufolge auch weiterhin Nachkommen der Familie Horowitz in den Vorstand der Synagoge gewählt werden sollten. Den Vergleich bestätigte das rabbinische Gericht, dessen Mitglieder Rabbi Schelomo Lentschitz, Jehuda Löw ben Bezalel und Jesaja ben Abraham - Levi Horowitz waren. Bald nach diesem Vergleich kam es zum Umbau der Synagoge im Renaissancestil. Wir nehmen an, daß er gegen Ende des ersten oder zu Anfang des zweiten Jahrzehnts des 17. Jahrhunderts beendet wurde, sicher aber noch vor dem Ständeaufstand von 1618. Baumeister war Juda Coref (Goldschmied) de Herz, der auch am Bau der Meisl-Synagoge beteiligt war. Er starb 1625 und sein Epitaph erwähnt seine Verdienste um den Bau beider Synagogen. In der Pinkas-Synagoge ist der Umbau und die Einwölbung des südlichen Vorraums sein Werk, ferner das Frauenschiff im Erdgeschoß und die Errichtung einer durch halbkreisförmige Arkaden in den Hauptraum geöffneten Galerie mit einer gemauerten, mit abgeflachten Pilastern versehenen Balustrade. Das Ergebnis dieses Umbaus ist offensichtlich auch die Gliederung der Westfront des Gebäudes und seiner Hoffassaden mit ihren ovalen, gekuppelten

88.
Kapitell eines Dienstes

89.
Kapitell eines Dienstes

90.
Schlußstein des
Rippengewölbes

91.
Kragstein eines Dienstes

sche Adelige Joachim von Popper (vermutlich 1793).

Im zweiten Viertel des 18. Jahrhunderts begann man das Areal der Synagoge durch den Ankauf umliegender Häuser zu erweitern, so daß in der ersten Hälfte des 19. Jahrhunderts fast der gesamte Block mit den Konskriptionsnummern 20—29, kleine Objekte an der Süd- und Ostseite der Synagoge, dazu gehörte. Später wurden diese kleinen Häuser zu größeren zusammengeschlossen und um ein oder zwei Geschosse erhöht. Die ursprüngliche Gestalt der Häuser an der Südseite des Tempels blieb mindestens bis in die dreißiger Jahre des 19. Jahrhunderts erhalten, denn auf Langweils plastischem Modell der Stadt Prag besitzen sie noch ihre gekuppelten Renaissance- und Barockfenster.

Im Zeitraum von 1838—41 wurde ein neuer Thora-Schrein aus Zinn angeschafft, der bis heute erhalten blieb. In den vierziger Jahren wurden neue Bänke bestellt, die nach dem Muster der Altschule angefertigt waren.

Fenster, deren profiliertes, mit kleinen Rosetten versehenes Gewände schon reine Renaissance ist.

Mehr oder weniger technischer Art waren die Reparaturen, die nach der Rückkehr der Prager Juden aus dem Exil (1744—48) vorgenommen wurden. Erhaltene Rechnungen im Archiv des Staatlichen Jüdischen Museums sprechen in erster Linie von der Instandsetzung der Dächer und der Dachrinnen. Größere Reparaturen wurden vielleicht an der Ostseite durchgeführt, im Bereich des Thora-Schreines, die aber von späteren Restaurierungen überdeckt wurden.

Nach der Beschädigung der Pinkas-Synagoge durch das Hochwasser von 1771 mußte 1775 das gesamte Interieur erneuert werden. Der reliefierte Steinmetzdekor des Almemor wurde abgehauen und die Brüstung mit farbigem Stuck verkleidet. Die Ausmalung des Raumes, die geäderten Marmor imitierte, wurde ganz auf rosa-lila Töne abgestimmt; sie wurde von K. Happe ausgeführt. Das reich geschmiedete Rokokogitter stiftete der jüdi-

92.
Konsolenkranz am Westpfeiler

93.
Säulchen des Lesepults im
südlichen Vorraum der
Altneusynagoge

Im Jahre 1860 kam es zu einer Demokrati-
sierung der konservativen Verwaltung der
Synagoge, und ein gewählter Ausschuß begann ihre Angelegenheiten zu leiten. Er bestand aus zwei Vorstehern und drei Beisit-
zern. Im gleichen Jahr gab es erneut eine
Hochwasserkatastrophe, und die neue Verwaltung beschloß, eine radikale Modernisie-
rund der Pinkas-Synagoge in Angriff zu nehmen. Den erhaltenen Rechnungen zufolge begann man 1862 mit den Bauarbeiten. Der
Fußboden des Hauptschiffs wurde gehoben
und dem des Frauenschiffs angeglichen, und
das Erdgeschoß des Frauenschiffs durch gewölbte Arkaden mit dem Hauptschiff verbunden. Um mehr Raum zu gewinnen, errichtete
man an der Westwand eine Empore für die
Frauen in Form eines hölzernen Chores.
Durch die Hebung des Fußbodens wurden
allerdings die Höhenverhältnisse des Haupt-
raums empfindlich gestört. Die Malerei
wurde von Josef Leinzer entworfen, die Mal-
und Stukkateurarbeiten vom Maler Nacovský
durchgeführt.

119

94.
Altneusynagoge, Westteil der Frauenabteilung

In den siebziger Jahren wurde das Treppenhaus erweitert, was eine Deformation der Vestibüle im Erdgeschoß und im ersten Stockwerk zur Folge hatte. Bei dieser „Modernisierung" der Synagoge wurden auch der ursprüngliche Almemor und dazu das Renaissanceportal beseitigt. Glücklicherweise hat man alle Bestandteile des Thora-Schreines und des Almemor wie auch die anderen Reste der ursprünglichen Ausstattung der Pinkas-Synagoge auf Rabbinatsbeschluß so gründlich in der Aufschüttung verborgen, daß sie zu keinem anderen Zweck mehr verwendet werden konnten. So wurde die ursprüngliche Ausstattung der Synagoge durch religiöse Vorschriften aus dem 16. Jahrhundert gerettet.

Einige Jahrzehnte später hatte die Assanierung die Umgebung der Pinkas-Synagoge von Grund auf verändert. Das Gebäude, das früher Bestandteil eines Häuserblocks gewesen war, hatte sich zu einem Solitär gewandelt, der im Verhältnis zum Niveau der Josephsgasse sehr niedrig lag. Das heutige Straßenpflaster befindet sich ungefähr in der Höhe

95.
Altneusynagoge, Nordteil der Frauenabteilung

des ersten Stockwerks der Synagoge. Ihre Rettung war nicht unproblematisch. Man verdankt sie dem damaligen Landeskonservator Luboš Jeřábek, der bei der Wiener Zentralkommission intervenierte, die sich dann für die Erhaltung der Synagoge aussprach.

Im Jahre 1923 tauchte die Idee auf, die Synagoge als Museum zu verwenden. Damals begann man mit einer von Hugo Richter geleiteten Untersuchung des Gebäudes. Dabei wurden an der Ostwand des Hauptschiffes in der Aufschüttung aus den sechziger Jahren des 19. Jahrhunderts die Fragmente der gotischen Bestandteile der ursprünglichen, aus Stein gehauenen Verzierung der Synagoge gefunden. Die Forschungsarbeiten wurden indes nicht beendet und auch der Plan, die Synagoge zu einem Museum zu machen, wurde nicht verwirklicht. Bis zur Besetzung des Landes durch die Nationalsozialisten (1939) wurden in der Pinkas-Synagoge weiterhin Gottesdienste abgehalten.

Nach dem zweiten Weltkrieg stand die Pinkas-Synagoge verlassen da und verfiel langsam. 1950, als das Jüdische Museum verstaatlicht worden war, ging auch der alte Tempel in Staatsbesitz über. In den Jahren 1951—52 wurde eine gründliche Untersuchung und Restaurierung des Bauwerks durchgeführt, das nach seiner Erneuerung als „Gedenkstätte der Opfer der nationalsozialistischen Verfolgung der jüdischen Bürger aus Böhmen und Mähren" eingerichtet wurde. Die Namen von 77 297 Opfern der Nationalsozialisten wurden an die Wände des Hauptschiffes geschrieben, das seine ursprüngliche Gestalt wiedererhalten hatte. Die Autoren der Inschriften, die sie auch selbst malten, waren die akademischen Maler Jiří John und Václav Boštík. [10]

Leider war die Synagoge bei der Restaurierung nicht genügend gegen Feuchtigkeit isoliert worden. Das Eindringen des Grundwassers in die Wände beschädigte das Interieur und vor allem die Inschriften an den Wänden derart, daß die Gedenkstätte geschlossen werden mußte. Bei den Isolierungsarbeiten entdeckte man in den Kellergewölben einen alten Wasserbehälter, der wahrscheinlich als rituelles Bad (Mikwe) diente. Diese Räume im Kellergeschoß wurden restauriert und

nach Beendigung der Restaurierungsarbeiten in den Besichtigungsrundgang der Synagoge aufgenommen. [11] /

In der Renaissance wurden in der Prager Judenstadt noch weitere Synagogen gebaut. Die älteste ist die Hohe Synagoge. Ihre Bezeichnung hängt damit zusammen, daß sie im ersten Stockwerk eines Hauses errichtet wurde, das an das jüdische Rathaus grenzte und baulich mit ihm verbunden war. Die Synagoge diente offensichtlich ursprünglich als Bethaus für die Gemeindeältesten und die Angestellten des Rathauses. Für weniger wichtige gottesdienstliche Versammlungen benützte man vermutlich den kleineren Saal, der heute, da die Hohe Synagoge vom Rathaus getrennt ist, einen Bestandteil des Rathauses bildet. In der Chronik des David Gans kann man lesen, daß Mordechai Meisl, der spätere Primas der Prager Judenstadt, die Hohe Synagoge 1568 errichten ließ. Baumeister war der aus Norditalien stammende Pankratius Roder. Allerdings geht aus der Chronik nicht hervor, ob es um einen Neubau oder um den Umbau eines älteren Bethauses ging. Wenn man in Betracht zieht, daß die Juden während der Regierungszeit Ferdinads I. zweimal aus Prag ausgewiesen wurden und in der Zwischenzeit in großer Unsicherheit lebten, kann man kaum annehmen, daß sie an einen größeren Ausbau des Rathauses denken konnten. Pankratius Roder hat die Synagoge aller Wahrscheinlichkeit nach als Neubau errichtet.

Die Hohe Synagoge ist als ein einziger Raum mit länglichem Grundriß konzipiert. Sein typisches Renaissancegewölbe entspricht mit seinen Lünetten den größeren Sälen der damaligen Bürgerhäuser und Adelspaläste. An der Südseite führt eine durchgebrochene Öffnung in die ehemalige Frauengalerie am Treppenhaus. Die Bearbeitung des Durchbruchs ist neuzeitlich, das flache Gebälk wird von zwei Säulen getragen. Darüber befinden sich in Stirnhöhe der Lünetten des Hauptraumes zwei verschlossene Fenster, die früher in das zweite Geschoß der Frauengalerie führten. Die erst zu Beginn des 19. Jahrhunderts erweiterten Fenster an der Nordseite der Synagoge sind halbkreisförmig eingewölbt. Der Aron ha-Kodesch, dessen Aus-

96.
Nordfassade der
Pinkas-Synagoge

gestaltung aus dem Jahre 1691 stammt (als die Synagoge, vermutlich durch den Brand von 1689 beschädigt, instandgesetzt wurde, obgleich ihr Gewölbe den Brand heil überstanden hatte), ist ganz im Geiste der zeitgenössischen Altararchitektur des Frühbarock gehalten, vielleicht unter Beibehaltung eines Teiles des Renaissance-Schreins.

Bei der Restaurierung der Synagoge von 1977—79 stellte man fest, daß die Pilaster, die die Wände gliedern, zu einem späteren Zeitpunkt dazugemauert waren, da hinter ih-

nen der ursprüngliche Verputz weiterläuft. Die Gliederung der Wände wurde vermutlich im Rahmen des frühbarocken Umbaus durchgeführt. 1982 wurde auch die ursprüngliche Polychromie des Thora-Schreines aufgedeckt und restauriert.

Der synagogale Raum im ersten Stockwerk ist heute mit den Räumlichkeiten im Erdgeschoß, die alle mit Renaissancegewölben versehen sind, verbunden. Die Verbindung des Stockwerks mit dem Erdgeschoß wurde erst 1883 hergestellt. Bis zu diesem Zeitpunkt war die Hohe Synagoge nur vom Rathaus her zugänglich. In der zweiten Hälfte des 19. Jahrhunderts wurde der Durchgang im Nordtrakt des Erdgeschosses zugemauert. Der heutige Eingang in der „Červená ulička" entstand erst 1935. [12]/

Fast hundert Jahre lang galt die Meisl-Synagoge als prächtigster Bau der Judenstadt. Der reiche Primas Meisl hatte mit zweiundsechzig Jahren beschlossen, ein Grundstück für den Bau einer Synagoge anzukaufen. 1590 erstand er von seinen Schwägern um 200 Schock böhmische Groschen ein Grundstück, auf dem er vermutlich schon im gleichen Jahre nach den Plänen der jüdischen Architekten Juda Coref de Herz und Josef Wahl mit den Bauarbeiten begann. Die Bewilligung zum Bau der Synagoge erteilte ihm Rudolf II. erst im folgenden Jahr, als der Bau bereits fortgeschritten war und schon einige tausend Rheinische Gulden gekostet hatte. Im Jahre 1592 wurde der Bau zum Thora-Freudenfest (Simchat Tora) beendigt und man

konnte mit dem Abhalten der Gottesdienste beginnen. Der Chronist David Gans schreibt, die Meisl-Synagoge habe mehr als 10 000 Taler gekostet und sei nicht nur groß, sondern auch außerordentlich schön gewesen. Das Hauptschiff mit den anschließenden Frauengalerien besaß zwanzig behauene Pfeiler. Mordechai Meisl schenkte der Synagoge einen prächtigen Thora-Vorhang wie auch eine Thora mit Thora-Mantel und widmete ihr die Fahne mit dem Davidstern, dessen Verwendung in der Synagoge 1598 als Sonderprivileg bewilligt worden war. Alle Textilien sind heute Ausstellungsstücke des Staatlichen Jüdischen Museums.

Vom weiteren Schicksal der Synagoge wissen wir nicht viel. In den Akten der Verhandlung über die konfiszierte Hinterlassenschaft Mordechai Meisls, die sich bis gegen Ende des 17. Jahrhunderts hinzog, kann man lesen, daß „... die Juden nach Meisls Tod die Synagoge vermieteten..." Wem und zu welchem Zweck, erfährt der Leser nicht. Immerhin

97.
Pinkas-Synagoge, gotische Kellergewölbe mit rituellem Bad (Mikwe)

123

98.
Interieur der Pinkas-Synagoge,
sechziger Jahre des
20. Jahrhunderts. Zustand vor
der gegenwärtigen
Restaurierung

99.
Gedenktafel, die Ahron
Meschullam Horowitz 1535
anläßlich der Errichtung der
Pinkas-Synagoge anbringen
ließ

100.
Pinkas-Synagoge, Blick auf das
Renaissance-Netzgewölbe und
die Frauengalerie

konnte es sich um ein Mißverständnis handeln — eine Vermietung der Sitzgelegenheiten könnte als Vermietung des Gebäudes verstanden worden sein. Der Überlieferung nach soll die Meisl-Synagoge 1689 beim „Franzosenbrand" ausgebrannt sein. Dem freilich widerspricht der Bericht der jüdischen Gemeinde von 1694 über den Stand der Synagogen, den sie der Böhmischen Kammer zukommen ließ. Darin heißt es, daß die Altneuschule, die Meisl-, die Pinkas- und die Hohe Synagoge vom Feuer verschont geblieben seien. Nach der im kommenden Jahr erstellten Analyse des Zustandes der Synagogen in der Judenstadt wurde die Meisl-Synagoge „vollkommen ausgebaut", was keineswegs „neu ausgebaut" bedeutet, da die glei-

101.
Nordfassade der Hohen Synagoge

102.
Hohe Synagoge, Aufgang des in den ersten Stock führenden Treppenhauses mit einem Ausschnitt des Renaissancegewölbes des Erdgeschosses

Seite 127

103.
Hohe Synagoge, Blick auf den frühbarocken Aron ha-Kodesch und einen Teil des Renaissancegewölbes

chen Worte bei allen anderen Synagogen gebraucht werden, die nicht beschädigt waren. Allerdings mußte die Meisl-Synagoge wegen nicht näher bezeichneter Schulden versiegelt werden. Interessanterweise bemühte sich die Gemeinde nicht um ihre Wiedereröffnung, während sie um die Erhaltung und Wiedereröffnung der Altschule jahrelang gekämpft hatte. Die Meislschule war freilich nicht erst nach dem Brand von 1689 geschlossen worden — als „geschlossen" wird sie schon in einem 1670 erstellten Verzeichnis angeführt. Auf die Versiegelung des Tempels könnte sich der Interimsbericht der Böhmischen

Kammer über den Zustand der Judenstadt nach dem Brand von 1689 beziehen, in dem auch angeführt wird, daß die Kammer der Judengemeinde für die Meislschule 50 000 Rheinische Gulden zahlen sollte, von denen sie bislang 15 000 entrichtet hatte. Möglicherweise ging es um einen Vergleich im Zusammenhang mit Mordechai Meisls Hinterlassenschaft, zu der auch die Synagoge gehörte.

Immerhin geht daraus hervor, daß die Meisl-Synagoge nach dem Franzosenbrand nicht umgebaut wurde. Höchstwahrscheinlich wurde sie erst beim Brand von 1754 beschädigt und erst danach instandgesetzt und vielleicht umgebaut. Wie groß die Veränderungen waren, weiß man nicht. Der ursprüngliche Renaissancebau wurde vom neugotischen Umbau von 1894 (Arch. S. M. Wertmüller und Prof. A. Grotte), bei dem noch ein Vestibül nach dem Entwurf von Arch. E. Králíček hinzukam, vollkommen überdeckt. Das Hauptschiff wird von einem Netzgewölbe überspannt, von dem man ohne genauere Untersuchung nicht sagen kann, ob es sich tatsächlich um Neugotik handelt oder ob es bloß neugotisch hergerichtet wurde. Alle Details des Interieurs — auch der Thora-Schrein — sind in neugotischem Stil durchgeführt, ebenso die der Meislgasse zugekehrte Hauptfassade der Synagoge. Allerdings blieben die Fassade an der Südflanke und beide Seitenschiffe mit den Frauengalerien im Erdgeschoß und im Stockwerk wom eklektizistisch historisierenden Umbau verschont. Es ist nicht ausgeschlossen, daß die Wölbungen dieser Galerien noch vom Renaissanceneubau Mordechai Meisls stammen und später lediglich ausgebessert und hergerichtet wurden. Daher kann die Meisl-Synagoge trotz ihres neugotischen Interieurs und Exteriors im Grunde als Architektur der Spätrenaissance betrachtet werden. [13]/

Die letzte erhaltene Synagoge des einstigen Prager Ghettos ist die Klausensynagoge. Es ist der einzige Tempel im Stil des Frühbarock, obgleich man seine Anfänge noch in die Renaissance zurückverfolgen kann. Gegen Ende des 16. Jahrhunderts hatte Mordechai Meisl von christlichen Besitzern Gärten gekauft, die sich auf einem außerhalb des Ghettos gelege-

104.
Ostfassade der Meisl-Synagoge vor dem neugotischen Umbau. A. Langweil, „Modell der Hauptstadt Prag"

105.
Ostfassade der
Meisl-Synagoge,
gegenwärtiger Zustand

106.
Westfassade der
Meisl-Synagoge nach dem
neugotischen Umbau

107.
Meisl-Synagoge, Innenansicht,
Blick gegen Osten

und in der dritten ein rituelles Bad. Im Prager Synagogenverzeichnis von 1670 heißt es, daß eine dieser Klausen zu Lehrzwecken für Studenten genutzt wurde und in einer anderen Predigten stattfanden. 1670 berichtet eine Eintragung, daß es „... eine untere, obere und vordere Klause" gab. Alle drei brannten 1689 vollständig nieder und wurden von der neuen „Schul" ersetzt, die sehr schön gewesen sein soll und die man die „Neue Klause" nannte.

Der Neubau der Klausensynagoge war schon 1694 beendet. In Langweils Modell von Prag aus den Jahren 1826—27 besitzt die Klausensynagoge an der Nord- und Westseite einstöckige Zubauten, die niedriger sind als das Hauptgebäude. Im westlichen Zubau befand sich offensichtlich die Frauengalerie, im nördlichen der Vorraum und wahrscheinlich ein weiterer Teil der Frauengalerie. Die frühbarocke Fassadengliederung der Zubauten, vor allem die gekuppelten Fenster, sind entweder zur gleichen Zeit oder nur wenig später als die Synagoge entstanden. Das Erdgeschoß des nördlichen Zubaues wurde vielleicht erst im Spätbarock überwölbt. Beim Umbau von 1883—84 wurde die westliche Frauengalerie auf das Niveau des Hauptgebäudes gehoben, mit einem entsprechenden, durch einen Gurt getrennten Gewölbe bedeckt, und ein geräumiger Balkon errichtet. Gleichzeitig wurde auch die Galerie im Stockwerk des Nordschiffes auf die gleiche Weise umgebaut. Urheber des Projekts, das auch eine Neugliederung der Außenseite vornahm, war Architekt Friedrich Münzberger, die Entwürfe für die Inneneinrichtung wurden von Architekt Anton Baum ausgearbeitet. Im Hinblick auf den eklektizistischen Charakter und die Einheitlichkeit des Stuck-Dekors auf dem Gewölbe des Hauptschiffes und dem Balkon nehmen wir an, daß die Inneneinrichtung größtenteils aus der Zeit dieses Umbaus stammt. Der Aron ha-Kodesch ist im Stil der frühbarocken Altäre geformt. Er wurde 1696 auf Kosten des reichen Samuel Oppenheim, eines Onkels des Prager Oberrabbiners David Oppenheim, errichtet. Der untere Teil des Schreines ist gemauert und mit künstlichem, braunrotem Marmor bezogen. Der obere Teil ist aus Holz und mit einer Dedikationsinschrift in einer

108.
Ostfassade der
Klausensynagoge

109.
Klausensynagoge,
Innenansicht, Blick gegen
Osten

nen Gelände befanden. Ein Teil des Grundstücks wurde zur Erweiterung des Altstädter Judenfriedhofs verwendet, auf einem anderen ließ Mordechai Meisl drei kleinere Objekte, „Klausen" genannt, errichten. Man sagt, daß in einer dieser Klausen Jehuda Löw ben Bezalel — der Hohe Rabbi Löw — ein Lehrhaus leitete, in der anderen befand sich ein Bethaus

geschnitzten Kartusche versehen. Der Thora-Schrein wurde bei der Restauration des gesamten Objektes in den Jahren 1979—1984 in den ursprünglichen Zustand versetzt. Im erneuerten Synagogenraum wurde eine Ausstellung alter hebräischer Handschriften und Drucke eingerichtet. Ursprünglich stand auch in der Klausensynagoge der Almemor etwa in der Mitte des Raumes und die Sitze waren, wie noch heute in der Altneuschule, an den Wänden angeordnet. [14]/

In aller Kürze sollen nun jene Synagogen der Prager Judenstadt erwähnt werden, die nicht erhalten blieben. Sie wurden entweder schon nach dem Franzosenbrand 1689 geschlossen, oder sie fielen der Assanierung um die Jahrhundertwende zum Opfer.

Es war zunächst die „Neue Schul" genannte Synagoge, die Ende des 16. Jahrhun-

derts von Rabbi Wechsler gegründet worden war. Sie befand sich im ersten Stock eines Hauses mit der Konskriptionsnummer 113 am östlichen Ende der Breiten Gasse (heute Široká). Ihr Interieur wurde von vier halbkreisförmig eingewölbten Fenstern erhellt, der Thora-Schrein war einem Barockaltar nachempfunden und die Decke des Innenraums mit Stuck verbrämt. Diese Synagoge brannte beim Franzosenbrand 1689 vollständig aus. In den vor dem Brand erstellten Verzeichnissen von 1666 und 1670 läßt sie sich nicht genau identifizieren, da sie offensichtlich weder als Neue noch als Wechsler-Schul angeführt wurde. Erst im Jahre 1699 erscheint eine Wechsler-Schul unter jenen sechs Synagogen, die nach dem Brand geschlossen wurden. Wann die Wechsler-Synagoge wiedereröffnet wurde, wissen wir nicht, vermutlich erst Mitte des 18. Jahrhunderts. 1754 brannte sie erneut aus; sie wurde im Spätbarock restauriert und mit einer mit Rokokoornamentik verbrämten Fassade versehen, die Langweils Modell von Prag von 1826—27 zeigt. Im Nebenhaus befand sich ein rituelles Bad. Beide Objekte wurden 1897 niedergerissen. [15]/

Die Zigeuner-Synagoge stammte aus der Spätrenaissance, sie war 1613 von Salom Salkid Zigeuner gegründet worden. Sie stand in der Mitte eines Blockes zwischen der Rabbiner- und der Zigeunergasse, dessen Südseite an die Altneuschule grenzte. Die Zigeuner-Synagoge war 1689 beim Brand beschädigt worden. Nach dem Verzeichnis von 1695 wurde ihre beschädigte Hälfte instandgesetzt, weil sie zu den sechs nach dem Brande bewilligten Synagogen gehörte. Große Verdienste um ihren Wiederaufbau im Jahre 1701 hatte Isachar Bumsla. Nach Langweils Modell und nach alten Photographien handelte es sich um ein längliches Gebäude mit drei Fenstern in der Westfassade. Die Seitenfassaden besaßen je vier Fenster, denen im Innenraum je vier dreieckige Kreissegmente entsprachen. Die Abstände zwischen den Fenstern wurden von Pilastern, die reich profilierte Gesimse trugen, gegliedert. Der Thora-Schrein in der üblichen Form eines Barockaltars mit zweistöckigem Aufsatz war in einer Nische in der Ostwand des einschiffigen Innenraums ange-

110.
Zwei später abgerissene Gotteshäuser: die Zigeuner-und die Großenhofsynagoge im Stil der Spätrenaissance.
A. Langweil, „Modell der Hauptstadt Prag"

bracht. Vor der westlichen Fassade und an der Nordseite der Synagoge befanden sich ebenerdige Zubauten, deren einer als Vestibül und der andere als Frauengalerie diente. Beim Ghettobrand von 1754 war die Synagoge vermutlich weniger beschädigt worden, als der Schor-Plan anführt. Hier wird sie nämlich mit Nummer 3 bezeichnet, was „vollkommen niedergebrannt" bedeutete. Aber Mauerwerk und Gewölbe blieben erhalten, es

konnten lediglich die hölzernen Bestandteile des Baues sowie seine zum Großteil aus Holz bestehende Innenausstattung verbrannt sein. Das Gebäude wurde auch weiterhin als Synagoge werwendet, 1883 wurde der reformierte Ritus eingeführt und ein Sängerchor gegründet. Die Zigeuner-Synagoge wurde von der Assanierungskommission nicht als historisch wertvolles Denkmal anerkannt und wurde 1906 niedergerissen. [16] /

111.
Häuserblock zwischen der Rabbiner- und der Zigeunergasse mit der Großenhof- und der Zigeuner-Synagoge, die 1906 bei der Assanierung abgerissen wurden. A. Langweil, „Modell der Hauptstadt Prag"

112.
J. Minařík: Die
Zigeuner-Synagoge,
Öl/Leinwand

Die dritte Synagoge, die der Assanierung zum Opfer fiel, war die barocke Großenhof-Synagoge, auch Baschewi-Synagoge genannt. Sie stand an der nordwestlichen Ecke jenes Blocks, in dem sich die Zigeuner-Synagoge befand. Jakob Baschewi hatte 1627 ein Grundstück mit einigen Häusern erworben, das man den „Großen Hof" nannte, und darauf eine neue Synagoge errichten lassen. Der Name des Baumeisters ist nicht bekannt. Vielleicht hatte einer der Baumeister Al-brecht von Waldsteins, der enge Beziehungen zu Baschewi hatte, das Projekt ausgearbeitet. Im Verzeichnis der Synagogen von 1670 ist sie als „Synagoge im Großen Hof" eingetragen. 1689 brannte sie aus, gehörte aber zu jenen sechs Synagogen, die von Leopold I. nach dem Franzosenbrand bewilligt worden waren. Tatsächlich war sie nach der Aufstellung von 1695 zu diesem Zeitpunkt schon vollkommen instandgesetzt. Der Brand von 1754 beschädigte sie erneut. Die Großenhof-

Synagoge war ein hohes, an ihrer Außenseite durch Blendarkaden in zwei Stockwerke gegliedertes Gebäude. Die längeren Seitenwände öffneten sich in fünf hohe Fenster, die Westfassade besaß drei maurisch gewölbte Fenster. Diese baulichen Veränderungen waren im 19. Jahrhundert unter Verwendung maurischer architektonischer Elemente durchgeführt worden. Auf Langweils Modell ist die Außenseite noch nicht gegliedert. Auf einer alten Fotografie kann man die Nordseite mit zwei Fenstern sehen. Das Gebäude besaß ein Walmdach. An der östlichen Stirnwand befanden sich an den Seiten zwei niedrige Fenster, in der Mitte über dem Thora-Schrein ein Rundfenster. Der Thora-Schrein war im Stil der Neurenaissance umgebaut. Auf einer Aufnahme des Interieurs der Synagoge ist der Schrein von einem segmentförmigen Tympanon mit drei hohen Aufsätzen gekrönt. Er stammte zum Großteil aus der Zeit der Restaurierung im 19. Jahrhundert, bei der man auch im Westteil eine Frauengalerie errichtete. Der Almemor in der Mitte des Innenraumes war nicht entfernt worden, obgleich die Bänke nicht entlang der Wände, sondern hintereinander angeordnet waren. Während der Assanierung wurde diese ungemein interessante Synagoge aus der Übergangszeit von der Renaissance zum Barock als künstlerisch wertlose Architektur abgerissen. [17]/

Zum Abschluß dieses Kapitels sollen die Synagogen, Schulen und Bethäuser erwähnt werden, deren Existenz durch den Erlaß Kaiser Leopolds I. ein Ende fand, der nach dem schrecklichen Ghettobrand von 1689 nicht mehr als sechs Synagogen in der Judenstadt bewilligte. Aus erhaltenen Verzeichnissen vor und nach dem Brand wissen wir, daß es damals in der Prager Judenstadt 12 Synagogen gab. In einem Verzeichnis von 1666 sind sogar 14 angeführt, da jede der drei „Klausen" getrennt angeführt worden war. Ferner enthält diese Aufstellung die Synagoge des Benjamin Lippman, die Kauders-Synagoge, die Synagoge im Hof des Chajim Schames, und als zwei getrennte Gebäude sind die Baschewi- und die Großenhof-Synagoge angeführt. Die Aufstellung von 1670 führt 12 Synagogen an, wobei die drei Klausen schon un-

ter einer Nummer angeführt sind. Die Schule im Hof des Chajim Schames ist vielleicht mit der im Hause des Judenrichters Fanta identisch. Eine weitere Schule befand sich in einem Privathaus beim „Drei Brunnen Haus". Als zwölfte wird die Schule des Joseph Ginspurger im Haus „Zur weißen Rose" genannt. Aus dem Jahre 1695 stammt ein Verzeichnis der sogenannten „Winkelschulen", deren es damals vierzehn gab und von denen sieben geschlossen und versiegelt wurden. Die erste befand sich im Hause des „Wachtmeisters Eck", die zweite im jüdischen Rathaus — außer der Hohen Synagoge gab es dort offensichtlich noch eine andere Betstube, wahrscheinlich in dem schon erwähnten kleinen Saal. Die dritte befand sich bei Joseph Anschel Racheles, die vierte im Pasov-Haus (vielleicht war das Baschewi-Haus gemeint), die fünfte bei Jakob Grünhütl, die sechste bei

113.
Die abgerissene Wechsler-Synagoge in der Breiten Gasse. A. Langweil, „Modell der Hauptstadt Prag"

114.
Der sogenannte „Tempel", der
in den sechziger Jaharen des
19. Jahrhunderts die Altschule
ersetzte. Er wurde nach einem
Entwurf von I. Ullmann und
J. Niklas in den sechziger
Jahren des 19. Jahrhunderts
errichtet

115.
Tempel in der Geistgasse,
Innenansicht, Blick gegen
Osten

der Witwe Saxl, die siebente bei Salomon Tö-
per. Diese Schulen waren alle schon versiegelt. Die achte befand sich im Hause des Mar-
kus Cordula, die neunte bei Jakob Brandeis,
die zehnte bei Maier Doktor, die elfte bei
Abraham Budman, die zwölfte bei Lazarus
Gander, die dreizehnte bei Jakob Enschel
und schließlich die vierzehnte „beim Rabbiner" — offensichtlich im Hause des Oberrabbiners.

Allen Verboten zum Trotz aber entstanden
immer neue Bethäuser. Der Meldung des
Herrn Václav Vražda von Kunwald zufolge
wurde im November 1725 von der Obrigkeit
erneut beschlossen, alle Winkelschulen in der
Judenstadt zu schließen. Nur ein Bethaus für
Alte und Kranke, vermutlich neben dem Spital, sollte erhalten bleiben. Die Schule des Be-
net Nachod, die 1706 als Studierschule bewilligt worden war, diente auch als Bethaus, und
das war streng untersagt. Daher sollte sie,
ebenso wie die nicht bewilligte Studierschule
im Hause des Anschel Günzburg, geschlossen
werden. Gleichzeitig verhandelte man über
die Bewilligung eines Bethauses, das David
Karpeles und Mosche Glaser schon errichtet
hatten oder errichten wollten. Es sollte alten
Leuten dienen, für die der Weg in eine der
öffentlichen Synagogen zu anstrengend war.
Es ist nicht ausgeschlossen, daß diese Synagoge für Alte und Kranke mit der Popper-
oder vielleicht der Lippmann-Synagoge identisch war, die sich beim Alten Jüdischen
Friedhof neben dem Spital befand. [18] /

Das fortschreitende 18. Jahrhundert gab
den Juden wenig Spielraum zu geistig-religiö-
ser Betätigung. Sogar zur Errichtung einer
bescheidenen Betstube brauchte man die Bewilligung des Kaisers. Erst im letzten Jahr-
hundertviertel begann unter Joseph II. allmählich der Druck zu weichen und neue Per-
spektiven zeichneten sich ab. 1782 wurde im
Hause der geachteten Familie Moscheles eine
Privat-Synagoge errichtet, die vermutlich die
einzige ihrer Art blieb. Im Rahmen der Assanierung verschwand sie gemeinsam mit dem
baulich interessanten Moscheles-Haus. [19] /

Die auf Gleichberechtigung, Emanzipation
und Assimilation der Juden in der ersten
Hälfte des 19. Jahrhunderts gerichteten Bestrebungen führten nicht zur Errichtung

neuer Synagogen im Bereich der Prager Judenstadt. Im übervölkerten, engen Stadtviertel hätte man auch kaum mehr einen geeigneten Platz gefunden. Erst in der zweiten Hälfte des 19. Jahrhunderts, als die Juden schon als gleichberechtigte Bürger auf dem ganzen Gebiet der Stadt wohnen konnten, begannen sie, in den einzelnen Stadtvierteln neue Synagogen zu errichten. 1863 wurde in der ältesten Prager Vorstadt Smíchov eine große Synagoge in eklektizistischem Stil gebaut. Ihr ursprüngliches Aussehen wurde von einem funktionalistischen, von Architekt L. Ehrmann durchgeführten Umbau verändert. 1861 bekam Karolinenthal (Karlín) eine neue Synagoge in maurisch-neuromanischem Stil. 1896—98 baute man in den Weinbergen (Vinohrady) die neue Synagoge, die 1945 beim Luftangriff auf Prag zerstört wurde. Als

116.
Das jüdische Rathaus, das in den sechziger Jahren nach dem Entwurf von J. Schlesinger in spätbarockem Stil umgebaut wurde

117.
Das spätbarocke Vestibül des jüdischen Rathauses

letzte wurde 1904—06 in der Jerusalemgasse der Prager Neustadt, nach dem Entwurf von A. Stiastny und A. Richter im pseudomaurischen Stil die sog. Jubiläums- oder Jerusalemsynagoge erbaut. Die alte Synagoge in Lieben (Libeň), die von zahlreichen Überschwemmungen heimgesucht worden war, wurde in den Jahren 1846—57 durch eine neue, höher gelegene im neuromanischen Stil ersetzt. [20] /

Das letzte erhaltene historische Gebäude des alten Ghettos ist das jüdische Rathaus. Historische Quellen erwähnen es zum ersten Male 1541, man kann aber voraussetzen, daß es schon einige Zeit existierte. Wie es ausgesehen haben mag, kann man sich freilich schwer vorstellen; vermutlich war es noch ein gotisches Bauwerk. Man darf voraussetzen, daß es an der Stelle des heutigen Rathauses stand. Ein Umbau im Renaissancestil kann erst nach 1564 angesetzt werden. Es ist nicht ausgeschlossen, daß er in mehreren Etappen stattfand. 1689 wurde das Rathaus während des Franzosenbrandes beschädigt, als Baumeister der Instandsetzungsarbeiten nennen zeitgenössische Quellen Paul Ignaz Bayer. Nach dem zweiten großen Ghettobrand von 1754 war das ganze Gebäude von Baumeister Joseph Schlesinger im Stil des Spätbarock umgebaut worden. Schon vor dem Brand von 1689 hatte das Rathaus ein Türmchen mit einer Uhr besessen, die 1701 restauriert wurde. 1763 wurde das Türmchen neu errichtet, eine neue Uhr eingesetzt und eine kleine Glocke angebracht. Die Gedenkschrift anläßlich des Umbaus von 1763 erinnert an das großzügige Darlehen von 20 000 Rheinischen Gulden, mit deren Hilfe das Ghetto wiederhergestellt und seine öffentlichen Gebäude umgebaut werden konnten. Außer dem Rathaus handelte es sich noch um das Spital, die Hauptkasse, die Wohnung des Oberrabbiners, den Brunnen und das Große Tor. [21] / Bis heute hat das jüdische Rathaus seine spätbarocke Gestalt behalten. Wie ein kleiner Palast steht es da mit seinen reich gegliederten Haupt- und Seitenfassaden und dem Mansardendach mit erkerförmigen Giebeln, über denen sich ein pittoreskes Türmchen erhebt. Die Uhr im Giebel über der Nordfassade zeigt die Zeit in hebräischen Lettern.

118.
Uhrtürmchen des jüdischen Rathauses und die Uhr mit hebräischem Zifferblatt im Erkergiebel der Nordfassade

Der Alte Jüdische Friedhof ist das letzte größere Überbleibsel des Ghettos von Prag, ein einmaliges, nahezu unverändert erhaltenes Stück Vergangenheit.

Wo heute das Kunstgewerbemuseum steht — und noch ein Stück weiter moldauwärts — erstreckte sich der neuere, nördliche Teil des Friedhofs, der um die Jahrhundertwende im Rahmen der Assanierung liquidiert wurde. Von diesem nördlichen Zipfel des Friedhofs blieb nur ein kleiner Teil erhalten, das Stück, das sich in der Nachbarschaft der Klausensynagoge befindet. Dennoch ist der Alte Prager Jüdische Friedhof der größte und einzige noch gut erhaltene in Europa. Die beiden älteren Friedhöfe — in Worms und in Frankfurt a. M., wo die Juden seit dem 13. Jahrhundert ihre Toten bestatteten — wurden von den Nationalsozialisten vernichtet.

Vermutlich begann man im vierten Jahrzehnt des 15. Jahrhunderts auf dem Alten Prager Friedhof mit Beerdigungen. Es ist nicht der älteste Prager Friedhof. Der unter Wladislaw Jagiello im 15. Jahrhundert geschlossene „Judengarten" in der Prager Neustadt war älter. Seit 1440 beerdigte man auf beiden Friedhöfen, und vielleicht befinden sich aus diesem Grund auf dem Alten Jüdischen Friedhof nur dreizehn Grabsteine aus dem 15. Jahrhundert. Der älteste Grabstein aus dem Jahre 1439 bedeckt das Grab von Rabbi Abigdor Kara. In der ältesten beglaubigten Nachricht über den Friedhof heißt es, daß „... die Ältesten und die ganze Judengemeinde ein Haus mit Gartengelände neben dem Hampas erwarben, das neben dem Judengarten steht, wo jetzt begraben wird." Die Nachricht stammt aus dem Jahre 1440, demnach muß damals schon ein Teil des Friedhofs im Besitz der Gemeinde gewesen sein. Der Friedhof wurde später einige Male durch den Ankauf weiterer Gärten am Moldauufer erweitert. Auf dem sogenannten „Kreuzherren-Plan" aus der Mitte des 17. Jahrhunderts hat der Alte Friedhof schon das gleiche Ausmaß wie zur Zeit der Assanierung. Vor der Liquidation seines nordwestlichen Teiles wurden die Grabsteine und die Gebeine in den restlichen Teil des Friedhofs gebracht. Die Gebeine wurden dann im Nefele-Hügel bei der

Klausensynagoge begraben und die Grabsteine im verbliebenen Raum des nordwestlichen Teiles des Friedhofs aufgeschichtet. Zu weiteren Veränderungen im Areal des Friedhofs sollte es zum Glück nicht mehr kommen. Sein verkleinertes Gelände wurde 1911 mit einer von Architekt Bohumil Hybšman entworfenen Mauer umgeben. [1] Auf dem Alten Jüdischen Friedhof beerdigte man bis zum Jahre 1787, später durften laut Erlaß Joseph II. innerhalb der Stadt keine Begräbnisse mehr stattfinden.

Bei der Besichtigung des Alten Jüdischen Friedhofs fällt auf, daß auch die ältesten Grabsteine nicht im spätgotischen Stil gehalten sind, obgleich sie zu einer Zeit entstanden, in der diese Formgebung üblich war. Mit dem ältesten Grabstein angefangen, dem des Rabbi Abigdor Kara, findet man nur einen einzigen, vom 15. ins 16. Jahrhundert übergehenden Typus. Es handelt sich um eine Stele, von einem flachen Vorsprung gerahmt, so daß die Fläche für die Inschrift zurücktritt. Auf dem Horizontalen oberen Abschnitt der Umrahmung befindet sich die Überschrift, die zumeist den Namen und gegebenenfalls auch die Titel des Verstorbenen enthält. Alle Grabsteine aus dem 15. Jahrhundert und die meisten aus dem 16. Jahrhundert sind aus feinkörnigem Sandstein gehauen, der mit der Zeit nahezu schwarz wird. Die Schrift ist eingemeißelt. Die Fragmente der aus dem Neu-

städter Judengarten überführten und in die Stützmauer des Nefele-Hügels eingesetzten Grabsteine legen Zeugnis vom Alter dieses Grabsteintypus ab. Ihm ähneln einige Grabsteine in Worms vom Ende des 13. und Anfang des 14. Jahrhunderts, die man heute nur mehr aus einigen wenigen Publikationen und Abbildungen vor der Machtergreifung der Nationalsozialisten kennt. Die Stelen auf dem Prager Friedhof sind vor allem zweckdienlich. Das Wichtigste ist die Fläche, die die Inschrift trägt, der vorspringende Rahmen sollte sie vor dem Regenwasser schützen.

Erst um die Hälfte des 16. Jahrhunderts beginnt sich der traditionelle Typus allmählich zu verändern. Die längliche Form der Stele bleibt erhalten. Die Schrift aber ist nicht mehr eingemeißelt sondern tritt erhaben als Relief hervor. Neben feinkörnigem Sandstein wird nun auch Marmor aus Sliwenetz (Slivenec) bei Prag verwendet. Luft, Wasser und Sonne bleichen seine ursprünglich braunrote Farbe zu einem matten Rosa, aber schwarz wird er nicht. In der zweiten Hälfte des 16. Jahrhunderts werden die Grabsteine reicher gegliedert und mit Reliefs geschmückt. Das obere Feld mit der Aufschrift ist zum Beispiel mit einem halbkreisförmigen Bogen versehen, der eine flache Arkade bildet. Bei manchen Grabsteinen, auf denen sich zwei Aufschriften befinden, gibt es gekuppelte Arkaden. Auch bei einfachen Grabsteinen ist die vorspringende Umrahmung durch eine typische Renaissance-Profilierung von der der Inschrift vorbehaltenen Fläche getrennt. Auch vereinfachte Kartuschenmotive tauchen auf sowie Embleme wie Davidstern oder Weintraube. Die Zwickel zwischen der halbkreisförmigen Arkade und der rechteckigen Umrahmung der Stele sind mit typischen Eckblättern der Renaissance ausgefüllt. Der obere Balken ist häufig in der Form eines flachen Tympanons gestaltet, entweder dreieckig oder als Kreissegment. Diese Stilabwandlungen sind zwar häufig, aber neben Stelen, die dem Stil der Zeit entsprechen, stehen vollkommen konservative Grabsteine, die zur gleichen Zeit verfertigt wurden.

Zu Beginn der achtziger Jahre des 16. Jahrhunderts kann man häufiger Symbole antreffen, vor allem die Kanne auf Grabsteinen der dem Levitenstamm angehörenden Männer — zuerst auf dem Grabstein des Ascher-ha-Levi aus dem Jahre 1581. Den im Segengestus erhobenen Händen, dem Symbol des Priestergeschlechts der Kohanim (Kohen pl. Kohanim), begegnet man zuerst auf dem Grabstein des Levi-Kohen ben Alexander aus dem Jahre 1585. In den achtziger Jahren hat sich der Renaissancestil durchgesetzt. Die Stelen sind häufig mit einem dreieckigen Tympanon oder mit einem in Voluten gerollten Schild abgeschlossen; mitunter auch mit einem gesprengten Vorsprung mit S-förmig geschweiften Flügeln. Die Fläche mit der Inschrift ist mit vorwiegend im Relief angedeuteten Halbsäulchen oder Pilastern gerahmt. Gegen Ende des 16. Jahrhunderts erscheinen häufiger Elemente der zeitgenössischen Ornamentik. Nicht selten ist die Ausgestaltung des Grabsteines sehr mannigfaltig. Die gesprengten Giebel sind mit Pinienzapfen, Früchtefestons, Medaillons und Kartuschen geziert. Die reliefierten Halbsäulen unterstreichen die architektonische Struktur des Grabmals. Es gibt nun auch mehr Embleme, die sich nicht nur auf den Stamm — der Leviten oder der Kohanim — beziehen, sondern auf den Namen des Verstorbenen oder seinen Beruf. Auf zahlreichen Grabsteinen begegnen wir dem Relief von Bären — dem Symbol des Namens Beer, oder Hirschen — beim Namen Hirsch, Fischen — bei Mitgliedern der Familie Karpeles, Löwen — bei jenen, die Löw oder Levi hießen.

Zu Beginn des 17. Jahrhunderts tauchen kostspielige Tumben auf, sie bestehen aus zwei Stelen an den Schmalseiten des Grabes und zwei seitlichen Steinplatten, das Satteldach bilden zwei weitere Platten. Diese Grabmäler waren ein Vorrecht bedeutender Persönlichkeiten des Prager Ghettos — Vorsteher und Beschützer der Gemeinde wie Mordechai Meisl, dem 1601 die erste Tumba errichtet wurde, oder geistige Führer des Judentums. Am bekanntesten ist die Tumba des Rabbi Löw aus dem Jahre 1609. Auch der Arzt, Astronom und Mathematiker Joseph del Medigo wurde 1655 mit einer kostspieligen Tumba geehrt, obgleich er nur kurze Zeit in Prag lebte und wirkte. Eine Ausnahme bildet die reich ausgestattete Tumba der Frau

119.
Blick auf den nordwestlichen Teil des Alten jüdischen Friedhofs, der bei der Assanierung des fünften Prager Stadtviertels teilweise liquidiert wurde, und auf die Klausensynagoge. A. Langweil, „Modell der Hauptstadt Prag"

Hendl Baschewi, der Gattin des Jakob Baschewi von Treuenberg, eines bekannten Finanzmagnaten des ersten Jahrzehntes des 17. Jahrhunderts und des ersten Juden, der in den Böhmischen Ländern in den Adelsstand erhoben worden war. Für das Grabmal seiner Frau konnte der Primas der Judengemeinde sich eine Form erlauben, die in der Regel nur Männern zustand.

Auch im 18. Jahrhundert setzten sich zeitgenössische Stilelemente in üppiger Ausgestaltung durch. Diese Grabsteine wurden, wie das Quellenmaterial bestätigt, von christlichen Steinmetzen gehauen, die dabei die glei-

120.
Panorama-Ansicht des Alten Jüdischen Friedhofs mit der Klausensynagoge im Hintergrund

chen Motive anwandten wie bei ihren anderen Steinarbeiten. Im 18. Jahrhundert wurden die Grabsteine fast ausnahmslos aus Marmor angefertigt. [2]/

Es ist bemerkenswert, daß man die übliche Form des jüdischen Grabsteins, eine oben halbkreisförmig abgeschlossene Stele, auf dem Alten Prager Jüdischen Friedhof nur sporadisch vorfindet. Für den jüdischen Grabstein war nicht die äußere Form das Wichtigste, obgleich sie uns heute interessant erscheint, sondern die Inschrift. Für den gewöhnlichen Besucher des Friedhofs bleiben diese Grabsteine stumm, da heute kaum je-

Die Grabschriften aus dem Mittelalter und der Renaissance enthalten in der Regel folgende Angaben: Den Namen des Verstorbenen und gewöhnlich auch den seines Vaters, eventuell auch seine Zugehörigkeit zum Priestergeschlecht der Kohanim (Kohen pl. Kohanim) oder zum Levitenstamme (Levi pl. Leviim).

Das gilt nicht für Frauen, bei denen die Zugehörigkeit zu einem Stamm oder Geschlecht nicht verzeichnet wurde. Ferner findet man (bei Männern) die Titel des Verstorbenen und gegebenenfalls auch seines Vaters, z. B. Rabbi, der gelehrte, der vornehme usw.

Im weiteren Text befinden sich lobende Epitheta und bei hervorragenden Persönlichkeiten Aufzählungen der Ämter, die sie bekleideten und ihrer Verdienste um die Gemeinde. Bei Gelehrten und bekannten Rabbinern werden ihre Schriften angeführt. Den Abschluß des Epitaphs bilden in der Regel Segnungen und Wünsche, die sich auf das Leben nach dem Tode beziehen.

Ein wichtiger Bestandteil jeder Inschrift ist das Datum, das sich bei den älteren Texten am Ende befindet. Von der zweiten Hälfte des 16. Jahrhunderts an wird zuweilen das Datum an erster Stelle angeführt, was später, von Anfang des 17. Jahrhunderts an, zur Regel wird. Diese Angaben bilden allerdings nur die Grundlage des Textes, der sich erweitert und mit Vergleichen und Bildern bereichert wird, so daß man die Grabinschriften als eine eigene Gattung der hebräischen Poesie betrachten darf.

Für die chronologische Anordnung der Inschriften ist natürlich das Datum die wichtigste Angabe. Es besteht aus der Jahreszahl, dem Namen des Monates, der Angabe des Tages im Monat und öfters auch der Angabe des Wochentages. Für die Umrechnung des Datums auf den christlichen Kalender sollte man vor allem wissen, daß die Jahre bei allen Inschriften des Alten Prager Jüdischen Friedhofs nach der alten jüdischen Zeitrechnung „seit Erschaffung der Welt" angegeben sind. Oft aber wird nicht die volle Zahl geschrieben, der zufolge die ersten Begräbnisse auf dem Alten Prager Friedhof in das Jahr 5199 fallen, sondern man wendet die sogenannte „kleine Zählung" an, bei der die Jahrtau-

121.
Fragmente von Grabsteinen aus dem „Judengarten" in der Prager Neustadt in der Stützmauer des Nefele-Hügels hinter der Klausensynagoge

mand das alte Hebräisch lesen kann. Das Lesen eines Textes ohne Interpunktion ist auch für Juden, die die Grundlagen der hebräischen Sprache beherrschen, ungemein schwierig. Deshalb wollen wir uns mit den Inschriften auf den Grabsteinen des Alten Friedhofs näher befassen.

sende ausgelassen und lediglich die Jahrhunderte berücksichtigt werden. Das Hebräische besitzt keine besonderen Zeichen für Zahlen, daher werden sie in Buchstaben des hebräischen Alphabets ausgedrückt. Das jüdische Normaljahr hat 12 Monate von 29 oder 30 Tagen. Es ist ein sogenanntes Mondjahr, das um etwa 11 Tage kürzer ist als das Sonnenjahr. Da jedoch die jüdischen Feste an bestimmte Jahreszeiten gebunden sind — Pessah (Ostern) zum Beispiel muß in den Frühling und Sukkot (Laubhüttenfest) in den Herbst fallen, wurden zum Ausgleich dieser Differenzen Schaltjahre von 13 Monaten eingerichtet — ein Zyklus von 19 Jahren enthält 7 Schaltjahre.

Das jüdische Jahr hat zwei Anfänge, einen im Frühjahr und einen im Herbst. Die Monate zählt man vom Frühjahr, das synagogale Jahr hingegen vom Herbst, beginnend mit dem 7. Monat, der auch die Jahreszahl bestimmt. Der Beginn des Synagogenjahres ist im Vergleich zum christlichen Kalender variabel, sein erster Monat — „Tischri" — hat 30 Tage und kann vom 4. September bis zum 5. Oktober anfangen. Auch alle anderen Monate haben einen veränderlichen Anfang. Der dreizehnte Monat der Schaltjahre, der dem Monat „Adar" folgt und „II. Adar" (Adar scheni oder We Adar) heißt, kann nur in den März fallen und hat stets 29 Tage. Ihm folgt der erste Frühlingsmonat „Nisan", der im März oder im April anfängt.

Für das Synagogaljahr gilt die Vorschrift, daß bestimmte Festtage nicht auf gewisse Wochentage fallen dürfen. So darf zum Beispiel der Versöhnungstag (Jom Kippur) nicht auf einen Freitag oder Sonntag fallen, da es an zwei aufeinanderfolgenden Feiertagen nicht möglich wäre, die Toten zu beerdigen. Der Tag des „Grossen Hoschana", der siebente Tag des Laubhüttenfestes, darf nicht auf einen Samstag fallen. Deshalb wird der Kalender dergestalt reguliert, daß die zwei Herbstmonate „Cheschwan" und „Kislev" 29 oder 30 Tage haben können. Auf Grund dieser Regulierung sind sieben Möglichkeiten des Kalenders für das Normaljahr und sieben für das Schaltjahr gegeben. Daraus geht hervor, daß die Angabe des Wochentages neben dem Monatsdatum von außerordentlicher Bedeu-

122.
Grabstein des Menachem, Sohn des Mosche, datiert 1529. Unten ist — vermutlich zum ersten Male in Europa — der Davidstern eingemeißelt

149

123.
Grabstein des Ahron Meschullam, Sohn des Jeschaja ha-Levi Horowitz, genannt Salman Munka, datiert 1545

tung ist. Für die Wochentage hat das Hebräische keine eigenen Namen. Sie werden mit Ordnungszahlen bezeichnet. Der erste Tag ist der Sonntag, der siebente der Samstag, der gewöhnlich „heiliger Sabbat" genannt wird. Ein vollständig angeführtes Datum lautet zum Beispiel: den vierten Tag der Woche (Mittwoch), den 2. Nisan des Jahres 303 nach der kleinen Zählung. Eine besondere Erwäh-

nung verdienen Fälle, in deren die Jahreszahl nicht in der üblichen Folge hebräischer Buchstaben als Zahlen angegeben ist, sondern durch ein sogenanntes Chronostichon, wo die Summe der hervorgehobenen Buchstaben bei einem oder mehreren Wörtern die Jahreszahl ergibt, so wie bei den römischen Zahlzeichen in lateinischen Inschriften.

Die genaue Angabe des Todesdatums hatte den praktischen Zweck, späteren Generationen zu ermöglichen, die für das Seelenheil des Verstorbenen zu verrichtenden Gebete am Tag des Ablebens, dem „Jahrzeittage", rezitieren zu lassen. Gleichfalls eine praktische Bedeutung hatte die Angabe der Zugehörigkeit zum Levitenstamm oder der Priesterfamilie in einer Zeit, wo es noch keine Personen-Standesregister gab. Beim Schreiben der Ehekontrakte oder der Scheidebriefe war man vielfach auf die Grabsteine als einzige verläßliche Quelle angewiesen. In der Veränderung der Namen auf den Epitaphen kann man eine Entwickung beobachten, die der Entwicklung der christlichen Namensschreibung ähnelt. Bis zu einer bestimmten Zeit wurde bloß der Name des Verstorbenen angegeben, eventuell näher bezeichnet durch Beifügung des Namens des Vaters. Zum Beispiel: Joseph ben (Sohn des) Jechiel auf einem Grabstein aus dem Jahre 1539. Bei Frauen wird gewöhnlich der Name des Gatten hinzugefügt und im Text der Inschrift auch der Name des Vaters. Später wurden beide Angaben in der Aufschrift vereinigt, zum Beispiel auf einem Grabstein von 1540: „Rechlein, Tochter des Jakob des Priesters, Gattin des Salman Meisl." Es gibt auch Fälle, wo Vor- und Zuname angeführt werden, vor allem auf den Grabsteinen der Mitglieder alter jüdischer Familien wie Kara, Margalit oder Epstein. Neben diesen Familiennamen gibt es auch Familienbezeichnungen nach dem Ursprungs- oder Wohnort, aus denen dann eine Reihe häufiger jüdischer Zunamen entstand [Horowitz (Hořovský, aus Hořovice), Brandeis (aus Brandeis, Brandýs), Tausig (aus Taus, Domažlice) usw.]. Manche dieser Namen sind entstellt, wie z. B. der Name Bumsl oder Bunzl, aus Bunzlau, tschechisch Boleslav. Dafür, daß diese Bezeichnungen ursprünglich als Herkunftsnamen aufgefaßt wurden, spricht der Umstand, daß vor ihnen häufig das Wort „isch" (Mann) steht, wie z. B. „Ahron Meschullam, Sohn des Jeschaja des Leviten, eines Mannes (aus) Horowitz". Neben den Bezeichnungen böhmischer Ortschaften findet man auch solche deutscher oder polnischer Provenienz.

Bei den Prager Grabinschriften begegnet man auch Namen, die durch den Genitiv des Namens eines Vorfahren gebildet wurden, wie zum Beispiel: Jizchak, Sohn des Abraham Schlojmls — des Sohns des Schalom, oder Jeschaja Paltiels — Sohn des Paltiel. Manche Zunamen sind aus dem Genitiv der Mutter oder der Gattin gebildet, z. B. Perls — Sohn oder Gatte der Perl.

Neben biblischen oder althebräischen Zunamen werden bei den Prager Inschriften auch die gebräuchlichen Namensformen hinzugefügt, oft neben der rein hebräischen Form, z. B.: Jehoschua, genannt Heschil, Jekutiel, genannt Kaufmann, Menachem, genannt Mendl. Manchmal ist die gebräuchliche Namensform in der Aufschrift angeführt und die hebräische im Epitaph, z. B. Lipman in der Aufschrift und Uri im Text. Manche der vulgären Namensformen können auch mehreren hebräischen Namen entsprechen. Der Umgangsname Salman kann sowohl für den Namen Meschullam als auch für Schelomo stehen, Gumprecht kann den hebräischen Namen Ephraim, Jakob und Mordechai entsprechen. Die Vulgärform ist mitunter von dem ursprünglichen hebräischen Namen so weit entfernt, daß sich ein Zusammenhang nicht erkennen läßt. Da ist zum Beispiel Kecel als Äquivalent des Namens Mosche, Karpl für Natan u. dgl.

Mit dem Beruf hängen hebräische Bezeichnungen wie „Chasan" (Vorbeter), „Schammasch" (Schuldiener oder Schulklopfer), „Schochet" (Schächter), „Rofe" (Arzt oder Bader), „Kazzab" (Fleischer) zusammen. Familiennamen sind aus diesen Bezeichnungen nicht entstanden. Sie entwickelten sich aus der Berufsbezeichnung in tschechischer oder deutscher Sprache, wie der Name Goldschmied neben dem hebräischen Coref.

Es gab auch Namen, die aus Abkürzungen gebildet wurden. Der Name Reach, hebräisch geschrieben R' J' Ch, ist eine Kürzung der

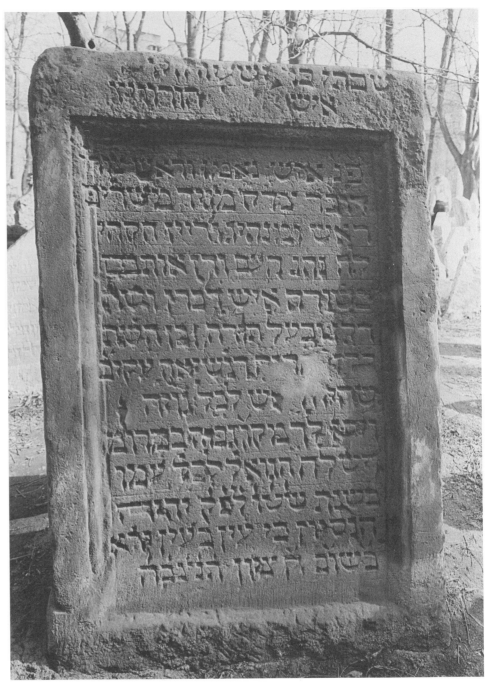

Wörter Rabbi Jizchak Chasan; der Name Remad ist eine Kürzung der Wörter Rabbi Mosche Dajjan. Diese aus Abkürzungen bestehenden Namen begann man vor allem im 19. Jahrhundert zu gebrauchen.

Die weiblichen Vornamen waren wie die männlichen biblischen oder althebräischen Ursprungs. Hierher gehören Namen wie Chawa (Eva), Sara, Riwka, Rachel, Lea, Es-

124.
Grabstein des Schabbataj, Sohn des Jeschaja ha-Levi Horowitz, 1554 oder 1555

151

125.
Der Alte jüdische Friedhof im Frühling, Gesamtansicht in südöstlicher Richtung

ter, Dina, Channa, Jochebed oder Judit. Daneben gibt es eine ganze Reihe Namen volkstümlicher Herkunft. Sie bezeichnen gute Eigenschaften oder gutes Aussehen wie Ejdl oder Gutl (tschechisch Dobříš, Líba, was vielleicht mit Libuše zusammenhängt), oder Na-

men wie Braundl, Schöndl, Zartl. Beliebt waren auch von der Natur abgeleitete Namen wie Blümel, Rosel, Hendl, Vögele, Pawa (Pfau) und vielleicht auch Peierl (Perle). Kröndl mag eine biblische Reminiszenz sein. Die Etymologie einiger Namen, z. B. Tuna,

Jentl, Lipet, Kauna und Mascha ist unklar, Michla ist vermutlich von Michael abgeleitet, Jutl und Jitl sind anscheinend Diminutiva von Judit, Rikl von Riwka, Rechlein von Rachel.

Die Bezeichnungen „ha-Levi" „ha-Kohen" bestätigten ursprünglich lediglich die Zugehörigkeit zur Priesterfamilie der Aharoniden oder zum Stamme Levi. Die Abkürzung K' Z' (Kohen zedek — Priester der Gerechtigkeit) und SG' L' (Segan Leviim — Fürst der Leviten), wurden nur bei besonders hervorragenden Persönlichkeiten verwendet.

126.
Grabstein des Märtyrers Rabbi Chajjim, Sohn des Rabbi Jizchak Kohen, 1576. Die reliefierte Inschrift ist mit Kartuschenmotiven gerahmt

nung des Kürzels SG' L' finden wir erst 1582 bei Ascher, Vater des verstorbenen Alexander. Übrigens ist auf dieser Stelle zum ersten mal das Zeichen für levitische Abstammung, die Levitenkanne, dargestellt. Die Bezeichnung K' Z' ist häufiger anzutreffen, wohl weil ein „Priester der Gerechtigkeit" nicht so selten war wie ein „Vorsteher" oder gar „Fürst der Leviten". Der Bezeichnung K' Z' begegnen wir in Prag zum ersten Mal im Epitaph des „David, Sohn des Juda K' Z'". Es trägt das Datum 1532.

Neben ihrem jüdischen, im Ghetto verwendeten Namen, besaßen die Prager Juden des 16. Jahrhunderts noch einen anderen Namen für den Verkehr mit Ämtern. Die Identifizierung dieser Namen, wie man sie zum Beispiel in der „Beschreibung der Prager Juden" von 1546 findet, ist dadurch erschwert, daß die amtlichen Bezeichnungen häufig überhaupt nicht mit jenen der Grabmäler zusammenhängen. Am einfachsten ist die Identifikation bei Namen wie Tausk, Dilka, Anav, Hankls, Epstein. Bestätigt scheinen die folgenden Identifikationen: Munka ist Horowitz, Vokatý bedeutet Kohen, Kokeš ist mitunter Paltiels, Hoschek ist Jehoschua oder Heschel. Freilich ist manche dieser Zuweisungen hypothetisch und wird es wohl noch lange bleiben.

Eine wichtige Rolle spielt im Epitaph der Titel des Verstorbenen, vor allem, wenn er männlichen Geschlechts war. Hier gilt, wie in der christlichen Welt, daß die ältere Zeit in dieser Hinsicht bescheidener war, denn die Titel hatten noch ihre volle Bedeutung, während sie im Laufe der Zeit kaum mehr als eine Formalität darstellten. Die Titel waren Ausdruck einer gesellschaftlichen Gliederung innerhalb des Ghettos, deshalb ist zum näheren Verständnis der Epitaphe eine gewisse Kenntnis der jüdischen Titulatur unerläßlich.

Am häufigsten begegnen wir dem Titel Rabbi in der Abkürzung „r". Er verlor seine aus talmudischer Zeit stammende Bedeutung des approbierten Gelehrten, Meisters und Lehrers schon lange bevor man ihn in den ersten Grabstein des Alten Jüdischen Friedhofs meißelte. Damals wurde dieser Titel schon jedem verliehen, der eine gewisse rabbinische Bildung besaß. Noch später wurde er zur bloßen Respektbezeichnung im Sinne des

In Worms begegnen wir dem Kürzel SG' L' zum ersten Male im Jahre 1427, das Kürzel K' Z' tritt 1481 in Frankfurt auf. In Prag wurde die Abkürzung SG' L' zum ersten Mal auf den Grabstein von Rabbi Schimmon Stang geschrieben. Bei den anderen Leviten findet man durchwegs die Bezeichnung ha-Levi. Eine weitere verläßlich datierte Erwäh-

Wortes „Herr". Oft steckt der Titel „Rabbi" auch im Worte „Bar", was auf aramäisch das hebräische Wort „Ben" (Sohn) bedeutet. Das Wort Bar (Abkürzung BR) kann nämlich als Baren Rabbi gelesen werden, also als „Sohn des Rabbi", allerdings nur dann, wenn der Namen des Vaters unmittelbar hinter dem Worte Bar steht.

Da der Titel Rabbi im 14. und im 15. Jahrhundert seine ursprüngliche Bedeutung eingebüßt hatte, mußten Personen, denen der Titel eines Meisters und Lehrers tatsächlich zustand, anders bezeichnet werden. So entstand der Titel h' r' r, eigentlich das Kürzel für Ha-Rab Rabbi oder Ha-Rab Rabbenu (der Lehrer, Rabbi, oder der Lehrer, unser Rabbi). Am wichtigsten war der Titel m' h' r' r für Morenu Ha-Rab Rabbi (unser Herr, der Lehrer, der Rabbi), der auf den Prager Grabschriften nur bei Personen üblich war, die tatsächlich das Amt eines Rabbiners oder eines Dajjan (Richter—Mitglied des rabbinischen Gerichtshofs) bekleidet hatten.

Weniger wichtig war der später angewendete Titel k' h' r' r — Kebod Ha-Rab Rabbenu (Ehren, der Rabbi, unser Rabbi), der so wie der schon erwähnte Titel h' r' r im Laufe der Zeit zu einer bloßen Respektsbezeichnung für Personen geworden war, die über eine gewisse rabbinische Bildung verfügten. Der Titel k' m' r' — Kebod Ma' alat Rabbi (Ehren, erhabener Rabbi) war in späteren Zeiten der niedrigste Titel, er stand Personen ohne rabbinische Bildung zu und entsprach etwa unserem „Herr". Für Personen, die ein rabbinisches Amt bekleideten, kam später noch der Titel m' o' h' — Morenu Ha-Rab (unser Lehrer, der Rabbi) hinzu.

Der wirkliche Rabbiner, der später Oberrabbiner genannt wurde, besaß den Titel „Vater des Gerichtshofs" (Ab Bet Din), da er der Vorsitzende des rabbinischen Gerichtshofs war, der aus den Richtern (Dajjanim) bestand. Bei manchen Rabbinern wurde noch ein besonderer Ehrentitel „Gaon" hinzugefügt, ursprünglich der Titel der Rektoren der alten babylonischen Talmudschulen, der später hervorragenden Vertretern rabbinischer Wissenschaft zukam. In einigen Inschriften trifft man bei Gelehrten auch die Bezeichnung „Chaber" (Gefährte, Genosse) an. Im talmudischen Zeitalter bildeten die Chaberim eine besondere Gruppe im Gegensatz zum gewöhnlichen einfachen Volk „Am ha-Arez". Später verstand man unter Chaber den gebildeten, gelehrten Menschen im Gegensatz zum unwissenden, ungebildeten Am ha-Arez. Bei den Prager Inschriften erscheint

127.
Grabstein der Frau Schöndl. Gattin des Rabbi Gabriel aus dem Jahre 1583. Die typische Renaissance-Stele wurde lange in das Jahr 979 gesetzt. Die Jahreszahl war gefälscht worden, um den Friedhof älter erscheinen zu lassen.

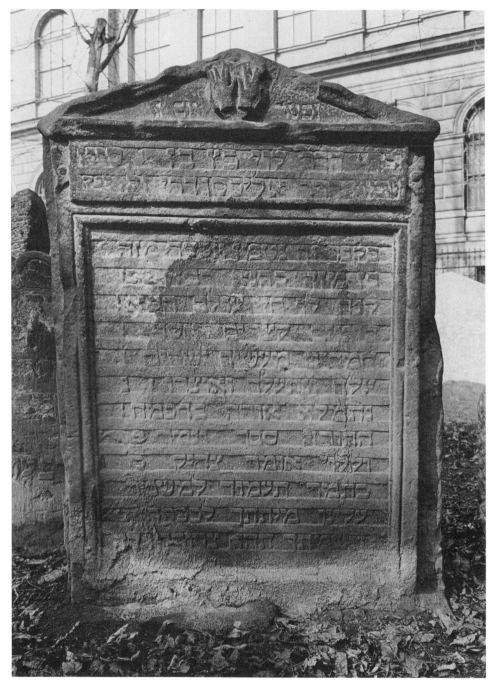

128.
Grabstein des Levi Kohen, Sohn des Alexander, von 1585. Hier erscheinen zum ersten Mal auf dem Alten Jüdischen Friedhof die im Segensgestus erhobenen Hände der Kohanim als ein Wahrzeichen des Priestergeschlechts

fürsten; so wurden Personen tituliert, die in der Gemeinde eine wichtige Rolle spielten, aber nicht unbedingt Schriftgelehrte sein mußten.

Außerdem findet man auf den Grabsteinen Titel, die öffentlichen Funktionen in der Gemeinde entsprechen. Da gibt es die Bezeichnung „Gabbaj" (Vorsteher) die auf den Prager Epitaphen auch Vorsteher der Almosenkasse bedeutet. Ferner wurde der Titel „Rosch" (Haupt) im Sinne von Gemeindevorsteher gebraucht. Ein besonderer Ehrentitel ist „Parnas". Sein Träger sorgt für das Wohlergehen der Gemeinde.

Einen niedrigen, aber keineswegs unwichtigen Platz im Leben der Gemeinde nahm der „Schammasch", volkstümlich „Schammes" (Diener für allseitige Verwendung, vor allem aber Synagogendiener) ein. Der Schammasch war zunächst Vertrauensmann der Synagogenbesucher und versah auch gewisse amtliche Funktionen. In den Stadtbüchern wird in den Eintragungen, die Verhandlungen über Immobilien betreffen, neben den Gemeindeältesten auch der stets anwesende Synagogendiener genannt. Neben Schammaschim, die in unterschiedlichen Synagogen als Tempeldiener wirkten, gab es auch Schammaschim bei den rabbinischen Gerichtshöfen, von denen seit dem 17. Jahrhundert in Prag mehrere mit unterschiedlicher Kompetenz saßen. Später hatte auch der Oberrabbiner seinen Schammasch.

Eine besondere Stellung nahmen die Schammaschim in der 1564 neu organisierten Beerdigungsbruderschaft „Chewra Kadischa" ein, in die sie immer auf drei Jahre gewählt wurden. Sie verwalteten oft beträchtliche Werte, namentlich dann, wenn die Hinterbliebenen nicht genügend Barmittel für die Beerdigung und das Grab besaßen und daher Wertgegenstände als Pfand geben mußten, die bei den Schammaschim deponiert wurden. Diese Pfänder wurden entweder eingelöst oder nach einiger Zeit zu Gunsten der Beerdigungsbruderschaft versteigert. Das ist durch Eintragungen in den Kassabüchern der Chewra Kadischa aus den Jahren 1701 bis 1713 belegt. Der Schammasch verwaltete auch, sofern der Verstorbene keine direkten Erben hatte, seine Hinterlassenschaft, bevor

die Bezeichnung „Chaber" ziemlich selten und stets im Sinne von „Gelehrter". Später wurde dieser Titel als besondere Auszeichnung vom amtierenden Rabbiner verliehen, der darüber eine schriftliche Bestätigung ausstellte.

Die Titel „Aluf" oder „Qazin" entsprechen dem biblischen Begriff eines Stammes-

sie im Rathaus deponiert wurde. Der Schammasch nahm tatsächlich eine Vertrauensstellung ein, die in seinem Epitaph oft betont wurde.

Schließlich begegnen wir in den Prager Epitaphen noch dem Ausdruck „Kadosch" (der Heilige), ursprünglich Ehrentitel der Märtyrer, die „zur Heiligung des göttlichen Namens" ihr Leben dahingaben. Diesen Titel treffen wir erst in der zweiten Hälfte des 14. Jahrhunderts an. Auch er verlor später seine ursprüngliche Bedeutung und wurde bei allen Personen angewandt, die keines natürlichen Todes gestorben waren, da ein solcher Tod als eine Art Opfer der Versöhnung galt. Bei jenen, die den Märtyrertod gestorben waren, wurde im Epitaph der Satz „Der Herr räche sein Blut!" hinzugefügt.

Für Frauen gab es bloß einen einzigen Titel — „Marat" (Frau). Seine aramäische Form „Marta" ist ein noch heute verbreiteter Vorname. Die einzige Ausnahme bildet der Titel „Rabbanit" (Rabbinin). Man trifft ihn nur bei Gattinnen von Rabbinern oder Dajjanim und vereinzelt bei Töchtern von Rabbinern an.

Die Eulogie, der Segenswunsch, ist ein Bestandteil jedes hebräischen Epitaphs. In Prag finden wir am häufigsten: „Sein (ihr) Andenken zum Segen." Seltener kann man den Satz aus den Biblischen Sprüchen 10, 7 lesen: „Das Andenken des Gerechten zum Segen." Für beide Eulogien gibt es die üblichen Abkürzungen: s' l' (Sichrono Li-beracha) oder die zweite s' z' l' (Secher Zadik Li-beracha). Diese Segenssprüche sind auf den Prager Grabsteinen erst seit 1490 anzutreffen.

Neben solchen einfachen Formulierungen begegnet man mitunter auch erweiterten Formen wie: „Sein Andenken zum Leben in der künftigen Welt." Die Abkürzung s' z' l' h' h' besteht aus den Anfangsbuchstaben des hebräischen Textes Secher Zadik-chajje Ha-olam Ha-ba. Oder auch: „Das Andenken des Gerechten sei zum Segen, zum Leben der zukünftigen Welt" was mit der Abkürzung s' z' l' h' h' (Secher Zadik Li-beracha Le-chajje Ha-olam Ha-ba) ausgedrückt wird.

Auf den Grabmälern des Alten Prager Friedhofs kann man auch neben den Namen Lebender Eulogien finden. Das Kürzel j' z' für „jischmerehu zuro" (sein Fels beschütze ihn)

ist häufig anzutreffen. Das Wort Fels steht hier für die biblische Bezeichnung Gottes. Solche Eulogien für Lebende gibt es eine ganze Reihe, man begegnet ihnen vornehmlich in Epitaphen jüngeren Datums.

Eulogien, die Segenswünsche für das Fortleben der Seele nach dem Tode enthalten, sind besonders charakteristisch für die Prager

129.
Grabmal des Mosche, Sohn des Rabbi Jakob und seiner Gattin Kresl, datiert 1585. Einer der ziemlich häufigen „doppelten" Grabsteine

Inschriften. Am häufigsten begegnen wir der Formel: „Seine Seele sei eingebunden im Bunde des Lebens" (Tehe Navscho Zerura Bizeror Ha-chajjim), abgekürzt t' n' z' b' h'. Diese Abkürzung kann man heute noch auf jüdischen Grabsteinen finden, auch dann, wenn der Text nicht auf hebräisch, sondern auf tschechisch geschrieben ist. Die Worte sind dem ersten Buch Samuel 25, 29 entnommen und befinden sich neben dem Datum meist am Ende der Inschrift. Nur selten werden sie voll ausgeschrieben. Früher wurde diese Eulogie noch mit den mehrmals wiederholten Worten „Amen" oder „Sela" beendet. Mitunter kann man diese Eulogie auch in erweiterter Form antreffen: „Mit allen Seelen der Reinen sei seine Seele eingebunden im Bunde des Lebens bei dem Herrn, dem Gott des Himmels." Seltener ist „Seine Seele erwerbe sich das Leben in Ewigkeit". Oder auch: „Seiner Seele sei gedacht in der kommenden Welt." Bei durch ihre Frömmigkeit bekannten Personen findet man Eulogien allgemeiner Formulierung wie: „Ihr Tod sei eine Sühne für ganz Jisrael", oder „... sein Tod sei eine Sühne aller Verfehlungen."

Aus allen diesen Eulogien spricht der feste Glaube an die Fortdauer des Lebens nach dem Tode. Hoffnungslosigkeit und Trauer begegnet man seltener: „Wehe über die, die verloren gingen und nicht zu finden sind auf der Erde!" oder „Wehe dem Tage, da er vorzeitig starb!" Aber auch diese Klagen sind keineswegs als Zweifel an der Fortdauer des Lebens in der Ewigkeit zu verstehen, aus ihnen spricht nur der Schmerz über den irdischen Verlust. Die Inschriften auf den Grabmälern der Märtyrer hingegen rufen nach Rache: „Der Herr räche sein Blut!". Oder: „Der Gott der Vergeltung räche es an ihnen!"

Freilich findet man in den Epitaphen auch Aussprüche, die sich auf Tod und Begräbnis beziehen. Das Bestreben, für die letzten Dinge des Menschen möglichst euphemistische Formulierungen zu finden, fand hier in mannigfaltigen Synonymen seinen Niederschlag. Die biblischen Ausdrücke „Met" und „Gava" für den Begriff des Todes und des Begrabenwerdens treten in den Prager Inschriften selten auf. Am häufigsten werden sie mit dem Wort „niftar" umschrieben, es

heißt soviel wie „er ging fort" oder „er begab sich fort' mit dem Zusatz „in seine Welt". Vereinzelt sind die Formulierungen: „Er ward hingenommen" — „... und er ward eingesammelt zu seinem Volke." Häufig wird der Tod aufgefaßt, als sei die Seele irgendwohin fortgegangen: „Seine Seele ging von dannen in Heiligkeit und Reinheit". Oder poetischer

130.
Grabmal des Mordechai Meisl von 1601, die erste auf dem Alten Friedhof errichtete Tumba

131.
Grabmal der ersten jüdischen Schriftstellerin Riwka, Tochter des Rabbi Meir Tikotin, datiert 1605

132.
Grabstein des Chronisten und
Astronomen David Gans,
datiert 1613

133.
Grabmal des Hohen Rabbi
Jehuda Löw ben Bezalel und
seiner Gattin Perl, datiert 1609.
Es ist das berühmteste Grabmal
des Alten Jüdischen Friedhofs.

„Ihre Seelen stiegen empor in die Wohnsitze der Höhen" — „Seine Seele kehrte zurück zum Herrn". Vereinzelt die Wendungen: „Sie ward zur lebenden Seele" — „Seine Seele sank hin zum Staube" — „... der seine Seele übergab in die Hand Gottes, der in den Höhen thront".

Andere euphemistische Texte betonen das höhere Leben nach dem Tode gegenüber dem irdischen Lebensweg: „Er stieg empor zu der Höhe der Gewaltigen" — „Und er stieg empor, um sein Volk zu verteidigen" — „Er ging ein in die kommende Welt" — „Er ging dahin in die Ruhestätte der Gesicherten" — „In seine Ruhestätte ging er ein". Dazu gehören auch Aussprüche, in denen Gott als Richter „der sein Licht auslöschte" dargestellt wird. Oder: „Zu sich nahm ihn er, der da thront in seinen Wohnungen" — „... und es nahm sie zu sich der König des Friedens."

Die Inschriften auf den Grabmälern der Gelehrten weisen oft auf die Achtung hin, die ihnen entgegengebracht worden war — „Entrückt ward er zur Lehrversammlung der Höhen", heißt es dort.

Jüngeren Datums auf dem Prager Friedhof ist das häufig anzutreffende Zitat des Propheten Jeremias 9, 20: „Der Tod ist zu unseren Fenstern hereingefallen."

Charakteristisch für die Prager Inschriften sind auch folgende Redewendungen: „Er ging zu seinem Herrn, und uns und ganz Jisrael ließ er Leben zurück" — „Sie hinterließ den Söhnen ihres Volkes das Leben" — „... und hinterließ dem gesamten Jisrael Fröhlichkeit, Freude und Jubel". Voll Trauer aber ist der Satz: „Verschwunden ist ihr Glanz und ihre Pracht" und „Die Schönheit ging dahin, es fiel die Krone".

Die auf Begräbnis und Grab bezogenen Sätze sind bei weitem nicht so reichhaltig. Man findet hier eine alte biblische Bezeichnung, die Begräbnis und Grab zugleich bedeutet. Daneben trifft man auch euphemistische Ausdrücke wie unter den Grabstein „verbergen" oder „verdecken" an. Seltener ist schon der biblische Ausdruck: „Zeuge ist dieser Steinhaufe und Zeuge das Denkmal". Äußerst selten heißt es ganz einfach: „Der Stein ward errichtet zu Häupten des..." eine Wendung, die typisch ist für die Inschriften des jüdischen Friedhofs in Frankfurt a. M. Überhaupt sind im Vergleich zu den Inschriften der zeitgenössischen Friedhöfe in Worms und in Frankfurt die Prager Texte viel reichhaltiger.

Den größten Raum in den Prager Epitaphen nimmt die Lobpreisung der guten Eigenschaften und Werke des Verstorbenen ein. Die lebenden Epitheta für Männer un-

terschieden sich freilich von den Eigenschaften, die man bei Frauen hochschätzte. Bei den Männern hob man Treue, Aufrichtigkeit und Ehrlichkeit hervor — vor allem im Handel — wie auch Bescheidenheit und Zuverlässigkeit. Neben den Charaktereigenschaften wurden auch Vorzüge des Intellekts gerühmt: Weisheit, Einsicht, Bedachtsamkeit, Klugheit und Beredsamkeit.

In vielen Redewendungen der Texte spiegelt sich das Verhältnis des Verstorbenen zu seinen Nächsten wieder: „Er war ein Mann des Friedens" — „Verhaßt waren ihm Unrecht und Lüge" — „Raub und Verheerung ward ungehört in seinem Bereiche" — „Er liebte jene, die da aufrichtig sind."

Neben der Nächstenliebe wurde häufig die Wohltätigkeit hervorgehoben: „Ein Mann, liebevoll und erbarmend war er" — „Wohltun übte er mit Jisrael" — „Dem Armen lieh er und war ihm geneigt" — „Seine Hände streckte er den Armen entgegen" — „Fremde nahm er gastfreundlich auf" — „Sein Haus war weit geöffnet und von seinem Brote gab er die Hälfte" — „Waisenkindern und Armen rief er zu: Esset von meinem Brote!"

Wohltätigkeit wird nicht nur als Äußerung menschlicher Güte betrachtet, sondern als Erfüllung eines göttlichen Gebots, sie gehört daher in die religiöse Sphäre und wird durch die Begriffe „Gottesfurcht" und „Frömmigkeit" charakterisiert. Diese Eigenschaften werden im Epitaph hervorgehoben: „Er war zu Seinem Dienste vorbereitet" — „All sein Sehen, Denken und Hoffen war gerichtet zu Gott" — „Zur Erfüllung jeglicher Gebote war er bereit" — „Den Zehent entrichtete er dem Herrn von Geld und Vermögen". In vielen Inschriften werden Innigkeit und Andacht beim Gebet und der häufige Besuch des Gotteshauses gepriesen.

Das Verhältnis der Umgebung zum Verstorbenen wird nur selten besonders hervorgehoben, wie etwa: „Im Himmel beliebt und den Menschen ein Schmuck" — „Beliebt bei denen Oben und beliebt bei denen Unten". Von biblischen Reminiszenzen gehört hierher: „Sein Name war bekannt in den Toren (des Himmels)" — „Einen guten Namen erwarb er in der Welt". Manchmal ist das Lob in eine rhetorische Frage gekleidet: „Wer zählt

seine Vorzüge auf?" — Und die negative Wertung in den Satz: „Stillschweigen ist seine Lobpreisung".

Vereinzelt wird auch die Wohlhabenheit hervorgehoben: „Seine Tage erfüllten sich in Reichtum". Auch auf die Herkunft wurde in jüngerer Zeit Gewicht gelegt: „Seine Herkunft war von Gaonim" — „Von edler Familie stammte sein Glanz". Nur einmal findet sich die Angabe: „Alle seine Tage lebte er von der Arbeit seiner Hände."

Der höchste Ruhm ist in den Inschriften des Alten Prager Friedhofs den Gelehrten vorbehalten. Zum einen wird hervorgehoben, daß der Verstorbene sich mit dem Studium der Thora befaßte: „Er setzte sich Stunden fest für das Studium der Lehre Gottes" — „In der Lehre forschte er stets ohne Abhaltung". Zum anderen wird seine profunde Kenntnis der religiösen Disziplinen gepriesen: „Bewandert war er in der Lehre, in allen Büchern der Weisheit und der Bibel" — „Er war völlig vertraut mit den sechs Ordnungen" — „Er war der Vater der Lehre, der Vater der Überlieferung" — „Forscher in der Lehre Jisraels, nach der Weisheit der Kabbala strebte er und erwählte sie." — Die Verdienste des Verstorbenen um die Verbreitung der Lehre werden besonders gerühmt: „In Jisrael verbreitete er die Lehre... Seine Schüler bildete er zu Rabbinern aus." Daraus ist ersichtlich, das derjenige, der die Studierenden unterstützte, besonderes Lob verdiente. Alle diese Eulogien entwickelten sich in der Zeit des Barock zu sehr übersteigerten Formen, wie aus einigen Textproben aus dem 17. und 18. Jahrhundert hervorgeht.

Selten wird das Aussehen des Verstorbenen erwähnt, aber manchmal findet man: „Das Bild seines Antlitzes war wie das Antlitz eines Königs" — „Ein Mann von Gestalt und hohem Wuchs". Und schließlich: „Seine Stimme war angenehm und sein Aussehen geziemend".

Die unsichere Lage der Juden in den Böhmischen Ländern brachte den Typus eines Fürsprechers der Gemeinde hervor. Diese Fürsprecher, „Schtadlan" genannt, waren Finanzleute, deren Fähigkeiten und Reichtum ihnen eine derart privilegierte Stellung bei Kaiser und Adel verschafft hatten, daß sie bei

Seite 163

134.
Der Alte Jüdische Friedhof im Sommer. Blick auf die Umgebung der Tumba von Mordechai Meisl

der Obrigkeit für ihre Glaubensgenossen eintreten konnten. Zahlreiche Epitaphe erinnern an jene Männer, die unerschrocken die Interessen Einzelner und der jüdischen Gemeinschaft verteidigten: „Er stand in der Bresche und errichtete den Zaun für jetzt und für fernerhin" — oder „Der den Zaun aufrichtete und in der Bresche stand" und „Der in der Bresche stand". Diese Worte erinnern an Verteidigungstaktik im Krieg und der „Schtadlan" war ja tatsächlich Fürsprecher und Verteidiger der hilflos Ausgelieferten.

Die Epitaphe der Frauen loben vor allem die guten Eigenschaften der Verstorbenen. Sie wird — um nur einige Epitheta herauszugreifen — als: „züchtig", „würdig", „rechtschaffen", „rein", „zuverlässig" und „hold" bezeichnet. Öfter als bei den Männern preist man ihr Äußeres: „Die Liebliche" oder „Die Schöne". Seltener wertet man die geistigen Fähigkeiten: „Eine Frau von Verstand" — „Eine Frau weisen Herzens". Manche Redewendungen sind biblische Reminiszenzen: „Die Krone des Gatten" — „Klar wie die Herrlichkeit" — „Aus dem Priesterstamme des höchsten Gottes".

Im Verhältnis zu ihren Mitmenschen wird vor allem Ehrlichkeit und Redlichkeit gepriesen: „Eine wackere Frau mit geziemenden Werken" — „Kein Gedanke an Unrecht kam in ihr Herz". Ebenso wie bei den Männern wird gerühmt: „Sie war bedacht, daß gut ihr Handel". Auch Wohltätigkeit wird gebührend erwähnt: „Wohltat übte sie im Verborgenen" oder „Almosen gab sie im Verborgenen".

Im religiösen Bereich sprechen die Epitaphe der Frauen wie die der Männer von Frömmigkeit, Gottesfurcht, Innigkeit der Gebete und dem häufigen Besuch der Synagoge. Die Beschäftigung mit der Lehre jedoch war bei Frauen eine Ausnahme. Nur einmal kann man lesen, daß die Verstorbene: „...die Frauen belehrte" und an anderer Stelle, daß sie „den Töchtern Jisraels die Festgebete erklärte".

Der spezifische Stil der Inschriften auf dem Alten Prager Jüdischen Friedhof ist verhältnismäßig leicht zu charakterisieren, obgleich man in Betracht ziehen muß, daß das epigraphische Material nicht vollständig ist. Von

den Grabsteinen, die im Laufe der Jahrhunderte hier errichtet wurden, blieb eine immerhin respektable Zahl — nahezu 12 000 — erhalten. Aber viele Inschriften waren schon im vergangenen Jahrhundert unlesbar verwittert. Mehrere Grabsteine, deren Inschriften nicht genau abgeschrieben wurden, sind

135.
Tumba der Frau Hendl, Gattin des Jakob Baschewi, von 1628. Frau Hendl war die einzige Frau, die aufgrund der Sonderstellung ihres Gatten mit einer anspruchsvollen, reich verzierten Tumba geehrt wurde.

136.
**Grabmal des Prager
Oberrabbiners Simon Wolf
Auerbach, von 1632**

Wormser und Frankfurter Epitaphen — ihre Mannigfaltigkeit charakteristisch. Es ist erstaunlich, daß sie bisher lexikographisch nicht untersucht worden sind, zweifellos wären sie ein interessantes Objekt für sprachwissenschaftliche Studien. Sie enthalten eine ganze Reihe von Wörtern und Wendungen, die sonst nirgends belegt sind und die Grundlage für das Studium der hebräischen Sprache in einer Zeitspanne von vier Jahrhunderten bildeten. In den Texten findet man zahlreiche Wendungen, die das Bestreben der Autoren zeigen, ihre Sprache der der Bibel anzugleichen. Dabei tritt mitunter ein gewisser Mangel an Sprachgefühl zutage. Biblische und andere Gleichnisse in den Text einzufügen war das Grundprinzip des sogenannten „musivischen" Stils (Mosaik), dessen Blütezeit in das 17. und 18. Jahrhundert fiel. Der Text wird mit unzähligen Reminiszenzen und Zitaten aus der biblischen Literatur verflochten. Diesen Zitaten wird entweder ihr Sinn belassen, oder sie bekommen durch kleine Veränderungen und Verschiebungen einen anderen Sinn, was häufiger der Fall ist.

Typisch für die Prager Inschriften ist die Anwendung einer metrisch gebundenen Sprache. Auch wenn die Epitaphe von echter Poesie weit entfernt sind, ähneln sie jener spanischen und italienischen hebräischen Poesie, die nach der alten arabischen Stegreifdichtung „Makame" genannt wird. Auch bei den Prager Inschriften handelt es sich oft um rhythmische Prosa. Freilich bleiben sie auf dem Niveau volkstümlicher, oft mit recht trivialen Mitteln gebildeter Reime, die sprachliche und grammatische Mängel verursachten. Künstlerisch anspruchsvollere Formen kann man nur bei einigen wenigen Inschriften beobachten, vor allem auf Grabsteinen bedeutender Persönlichkeiten des 17. und 18. Jahrhunderts.

In der ersten Hälfte des vergangenen Jahrhunderts erwachte das Interesse für die Inschriften des Alten Prager Friedhofs. Der Aktuar der Beerdigungsbruderschaft Chewra Kadischa M. Wolf Jeiteles verfertigte eine Abschrift der älteren und wichtigsten Inschriften und schuf so die Grundlage zu ihrer Drucklegung unter dem Titel „Gal Ed" (Zeuge sei dieser Steinhaufe). Die Heraus-

unauffindbar oder schon so tief in die Erde gesunken, daß die Texte (ihre Abschriften befinden sich im Staatlichen jüdischen Museum) nicht nachzuprüfen sind.

Für die Prager Inschriften des 15. bis 18. Jahrhunderts ist — im Gegensatz zu den

gabe im Jahre 1856 verdankt man seinem Schwiegersohn und Amtsnachfolger Koppelmann Lieben. Die Einleitung zu dieser Sammlung, die 170 Inschriften aus der Zeit von 1439—1787 enthält, schrieb der damalige Oberrabbiner Schelomo Jehuda Rapoport, und die Anmerkungen zu den einzelnen Inschriften verfaßte der Prager Privatgelehrte Simon Hock. Bald wurde damit begonnen — es war das Verdienst der Chewra Kadischa — die Inschriften systematisch abzuschreiben. Dieser schwierigen Aufgabe widmete sich in erster Linie David Poděbrad, ein Beamter der Vereinigung. Zur leichteren Orientierung wurde damals der Alte Jüdische Friedhof in dreizehn Abteilungen gegliedert, die mit den Buchstaben A—N bezeichnet wurden. Das Abschreiben der Inschriften wurde 1876 von Leopold M. Popper fortgesetzt, auf Initiative des damaligen Vorstehers der Chewra Kadischa M. A. Wahls. Damals wurden sogar die in die Erde eingesunkenen Stelen ausgegraben, damit auch ihre Texte entziffert werden konnten. Alle diese Abschriften sind in handgeschrieben Heften erhalten geblieben und befinden sich im Archiv der Chewra Kadischa, das heute im Staatlichen Jüdischen Museum deponiert ist. Gedruckt wurden sie nicht, aber sie bildeten die Grundlage des Buches „Die Familien Prags" von Simon Hock, die David Kaufmann aus dem Nachlaß des Autors 1892 in Bratislava herausgab. Von den 11 653 Abschriften enthält Hock-Kaufmanns Publikation 7 833 kurze Auszüge.

Die letzte wissenschaftliche Publikation (1955) der 170 ältesten Inschriften stammt von Dr. Otto Muneles, einem hervorragenden Kenner des mittelalterlichen Hebräisch. Auch die Übersetzungen der Inschriften und der Kommentar sind sein Werk. Später wurde diese Arbeit noch um bedeutende Inschriften aus dem 17. und 18. Jahrhundert erweitert. Diese Inschriften wurden leider nicht herausgegeben.

Aus den Inschriften des Alten Jüdischen Friedhofs haben wir einige chronologisch angeordnete Leseproben ausgewählt. Bei der Auswahl wurde zum einen die Bedeutung der Persönlichkeit, für die der Grabstein errichtet wurde, berücksichtigt, zum anderen der Cha-rakter der Inschrift, so daß sich sowohl einfachere als auch kompliziertere Texte finden.

Die langen Inschriften auf den Tumben des 17. und 18. Jahrhunderts sind nur in Auszügen, zumeist vom Beginn des Epitaphs, angeführt.

137.
Grabmal des Rabbi Nehemia, genannt Feiwl Duschenes, Sohn Abrahams des Leviten, von 1648

1.

m' h' r' r Abigdor Kara
Hier wird ein Mann geborgen, der sich verstand auf liebliche Gesänge / der Thora lehrte viele und auch einzelne // kundig war er der Lehre / in allen Büchern der Weisheit und in den Büchern der Bibel / m' h' r' r Abigdor Kara / der Sohn des Märtyrers Rabbi Jizchak Kara // angesehen war er in seinem Volke / er verschied und ging dahin in seine Welt // am Sabbat, den 9. Ijjar und wurde begraben Sonntag den 10. Ijjar 199 nach der kleinen Zählung (25. 4. 1439) der Herr lasse ihn seine Rechtssache gewinnen / denn genommen war er in Seine Behausung / seiner Seele sei gedacht in der kommenden Welt / und eingebunden sei sie im Bunde des Lebens //
A/men A/men A/men S/ela/ S/ela/ S/ela/.

Rabbi Abigdor wird im 3. Kapitel erwähnt. Das Original seines Grabsteines befindet sich als Ausstellungsstück des Staatlichen Jüdischen Museums in der Klausensynagoge. Der Text des Epitaphs ist unleserlich; die Übersetzung wurde nach einer Abschrift aus dem vergangenen Jahrhundert verfertigt.

2.

m' h' r' r Pinchas, das Andenken des Gerechten zum Segen Pläne hegte er / Weisheitsbeginn lehrte er // hier liegt begraben / der weise Denker // und darum klage ich / denn verstummt ist // die Weisheit des Schatten Spendenden / der M' H' R' P (inchas), sein Andenken zum Segen // und am Sonntag, dem Vorabend des Versöhnungstages 256 (27. 9. 1495) beweinten ihn die Vornehmen, die Auserlesenen / mit allen Seelen der Reinen // seine Seele sei eingebunden im Bunde des Lebens

Von Rabbi Pinchas ist im Zusammenhang mit der Pinkas-Synagoge (4. Kapitel) die Rede.

3.

Riwka, Tochter des Rabbi Jomtob, sein Andenken zum Segen, die fromme und züchtige, Gattin des vornehmen Jesaja Horowiz, sein Andenken zum Segen, die
Seele verliess sie am siebenten Tage, den 19. Siwan 275 (2. 6. 1515)
Ein Trauergesang ist es, klaget mächtige Engelsboten / ob dem Hinscheiden einer Mutter in Israel / die hier unter den Erdschollen bestattet ist / ihr Verdienst stehe bei allen Söhnen des Bundes von Geschlecht zu Geschlecht / denn all ihr Tun und alle ihre Absicht war stets gewidmet dem Schöpfer der Berge / Worte der Gelassenheit waren ihre Reden, Reden der Schönheit / im Gebete und Flehen bewegten sich ihre Lippen / die Rede des Mundes und der Gedanke des Herzens — gleichmässig Edel / Am Sonntag, den 20. Siwan 275 (3. 6. 1515) wurde sie hier bestattet unter Weinen und Klagen //
Ihre Seele sei eingebunden im Bunde des Lebens

Frau Riwka war die Gattin des Jeschaja Horowitz, eines geachteten Mitglieds der Prager Gemeinde zu Beginn des 16. Jahrhunderts, wie im 3. Kapitel berichtet wird. Das auf dem Grabstein angeführte Todesjahr 1515 ist unrichtig, da er nach verläßlichen zeitgenössischen Quellen damals noch am Leben war. Möglicherweise wurden beim Einmeißeln die Buchstaben H (bedeutet die Zahl 5) und Ch (bedeutet die Zahl 8) vertauscht, so daß 1518 das richtige Todesjahr wäre.

4.

m' h' r' r Jizchak Margalit, das Andenken des Gerechten zum Segen und es geschah, als Jizchak alt wurde, da trübten sich seine Augen / Oberhaupt und Vater des Gerichtshofes, der Weise und Demütige / in Vollkommenheit wandelte er / und Zuverlässigkeit regelte all sein Tun / und er starb und es begruben ihn Mosche und Jakob, seine Söhne / unter grosser Ehrenbezeugung, und sein Öl verbreitete guten Geruch / und bei seinem Tode sah man, dass seine Wolkensäule schwand / und es weinte das Volk, dass seine Tage nicht erfüllt wurden / und Mosche wusste nicht, dass das Licht seines Angesichtes erglänzte // über m' h' r' r Jizchak erhebe ich meine Stimme / und darum, jeder der es hört, schreie auf mit mir // am 25. Tage des zweiten Adar verschied er 285 nach der kleinen Zählung (20. 3. 1525)

Seine Seele sei eingebunden im Bunde des Lebens

Die Inschrift enthält eine ganze Reihe Parallelen zum Alten Testament. Der Verstorbene stammte aus der Familie Margalit, die im 15. und 16. Jahrhundert (vor allem in Deutschland) sehr bekannt und einflußreich war. Er war Autor von Vorschriften für Scheidebriefe. Sonst weiß man nicht viel von

ihm. Sein Grabstein gehört zu den am besten erhaltenen Stelen der Frührenaissance auf dem Prager Friedhof.

5.

Menachem, Sohn des Rabbi Mosche, das Andenken des Gerechten zum Segen. der Quelle meines Auges entströmen Tränen zum Weinen / da sich entfernte Menachem / der Tröster / der dahinging in die

138.
Der Alte Jüdische Friedhof im Herbst. Gesamtansicht in der Richtung zur Pinkas-Synagoge

Vergessenheit / in der Lehre forschte er stets ohne Abhaltung / und ein höchst verständiger und weiser Lenker war er — in Reichtum und gediegenem Tun im Lande seines Aufenthaltes / an seinem Tische speisten oftmals die Schöpfer des Wissens / den Zehent entrichtete er dem Herrn von Gut und Vermögen / in gutem Greisenalter ward er eingesammelt zu den Söhnen der Höhen // am heiligen Sabbat, am 25. Tage des Monats Elul 289 nach der „Zählung" (30. 8. 1529)*
Seine Seele sei eingebunden im Bunde des Lebens.

Dieser Epitaph wurde deshalb angeführt, weil auf ihm — vermutlich zum ersten Mal in Europa — der Davidstern eingemeißelt ist. Das Hexagramm ist nicht nur ein Ornament, wahrscheinlich bezieht es sich auf den Namen des Verstorbenen, Menachem (der Tröster), der als „Sohn Davids" bezeichnet wird. Menachem war der Vater der Nechama, der Gattin des Ahron Meschullam Horowitz. Vielleicht ist deshalb Ahron Meschullam Horowitz neben dem Grab des Menachem beerdigt worden. Von Menachem ist nichts Näheres bekannt.

6.

A s r i e l, Sohn des I s r a e l, sein Andenken zum Segen.
Auge um Auge entströmten Tränen / denn herab fiel die Krone ohne Säumnis // und verloren ging der Fromme und ward bestattet in der Erde / ein wackerer Mann, der stets in der Bresche stand // Oberhaupt und Lenker war er der Gemeindeversammlung / seine Weisheit stand allen Söhnen des Landes bei // und das Bild seines Angesichts war wie das Antlitz des Königs / ein Gerechter und Gerader seinesgleichen war nicht zu finden unter den Tätigen // voll war er des Wohlgeruches der Lehre und der Versenkung in sie, all sein Sehnen, Denken und Hoffen war gerichtet zu Gott //
und eingesammelt wurde er zu seinem Volke mit gutem Namen Freitag, 3 Tage im Monate Tebet 291 nach der kleinen Zählung (23. 12. 1530)
Seine Seele sei eingebunden im Bunde des Lebens

Daß der verstorbene Asriel in der Prager Judengemeinde eine wichtige Rolle spielte, geht aus seinem Epitaph hervor, das ihn als „einen, der stets in der Bresche stand" bezeichnet. Diese Redewendung war jenen vorbehalten, die bei der Obrigkeit für ihre Glaubensgenossen eintraten. Es heißt auch im Text: „Seine Weisheit stand allen Söhnen des Landes bei". Nichtsdestoweniger wissen auch über Asriel die zeitgenössischen Quellen nichts Näheres zu berichten.

7.

Frau Rachel, Tochter des Rabbi Kalonymos aus Venedig
Weheruf, Klage und Trauer errege ich / wegen des Hinscheidens der jugendlichen Frau / der biederen, der Krone ihres Gatten / einsichtigen Verstandes, klar wie die Sonne / Frau Rachel, schön von Gestalt und Aussehen / Tochter des Rabbi Kalonymos aus Venedig, der Metropole / stets handelte sie nach Gesetz und Lehre / und jetzt wurde sie hinweggerafft wegen der Sünde ihres Zeitalters // und sie starb den 20. Elul 291 nach der kleinen Zählung (2. 9. 1531).
Ihre Seele sei eingebunden im Bunde des Lebens

In dieser Grabinschrift einer aus Venedig stammenden jungen Frau werden nicht nur ihre guten Eigenschaften, sondern auch ihr Aussehen gepriesen. Es ist interessant, daß der Name des Gatten der schönen Frau Rachel nicht angeführt ist.

8.

m'h'r'r Abraham, Sohn des m'h'r'r Avigdor, sein Andenken zum Segen der kommenden Welt, seine Seele sei eingebunden im Bunde des Lebens
Vater in Weisheit, erhaben in Ihrer Verborgenheit / der grosse Adler mit buntem Gefieder // der M'H'R'R'A (braham), sein Andenken zum Segen, Meister, Sohn eines Meisters / die Lehre des Herrn sammelte und vereinigte er // mehr als zwanzig Jahre war er hier Vater des Gerichtshofes und Oberhaupt der Lehrversammlung / Gottes Lehre war ihm überaus lieb // Kenner war er der Thora und aller Werke der Weisheit / und im Jahre „tritt hinzu" (303) ging seine Seele von dannen // im Monate Tischri, am 27. des Monates (7. 10. 1542) / ward Weinen und Klagen im Übermass //

seine Seele sei eingebunden im Bunde des Lebens / bei dem Herrn, dem Gotte des Himmels //

Rabbi Abraham wird im 3. Kapitel erwähnt. Auf dem Grabstein befindet sich noch eine andere, kurze Inschrift für den Schochet (jüdischer ritueller Schlächter) Jakob, den

140.
Grabstein des Sohnes von Rabbi Spira, des Landesrabbiners Benjamin Wolf Spira, datiert 1715

Leviten, der ein Jahr früher starb als Rabbi Abigdor. Ob diese Inschrift auf einer verwandtschaftlichen Beziehung beruht, ist nicht bekannt.

lichkeit wiederholt die Rede war — befaßt sich ausschließlich mit den Verdiensten und den guten Eigenschaften des Verstorbenen.

9.

Schelomo, Sohn des Gerschom, das Andenken des Gerechten zum Segen
Hier ist begraben ein Mann, mit dem der Friede war / von Raub und Verheerung ward nichts gehört in seinem Bereiche // bereits stand er an den Toren der Bethäuser / um morgens und abends sein Gebet zu verrichten // so wie vorgestern, so gestern / und genannt ward er Schelomo, Sohn des Gerschom // dem Drucke der Bücher in Reinheit war er ergeben / ein Priester des obersten Gottes war er // 307 nach der kleinen Zählung (1546—7).

Der Verstorbene war der Sohn des Gerschom Kohen, des Gründers der ersten Prager hebräischen Druckerei, von der das 3. Kapitel berichtet.

10.

Ahron Meschullam, Sohn des Rabbi Jeschaja, des Leviten, sein Andenken zum Segen, ein Mann (aus) Horowitz / hier ist bestattet der Herr im Lande / der den Zaun aufrichtete und in der Bresche stand / darum rufet eilends die Klagefrauen / denn verloren ging ein Frommer der Erde // stets ging er mit Fürsprache dort, wo die grösste Schwierigkeit war / und erbaute eine prachtvolle Synagoge / zur Ehre des Herrn, gepriesen sei Er, und zu Seiner Verherrlichung / denn von ihr geht die Lehre aus // und die Armen waren seine geliebten Hausleute / sein Verdienst stehe im Unglück den Entronnenen bei // siehe, ein vollkommener Gerechter, auf Erden vollendet / der vornehme k' m' r Ahron Meschullam // Sohn des Jeschaja, des Leviten, sein Andenken zum Segen, Horowitz beerdigt wurde er Sonntag, den 8. Elul 306 nach der kleinen Zählung (17. 8. 1545).

Die Inschrift auf dem Grabstein des Ahron Meschullam Horowitz — des hervorragendsten Mitglieds der Prager Gemeinde seiner Zeit, von dessen widersprüchlicher Persön-

11.

Schabataj, Sohn des Jeschaja, des Leviten, eines Mannes / aus / Horowitz hier ist bestattet / ein getreuer Mann // ein Gipfel der Felsen / der Gerechtigkeit redete, Geradheit kund tat // Oberhaupt und Lenker und Richter der Gemeinde / er führte das Volk und richtete es massvoll // ein beredter Mann, Fürsprecher und Kenner der Lehre / Sohn des Fürsprechers und Eidam des Fürsten Akiba, der das Oberhaupt des ganzen Exils war // Er gebe dir einen erhabenen Ort auf den Höhen und entsende den Erlöser seinem ganzen Volke
Im Jahre 315 nach der kleinen Zählung (1554—55) geschehe die Wundertat: denn Auge in Auge sehen sie wie der „Herr zurückkehrt" nach Zijjon
Seine Seele sei eingebunden im Bunde des Lebens

Auch Schabataj, der Bruder Ahron Meschullams, wird in den vorhergehenden Kapiteln erwähnt. Die Jahreszahl auf seinem Grabstein ist zweimal angeführt, in der üblichen Form und in Form des Chronostichons: „Der Herr kehrt zurück", einem Zitat aus dem Propheten Jesaja 52, 8.

12.

Hier ist bestattet die Asche der Märtyrer, des Rabbi Jisrael, Sohnes des Rabbi Jeschaja Horowitz und seines Eidams, des Rabbi Mosche, Sohnes des Rabbi Joel die ihre Seelen den Flammen überlieferten / und den göttlichen Namen öffentlich heiligten / und da ihre Leiber waren ohne Fehl / waren beide bedacht in ihrer Rede / auszurufen inbrünstig das Glaubenbekenntnis Schema Jisrael / auf dass ihre Seele hinweggehe mit dem Worte „einzig" / und ihr Abscheiden brachte Erregung hervor / denn in der ganzen Lehre Mosches gibt es keinen Vorwurf gegen sie // und die Erhabenheit Jisraels gelangte in das

Land der Dunkelheit / und auch *M o s c h e*
trat hin zu dem dunklen Gewölke //
Freitag, den 27. Kislev 329 nach der kleinen
Zählung (17. 12. 1568).
Ihre Seelen seien eingebunden im Bunde des
Lebens.

Die Todesursache der beiden Märtyrer ist
nicht bekannt und man weiß auch nicht, in
welcher verwandschaftlichen Beziehung sie
zum Prager Zweig der Familie Horowitz standen. Ihre Namen sind im Memorbuch der Altneusynagoge verzeichnet. Wer die Haskara
bestellte, ist nicht bekannt.

13.

A b r a h a m   M o s c h e, Sohn des Rabbi
J e c h i e l   W i n t e r n i t z, sein Andenken
zum Segen
Bitterlich erhebe ich ein Klagelied / ob dem
gerechten, frommen Manne, der seine Welt
verliess / dieser Mann war gegen dreissig Jahre
/ Oberhaupt der Gemeinde und Leiter des
Landes in Treue // M o s c h e war sein Name
/ nicht wich er aus der Mitte seines Volkes //
mit Fürsprachen am Hofe des Königs und der
Fürsten / sein Name war bekannt in den Toren
// denn für vornehm und gering / für den Ein-
zelnen wie für die Gemeinschaft war seine
Fürsprache mächtig / ebenso für die Bewoh-
ner des Landes / wie für die ausserhalb des
Landes / stets stand er an der Spitze der Gläu-
bigen // auch bewirkte er zusammen mit sei-
nen Gefährten die Erneuerung der Privilegien
und die Aufhebung der Verbannung / wie je-
dermann deutlich bekannt ist // darum klaget
um einen solchen Mann / sein Verdienst helfe
uns bei „diesem meinem Gotte" //
und er verschied Dienstag, den 18. Nisan 332
nach der kleinen Zählung (1. 4. 1572) und
ward begraben bei Beteiligung aller und hin-
terliess dem gesamten Israel Fröhlichkeit,
Freude und Jubel
Amen! so sei der Wille!
Seine Seele sei eingebunden im Bunde des Le-
bens

Was Ahron Meschullam Horowitz für die
Prager Gemeinde in der ersten Hälfte des
16. Jahrhunderts bedeutete, war in ihrem

141.
Grabmal des Prager
Oberrabbiners David
Oppenheim (oft auch
Oppenheimer geschrieben) von
1736. Die Ausführung dieser
Tumba ist vollkommen
identisch mit der Tumba des
Benjamin Wolf Spira von 1715.

dritten Viertel Mosche Winternitz. Von
1548—1571 war er wiederholt Judenältester,
1564 gehörte er zu den begründenden
Mitgliedern der Beerdigungsbruderschaft
Chewra Kadischa.

173

142.
Grabmal des Simon ben Jehuda Lejb Kuh, eines jener Männer, die sich um die Prager Judengemeinde große Verdienste erwarben: unter anderem errichtete er eine Studienstiftung für mittellose Rabbiner. Er starb 1773. Sein Grabmal ist in spätbarockem Stil errichtet.

14.

h' r' r Jisrael, Sohn des Salman Jeschaja Horowitz, des Leviten, sein Andenken zum Segen in der kommenden Welt, seine Seele sei eingebunden im Bunde des Lebens
Mein Vater! Mein Vater! Streitwagen Israels / Hirte, Fels Israels / seine Gerechtigkeit wie Gottesberge / seine Rechtsprechungen mit Israel / Kette edler Abstammung in Israel / den Myriaden der Tausende Israels / sein Vater, sein Andenken zum Segen, erbaute einen Gottesberg / und gab seine Seele hin für sein Volk Israel / und bestimmte sich Zeiten für das Studium der Lehre Gottes / reichlich gab er den von Gott gesandten Armen / und in den Fussstapfen der Väter schritt sein Sohn, h', r' r Jisrael
den 14. Tischri 333 (21. 9. 1572) zog fort die Herrlichkeit von Israel / und er erlangte ein Grab unterhalb des Gotteshauses / ihre Gerechtigkeit stehe bei dem Hause Israels //

Jisrael war der älteste Sohn des Ahron Meschullam Horowitz. Sein Epitaph ist zugleich ein Lob der Verdienste seines Vaters. Das mehrmals zitierte Wort Israel bezieht sich zweifellos auf den Namen des Verstorbenen. Die Inschrift ist im musivischen Stil gehalten, jede Zeile ist einem Buch des Alten Testaments entnommen.

15.

Riwka Nechama, Tochter des m' h' r' r Josef, Vorstehers der Leviten, sein Andenken zum Segen,
Minz Wer machte doch mein Haupt zur Flut / und unsere Wimpern Wasser strömen // darob ward siech unser Herz / denn der Tod stieg in unsere Fensterluken // ihre Kinder sind stürmisch bewegt: „Getröstet" ist nicht / meine Taube, meine Vollkommene, strahlend wie die Sonne / die frohe Mutter ihrer Kinder / die einzige ist sie ihrer Mutter // und es nahm sie zu sich der König des Friedens / sie verschied am Rüsttage des Neujahrfestes 334 nach der kleinen Zählung (28. 8. 1573).

Der Name Minz — ursprünglich Mainz — ist von der Stadt Mainz abgeleitet. Die verstorbene Frau Riwka stammte vermutlich aus einer Familie, die sich nach der Vertreibung der Juden aus Mainz in Prag angesiedelt hatte. Die Inschrift auf ihrem Grabstein ist gleichfalls aus Parallelen zum Alten Testament zusammengestellt, die durch ihre Reihung den Eindruck einer persönlichen, intimen Aussage der Hinterbliebenen vermitteln.

16.

Schöndl, Gattin des m' h' r' r Gabriel, im Jahre 740 (!)
hier ist bestattet eine züchtige und fromme Frau, sie war bedacht, dass gut ihr Handel / es erhoben sich ihre Töchter und preisen sie / in den Toren ist sie bekannt und gefeiert / die Seele verliess sie und so starb die Vollkommene / die Rabbinin Schöndl, Tochter des Rabbi Jehoschua, sein Andenken zum Segen, die anmutige /
sie ging in ihre Welt // in der Nacht zum Donnerstag, den Neumondstag des Kislev 740 (!) nach der kleinen Zählung (richtig: 344, d. h. 16. 11. 1583).

Im Epitaph der Frau Schöndl werden allgemein gebräuchliche Phrasen verwendet. Er ist deshalb angeführt, weil ihr Todesjahr absichtlich verändert wurde, um den Prager Friedhof älter erscheinen zu lassen, als er tatsächlich war. Das Jahr 740 nämlich würde nach dem christlichen Kalender dem Jahre 979 entsprechen. Jedoch schon Mitte des 19. Jahrhunderts bezweifelte Sch. J. Rapoport in seiner Einleitung zur ersten Ausgabe der Grabinschriften des Alten Jüdischen Friedhofs diese Datierung. Ähnlich wurde die Inschrift auf dem Grabstein des Jehoschua, Sohn des Jehuda, vom Jahre 1583 gefälscht. Die veränderte Jahreszahl 702 entsprach dem christlichen Kalenderjahr 941. Übrigens gehört der Grabstein der Frau Schöndl mit seiner sauber gemeißelten Schrift und dem Arkadenmotiv mit Reliefs von Weintrauben und Fischen in den seitlichen Medaillons zu den schönsten Stelen der Spätrenaissance auf dem alten Prager Friedhof.

17.

Die teuere Frau Liba, Gattin des Abraham Perls Montag, den 28. Tammus 347 nach der kleinen Zählung (3. 8. 1587)

unter der Klageeiche ist bestattet / eine vornehme und würdige Frau // Liba wie ihr Name, aus dem Priesterstamme des höchsten Gottes / verbunden mit der Thora / bei ihr ist die Krone // von Alabaster, Marmor, Perlen und Buntstein / Werke der Liebe verrichtete sie für Lebende und Tote, frühmorgens eilte sie zu Gesängen und Lobpreisungen // den Bedürftigen reichte sie ihre Hand, darob ist sieeh unser Herz / ihr Verdienst stehe uns bei //

Die Inschrift auf dem Grabstein der Frau Liba ist ein bei Frauen gebräuchlicher Text. Interessant ist der Vorname der Verstorbenen Liba, zweifellos eine Form des Namens Libussa (Libuše).

18.

Der vornehme, der freigebige k' m' r Mordechai, Sohn des Schemuel Meisl
im Jahre „Fürsten" Gottes / 361 / nach der kleinen Zahl, wehe uns, denn es fiel herab die Krone unseres Hauptes „der Odem unseres Antlitzes" / 361 / nach der kleinen Zahl Oberhaupt und Anführer alle Söhne des Exils, k' m' r Mordechai. Sohn des Schemuel Meisl, von dem wir dachten, in seinem Schatten werden wir leben: denn gar mächtig war an uns seine Liebe; Wohltätigkeit übte er an jeglichem Menschen; er erbaute die Hallen der Synagoge zur heiligen Gottesversammlung in überaus prächtigem Baue, und Spitäler und Badehäuser; und die Gassen der Judenstadt liess er mit Steinen pflastern; er erwarb einen Garten zur Erweiterung des Friedhofes; und errichtete ein Haus zur Versammlung der Weisen; und Tausenden von Thorabeflissenen erwies er Liebe... (+ 13. 3. 1601).

Die Inschrift auf dem Grabmal von Mordechai Meisl, der ältesten Tumba auf dem Prager Friedhof, stammt vom Anfang des 17. Jahrhunderts. Die zitierte Passage bedeckt die Stirnplatte der Tumba, die weitere Aufzählung seiner guten Werke wird auf der hinteren Platte fortgesetzt. Es wird betont, daß er „in der Bresche stand für alle Söhne seiner Zeit, mit seiner Kraft, seinem Herzen und seiner Seele". Auf den oberen seitlichen Platten befinden sich Aufschriften neueren Datums, die an die Instandsetzung der Tumba im Jahre 1759 „nach der Rückkehr aus dem Exil" sowie an die Restaurierung von 1850 erinnern.

19.

Rivka, Tochter des m'h'r'r Meir Tikotin sie verschied den 25. Nisan nach der Zählung „Rivka diesen Stein" (13. 4. 1605) Ihre Seele sei eingebunden im Bunde des Lebens
Viel Töchter haben wacker sich erwiesen, du aber übertriffst sie alle; unser Herz vertraute auf die, wie auf Abigail, daß bei ihren Lebzeiten ihr Verdienst uns schirmen werde; als Ganzopfer, einem Widder gleich, ward sie im Tode zur Sühne hingegeben; Tag und Nacht belehrte sie die Frauen in der ganzen getreuen Stadt; jeder, der da wegging und kam, vergoss Tränen, als sie in Verborgenheit bestattet wurde.

Frau Riwka, die erste Schriftstellerin des Prager Ghettos, wird im 3. Kapitel erwähnt. Ihr Grabmal wurde irrtümlich 1550 datiert; erst nach der Revision der Inschriften im Jahre 1955 wurde der Fehler berichtigt.

20.

Donnerstag, den 18. Elul 369 (17. 9. 1609) der grosse Gaon in Jisrael / Rabbi Jehuda, Sohn des Bezalel // Der Löwe, gewaltig bei den Oberen und Unteren / er drang ein mit Erlaubnis und ohne solche / jeden Paradiesesgarten betrat und durchschritt er unversehrt / weiser war er als jeder, der die Lehre empfängt und deutet / nichts liess er unbeachtet / Kleines und Grosses sammelte und vereinte er / Werke verfasste er ohne Ende / und den Ertrag seines Feldes // wahren mehr als fünfzehn Werke / eine anmutige Perlenschnur seiner Wangen / schriftliche Lehre und Überlieferung vereinte er im Bausch seines Gewandes / in jeglicher Wissenschaft und Erkenntnis war seine Hand erhoben / den Kindern seiner Zeit bot er das Brot der Erhabenen / in der Beantwortung der Fragen siegreich und treffend / in der Eröffnung neuer Erkenntnisse in *allen sechs Ordnungen / des Talmud, der Erklärung Raschi's und der Tossafisten zeigen sie seine Gewalt / in Erörterungen seltenen Scharfsinns / für die, die Erkenntnis Gottes und der Menschen fördern / die Augen der Hebräer erleuchtete er / und darüber hinaus, dass seine Weisheit mächtig war unter den Mächtigen / lehrte er nach Einsicht die Eifrigen und Bedächtigen / mit Überlegung und Untersuchung traf er vielfache Verordnungen, zum Schutze biblischer und rabbinischer Bestimmungen / die Worte der Weisheit wie Zeltpflöcke / und so ordnete er das Lager von der Stadt für spätere Geschlechter / Wehe, der Fromme! Wehe, der Demütige / so rufen sie sich gegenseitig an /*

Diese lange Einleitung der Inschrift auf der Tumba des Hohen Rabbi Löw bedeckt eine ganze Hälfte der Stirnplatte und die Hälfte des unteren Steins an der Nordseite der Tumba. Auf der anderen Hälfte der Stirnplatte befindet sich das Epitaph seiner Gattin Perl, die ein Jahr nach ihm starb:

Mittwoch, den 12. Ijjar 370 nach der kleinen Zählung (5. 5. 1610).
Die Gerechte, die er erwählte / Perl, Tochter des Rabbi Schemuel //
Ein wackeres Weib, die Krone ihres Gatten, sein Herz vertraute auf sie bei Zerstreuung und Verbindung / lieblich waren ihre Werke wie Räucherwerk / unter den Frauen der Gezelte ist sie gesegnet in Herrlichkeit / wie bei Sara und Riwka umzog sich für sie der Himmel mit Wolken / auf der Zubereitung ihres Teiges ruhte der Segen / von Sabbat zu Sabbat brannte ihr Licht / wie Lea und Rachel war sie des Hauses Wurzel / zum Dienste und zur Bemühung für Den, der den Himmel mit dem Spann errechnete //

Beide Inschriften werden auf der Rückwand der Tumba fortgesetzt, wiederum mit langen Einleitungsphrasen und dem Sterbedatum. Dann kommt der Rabbi Löw gewidmete Teil, gefolgt von der Lobpreisung beider Eheleute, der auf der unteren Platte an der Südseite des Grabmals seine Fortsetzung findet. Auf den beiden oberen Steinplatten befinden sich Aufschriften, die die Instandsetzungen von 1752 und 1815 vermerken.

21.

Donnerstag, den 5. Elul 373 nach der kleinen Zählung (22. 8. 1613).
Hier ist bestattet der fromme m' h' r' r David Gans, der Verfasser der „Zemach David", Sohn des m' h' r' r Schelomo, sein Andenken zum Segen, Gans
Seine Seele sei eingebunden im Bunde des Lebens

Der berühmte Historiker, Mathematiker und Astronom, der im 3. Kapitel erwähnt wird, wurde im Gegensatz zu anderen bedeutenden Zeitgenossen mit einem unauffälligen Grabmal und einem bescheidenen Text geehrt, der lediglich sein Hauptwerk anführt.

22.

Er verschied Donnerstag, den 7. Adar 379 nach der kleinen Zählung (21. 2. 1619).
Hier ist bestattet ein Mann Gottes, der große Gaon in Jisrael, das Oberhaupt des Lehrhauses und Vater des Gerichtshofes und Leiter der Lehrversammlung der heiligen Gemeinde Prag, m' h' r' r Schelomo Efraim, das Andenken des Gerechten zum Segen.

Er ist da, der in seiner Weisheit sechs Werke verfasste und die Augen Jisraels erleuchtete, und diese sind es: „Stadt der Helden", „Nachlese Efraims", „Pfad zum Leben", „Köstliches Gerät", „Lippen der Erkenntnis", „Marmorpfeiler", seine Schritte lenkte er zu der himmlischen Lehrversammlung in den Höhen, seine Ruhestätte sei bei Ihm, gelobt sei Er, auf ewig zusammen mit den Seelen der Reinen und Vollkommenen, und seine Seele sei mit ihnen verbunden
Erhebet gewaltige, bittere Klage / über den Gerechten, der der Wortführer war / mit seiner Weisheit erstieg er „die Stadt der Helden" und er verbreitet diese unsere Lehre in der Gemeinschaft der Starken / und bildet viele, ja unzählige Schüler aus / sein Verdienst stehe bei den Kommenden Geschlechtern / seine ewige Ruhe sei auf den Höhen der Gebirge / im Bunde des Lebens sei sein Leben eingebunden / vor dem Antlitze des erhabenen Königs wandle er in Geradheit /
im Jahre „schicke mir" /379/ der Erlöser, der uns einführe in die Feste / ...

Die Inschrift auf der Tumba des Schelomo Efraim Luntschitz wird mit weiteren Phrasen auf den anderen Steinplatten fortgesetzt, die bloß variieren, was schon gesagt wurde. Auf der oberen Platte an der Nordseite der Tumba ist vermerkt, daß der Grabstein nach dem „Exil" 1752 instandgesetzt wurde. Rabbi Efraim, der gleichfalls im 3. Kapitel erwähnt wird, war Schüler und Amtsnachfolger Rabbi Löws. In seinem Epitaph wechseln sachliche, konkrete Angaben mit schwülstigen Redewendungen ab, denen wir schon auf älteren Grabsteinen begegneten.

23.

Mittwoch, den 4. Tammus 328 nach der kleinen Zählung (5. 7. 1628)
Die liebenswürdige Frau Hendl, Tochter des Ebrl Geronim, das Andenken des Gerechten zum Segen, Frau des Oberhauptes und Vornehmen, des Vorstehers der Generation, k' m' r Jakob, Sohnes des k' m' r Abraham B/at/" Sch/eba/, das Andenken des Gerechten zum Segen
Und Jakob stellte den Denkstein auf in Bitternis / und das ganze Volk brach in Wehklage aus / ob der vornehmen, gebietenden Frau / die hier verborgen und bestattet ist / hinweg ging ihr Glanz, hinweg ihre Herrlichkeit / so die Stimme der Menge in der getreuen Stadt / alle forschen wir eifrig ihren Wegen nach / Wehe! ob der Frommen, dem Muster der Demut / in Frömmigkeit, Zucht, Heiligkeit und Reinheit / bei ihrem Weggangen war sie nicht anders als bei ihrem Eintritt in die Welt / eilends widmete sie sich der Erfüllung der Gebote, leichter und schwerer / und stand dabei stets in erster Reihe / den Gottesdienst suchte sie abends und morgens mit Schnelligkeit auf / und ihr Herz war dem Gotte der Treue zugewandt / in Ehrfurcht, frommer Scheu, mit klarer Rede / in der Ordnung und nach der Vorschrift des Rabbi Hamenuna / das Gebot als Licht und die Lehre als Leuchte / so war ihre Hand ausgestreckt, daran hielt ihre Rechte fest / ...

Diese Inschrift wird auf den Seitenplatten an der Nordseite der Tumba fortgesetzt. Auf der hinteren Platte der Schmalseite wird die

Aufschrift mit dem Sterbedatum wiederholt, gefolgt von Lobpreisungen, die auf beiden Platten an der Südseite der Tumba fortgesetzt werden. Über Beschädigung und Instandsetzung der Tumba ist nichts vermerkt. Der Gatte der verstorbenen Frau Hendl, Jakob Baschewi von Treuenberg, wird wiederholt in den ersten Kapiteln erwähnt.

24.

Der Wolf wurde zerrissen am Morgen, Mittwoch, den 17. Marcheschwan 392 (12. 11. 1631).
Das Oberhaupt des Lehrhauses und der Vater des Gerichtshofes über das ganze Land Böhmen, der Fromme, der grosse Gaon m' h' r' r Schimon Wolf Auerbach, Sohn des Rabbi David Tebel, sein Andenken zum Segen
Tageslicht der Verwünschung und Bitternis / an dem verloren gingen die Gestirne / die Himmel überzogen sich mit Gewölk / für immer ward er zum Weinen bestimmt / / über den Vater des Gerichtshofes, der bestattet ist in der Erde / der 17. des Monats, der Tag der Mondesabnahme / zum Schutzwall war er uns / der Zorn und Grimm sänftigte / als er starb, ward finster die Sonne / wie an dem Tage, da die Weisen starben / und die Sterne wurden sichtbar am Tage / und den Rinnen entströmte Blut / / Hagelsteine fielen vom Himmel herab / die Säulen stürzten völlig um / die Bilder wurden verwischt / und die Statuen umgehauen / entwurzelt wurden Bäume und Zedern / Wehe! der Herr! beklagen ihn Gelehrte und Ungelehrte / die Männer der Stadt, Kinder und Frauen / ...

Rabbi Schimon Auerbach wurde mit einer prächtigen Tumba geehrt, obwohl er nur ein oder zwei Jahre in Prag wirkte. Den Ausschnitt aus seinem Epitaph führen wir wegen der bildreichen Sprache an, deren dunkle, apokalyptische Bilder auch den anderen Teil des Textes charakterisieren. Das Grabmal wurde, wie auf dem unteren Stein der Südseite vermerkt, 1752 restauriert.

25.

Dienstag, den 21. Kislev 415 nach der kleinen Zählung (1. 12. 1654).

Hier ist bestattet, die greise Rabbinin, Frau Rechel, Gattin des grossen Gaon m' h' r' r Lipman, des Leviten, Heler, Verfassers der „Tosafot Jomtob", das Andenken des Gerechten zum Segen
Denkmal des Grabes der Rachel „bis heute" /415/ nach der kleinen Zählung
Die Rabbinin, die es ihrem Gatten ermöglichte, zu lernen und zu lehren Bejahrte und Jünglinge / bereitete ihm Ehrungen mit ihrem Vermögen, so dass er eine unendliche Menge von Werken verfassen konnte / ihrem ganzen Wesen nach fromm, waren ihre guten Werke schön in Rechtlichkeit / / gottesfürchtig war sie überaus wie Obadja /Gottesdiener/, Tag für Tag übte sie Wohltun im Verborgenen / nicht fanden wir eine Frau wie sie in den Tagen vor uns und keine solche von Generation zu Generation / / Ihre Seele sei eingebunden im Bunde des Lebens

Der Gatte der Rabbinin Rechel, Rabbi Jomtob Lipman Heller, eine der größten rabbinischen Autoritäten des 17. Jahrhunderts, nach seinem Hauptwerk Tosafot Jomtob genannt, wird im 3. Kapitel erwähnt. Natürlich enthält das Epitaph von Frau Rechel zahlreiche Lobpreisungen, die sich auf ihren berühmten Gatten beziehen. Rabbi Jomtob Lipman Heller starb gleichfalls im Jahre 1654 und zwar am 9. August in Krakau. Seine Witwe, die einer reichen Prager Familie — Nachkommen der Horowitz — entstammte, war offensichtlich nach dem Tode ihres Gatten nach Prag zurückgekehrt.

26.

Schreie: Verheerung! am Hüttenfeste 416 nach der kleinen Zählung (16. 10. 1655).
Der hervorragende Rabbi, der umfassende Gelehrte, der göttliche Philosoph, der gewaltige der Ärzte, m' h' r' r Josef, Arzt aus Kandia, Vater des Gerichtshofes war er in Hamburg und in den Bezirken Amsterodams, Sohn des ehenwerten h' r' r Elijahu Del Medigo,
das Andenken des Gerechten zum Segen
Erhebet Weinen, Wehklagen und Trauergesang / widmet klagende Trauerreden / Wer-

mut Bitternis stimmet an / denn gefallen ist ein Fürst und ein gewaltiger im Lager / der die Krone war der Weisen der Überlieferung und der Sternkunde / verloren ging die Weisheit, verborgen hat sich die Einsicht / ist denn seinesgleichen nicht zu finden in allen Himmelsrichtungen / Niedergang, Aufgang, Süd und Nord / dem der Geist Gottes eingeflösst war / seine Weisheit wird laut draussen / seine Seele ist unter den Fittichen der göttlichen Majestät / bedeckt und geborgen //

Im Text der Inschrift, die auf den weiteren Steinplatten der Tumba Del Medigos fortgesetzt wird (heute ist sie schon unleserlich) werden seine Werke angeführt, seine astronomischen Studien und seine profunde Kenntnis von Mischna und Talmud. Die Tumba wurde aus jenem Teil des Friedhofs, der bei der Assanierung liquidiert worden war, an ihren heutigen Standort überführt. Über die Persönlichkeit des Joseph Del Medigo wird im 3. Kapitel berichtet.

143.
Der Alte Jüdische Friedhof im Winter. Gesamtansicht südostwärts gegen die Breite Gasse

27.

Am Sabbattage, in der Nacht zu Sonntag, den 29. Kislev „Der Tote" nach der Schöpfung (5 440 — 3. 12. 1679) zerbrach Ruhm und Herrlichkeit des starken Turmes / das Begehren Jisraels, Gerät des Heiligtums, Diadem und Krone / der Gesalbte des Herrn, der Odem unseres Antlitzes, der Fürst Gottes, der Herrscher der Thora / der grosse berühmte Gaon, der fromme und demütige, der Rabbi von ganz Jisrael, Vater des Gerichtshofes und Haupt der Lehrversammlung, m' v' h' r' r Ahron Schimon Spira, das Andenken des Gerechten zum Segen, verschwunden ist Glanz und Pracht //

Schimon, der Gerechte, lehrte und übte das Amt des Rabbi in Prag vierzig Jahre aus / sein Netz war ausgebreitet über Frankfurt, Lwow, Lublin, Krakau und Wien / in aufeinander folgenden Fasten begriffen hatte er keinen Genuß von dieser Welt, nicht einmal mit dem kleinen Finger / des Schlafes enthielt er sich in der Winter Nacht beim Studium des tanaitischen Schrifttums, der Gesetze, der Ordnungen der Mischna auswendig / seine Ehrfurcht einflössenden Werke, wer zählt sie auf / dessen, der sich in die Tiefe versenkte / um hervorzuholen Kostbares aus Unbeachtetem // und Rechtsbescheide entsand in alle vier Weltgegenden //

Diese Inschrift wird im gleichen Geiste auf den anderen Platten der Tumba fortgesetzt. Eine Restaurierung des Grabmals ist nicht vermerkt. Rabbi Spira wird im 3. Kapitel dieses Buches erwähnt.

28.

Freitag, den 8. Tebet 448 nach der kleinen Zählung (12. 12. 1687).
Hier ist bestattet Einer der heiligen Vereinigung der Liebesdienste Erweisenden /Chewra Kadischa/, der geehrte k' h' r' r Bär, der grosse und erprobte Arzt, Sohn des k' h' r' r Lejb Braunes
Er erläuterte die Wissenschaft der Heilkunst und überraschende Geheimnisse / zu jeder Zeit stand er Bedürftigen und Armen hilfreich bei / der Hirte war er aller Ärzte und Irrende wies er zurecht // seine Seele sei eingebunden im Bunde des Lebens

Der Verstorbene, auf dessen Grabstein das Relief eines Bären eingemeißelt ist, war Autor eines in jiddischer Sprache geschriebenen medizinischen Werkes. Es wurde in Prag unter dem Titel „Quelle des Lebenswassers" ohne Datum der Herausgabe gedruckt.

29.

Gross war er in Scheschach (Babel, im babylonischen Talmud) und einen Ruf hatte er in Rekat (Tiberias, im jerusalemischen Talmud) am vierten Tage wurden die Lichter weggenommen / 597 nach der Zählung der Geschlechter (12. 9. 1736) // war der Tag der Verwünschung / denn verborgen ward das Licht der Thora // verlöscht das Hauptlicht des Leuchters, die grosse Leuchte, bestimmt zur Herrschaft am Tage, er, der mit beiden Händen Gewalt hatte über das Meer des Talmud Babels und Jerusalems und die / Zusätze der / Tosefta / David machte offenbar den Text / der Vater des Gerichtshofes, das Haupt des Lehrhauses und Oberhaupt des Exils // der grosse Gaon, unser Herr und Rabbi / sein Lob wer vermöchte darzustellen / David war Hirte und Pfleger fünfzig Jahre / m' v' h' r' r David, Sohn des Rabbi Abraham Oppenheim, sein Andenken zum Segen
Viele Schüler erzog er, unendlich ist die Menge der von ihm geschaffenen Werke, Erklärungen zum Talmud und seinen Kommentaren, und Ausdeutungen der ganzen Thora / ungezählte Rechtsentscheide und Rechtsfindungen, wer vermag so wie er Weisung zu erteilen / einzig in seiner Zeit / der die Fülle des Schrifttums in sich barg / seine Beherrschung des Rechtsstoffes lässt sich nicht ermessen / in der Fülle seiner Einsicht und seines Scharfsinnes tauchte er in die tiefen Gewässer der Kontroversen Abbajas und Rabas / ein Greis, nahm er den Vorsitz im Lehrhaus ein / David kam und wies die richtige Antwort / seit der Rabbi starb, ist dahin Furcht vor Sünde sowie Demut // vorher war er in Jisrael Vater des Gerichtshofes der heiligen Gemeinde Brest, der heiligen Gemeinde Nikolsburg und des Landes Mähren / und ward ernannt zum Rabbi und Weiser der Gemeinde und des Landes Böhmen, die Gemeide Jeschurun / Da-

<table>
<tr><td>

צורת בעל הבית ומשתו שובתים מלוכה · במרדכי היהודי ומסתר בת יביחיל׳
והוא שותה לבד והיה תובעת כוס של ברכה · כי אין הוו נבל והיה מטתו יובגל׳

</td><td>

בָּרוּךְ אַתָּה יְיָ אֱלֹהֵינוּ מֶלֶךְ הָעוֹלָם
שֶׁהֶחֱיָנוּ וְקִיְּמָנוּ וְהִגִּיעָנוּ לַזְּמַן הַזֶּה ·

</td></tr>
</table>

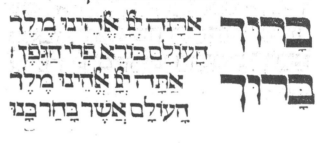

בְּשַׁחַל שבועות במוציאי שבת התחיל כיון

יוֹם הַשִּׁשִּׁי וַיְכֻלּוּ הַשָּׁמַיִם
וְהָאָרֶץ וְכָל צְבָאָם · וַיְכַל אֱלֹהִים בַּיּוֹם
הַשְּׁבִיעִי מְלַאכְתּוֹ אֲשֶׁר עָשָׂה וַיִּשְׁבֹּת
בַּיּוֹם הַשְּׁבִיעִי מִכָּל מְלַאכְתּוֹ אֲשֶׁר
עָשָׂה וַיְבָרֶךְ אֱלֹהִים אֶת יוֹם הַשְּׁבִיעִי

בָּרוּךְ אַתָּה יְיָ אֱלֹהֵינוּ מֶלֶךְ
הָעוֹלָם בּוֹרֵא פְּרִי הַגָּפֶן ·
אַתָּה יְיָ אֱלֹהֵינוּ מֶלֶךְ
הָעוֹלָם אֲשֶׁר בָּחַר בָּנוּ

---

vid, der Ausgezeichnete des Synedrions / sein Licht erstrahlte nach Osten bis Chebron / und zum Heiligen Lande, der Rose von Scharon / jener Tag war schwer für Jisrael, Zorn und Grimm / zum Himmel stieg er empor auf den Stufen des Hauses des Herrn / vergönnt sei ihm, zu schauen des Ewigen Schöne und zu verweilen im Palaste des Herrn / Amen

Dieser Text, ein hervorragendes Beispiel des Musivischen Stils, wird im gleichen Geiste auf den weiteren Tumba-Platten von Rabbi Oppenheim fortgesetzt, der im 3. Kapitel erwähnt wird. Konkrete Angaben werden in bunter Reihe von schwülstigen Redewendungen, Bildern, Vergleichen und Anspielungen auf talmudische Autoritäten abgelöst. Am Ende der Inschrift wird des Verstorbenen offene Hand für die Gemeinde gepriesen, weil

er den doppelten Zehent entrichtete. Instandsetzungsarbeiten an der Tumba sind nicht vermerkt.

30.

Die Nacht vom heiligen Sabbat, den 17. Kislev 530 nach der kleinen Zählung (14. 12. 1769)
Und das Volk klagte: was wird mit uns sein? und geziemt zu weinen und zu klagen über das Unglück / denn hinweggenommen ward die Krone unseres Hauptes, der Fürst der Thora // der Rabbi, das berühmte grosse Licht, der Weltgaon, die Freude der Zeitgenossen, wer ist wie er, der Weiser der Gerechtigkeit, die Grundlage der Welt, das Oberhaupt des grossen Gerichtshofes unserer berühmten Gemeinde, unser verehrter Meister und Rabbi m'h'r'r Meir, Sohn des Ausgezeichneten,

144.
Festliches Mahl, Illustration aus dem 1514 erschienenen Prager Druck „Seder Semirot u Birkat ha-Mason", einem liturgischen Buch aus dem Jahre 1514

145.
„Die Hasenjagd" — mnemotechnische Gedächtnisstütze — Illustration aus dem 1514 erschienenen Prager Druck „Seder Semirot u Birkat ha-Mason" aus dem Jahre 1514

146.
Grabmal des Schelomo del Medigo, Radierung von Václav Popelík, aus den sechziger Jahren des 19. Jahrhunderts aus B. Foges—D. Podiebrad „Altertümer der Prager Josefstadt", Prag 1870

des Rabbi *Fischl Bumsla*, das Andenken des Gerechten zum Segen der kommenden Welt
Geheiligt war der Liebling vom Mutterleibe an, und das Haus ward erfüllt mit *L i c h t* (er lernte eifrig, vertrieb den Schlaf von seinen Augen, *die Nacht l e u c h t e t e ihm wie der Tag* / ein Lehrhaus unterhielt er, vermehrte Wissen einem jeden, der in sein Tor kam / mehr als vierzig Jahre hindurch bildete er viele Schüler aus und förderte sie bis zur selbständigen Entscheidung / und so wurden sie zu Rabbinen, fähig rechtlich und religiös zu entscheiden / ihm legten die Rabbinen seiner Generation ihre Anfragen zur Entscheidung vor, auf dass er ihnen jede Schwierigkeit löse / wo ist der, der messen könnte, wo der, der schildern

könnte die Herrlichkeit seiner Vorzüge, da sich kein Ersatz für ihn findet / gehört ward seine Stimme, wenn er in das Heiligtum kam mit Erklärungen, angenehmen Vorträgen und Strafpredigten, durch die er viele auf den rechten Weg zurückführte / Wehe! seine Pracht! klagen sie in allen Gemeinden des verstreuten Volkes / über den Sohn der Gebieterin / den Eidam des Frommen, des m' v' h *Mosche Ginzburg*, das Andenken des Gerechten zum Segen, des Dajjan am höheren Gerichtshofs unserer Gemeinde, der auf seiner Wanderung ins Heilige Land verschied und begraben wurde in der heiligen Gemeinde des kronentragenden *Zidon* / ihr Verdienst stehe uns bei / und ihre Seelen seien eingebunden im Bunde des Lebens / /

Auch der Text dieser außerordentlich langen Inschrift auf der Tumba von Rabbi Meir stellt ein Gemisch konkreter Angaben — wie der Tatsache, daß 1754 beim Ghettobrand seine Bibliothek verbrannte — mit hochtrabenden Phrasen dar. Ob die vielen Epitheta ornantia tatsächlich der Bedeutung des Verstorbenen entsprachen, ist schwer zu sagen. Von seinem schriftlichen Nachlaß ist nichts bekannt.

31.

Dienstag, den 12. Sivan 547 nach der kleinen Zählung (29. 5. 1787)
Hier ist bestattet ein guter und rechtschaffener Mann. Einer der heiligen Vereinigung der Liebesdienste Erweisenden (Chewra Kadischa), er war der Letzte, der hier wegen der Verfügung der königlichen Regierung, die Majestät werde erhöht, begraben wurde,
der vornehme, geehrte k' h Mosche, ein
Mitglied der Gemeindeverwaltung, Sohn des k' h r' r Lipman Bek, sein Andenken zum Segen früh morgens und abends verrichtete er sein Gebet mit Andacht / im Handel und Wandel betätigte er sich mit Treue // seine Seele sei eingebunden im Bunde des Lebens

Die Inschrift auf dem letzten Grabstein, der auf dem Alten Prager Jüdischen Friedhof errichtet wurde, ist einfach, kurz und sachlich. Der Verstorbene war weder ein Rabbiner noch ein Schriftgelehrter, und die Zeit des Musivischen Stils war schon vorbei. Der Text ist zugleich eine Stilprobe der Epitaphe weniger bedeutender Einwohner der Judenstadt, deren unauffällige Stelen zu Tausenden den alten Friedhof bedecken. Sie bezeichnen die Ruhestätte jener, die sich durch keine besondere Stellung auszeichneten oder deren Hinterbliebene sich einen anspruchsvollen Grabstein mit langem Epitaph nicht leisten konnten.

147.
Grabmal des Prager Oberrabbiners David Oppenheim, Radierung von Václav Popelík aus den sechziger Jahren des 19. Jahrhunderts

Im letzten Kapitel wollen wir uns mit der synagogalen Kunst und im Zusammenhang damit auch mit den jüdischen Feiertagen und jenen Kultgeräten befassen, die zum religiösen Leben der jüdischen Familie gehörten. Auch soll auf jene Kunstwerke hingewiesen werden, die entweder im Ghetto selbst entstanden oder vom Ghetto inspiriert wurden. Es sind die Holzschnitte in den alten Prager hebräischen Drucken, die gezeichneten, radierten und später auch gemalten Porträts bedeutender Persönlichkeiten oder Mitglieder wohlhabender jüdischer Familien und schließlich auch die vielen graphischen Blätter und Gemälde, die pittoreske Winkel und Gäßchen des Ghettos festhalten. Sie entstanden nach der ersten Hälfte des 19. Jahrhunderts und dokumentieren die Existenz des Prager Ghettos bis zu seinem Abbruch.

Synagogale Kunst ist eine Kunst sui generis. Sie entwickelte sich in zwei unterschiedlichen Bereichen. Der erste beschränkt sich auf die Synagoge, überschreitet aber einen rein religiösen Rahmen. Die Synagogen dienten ja nicht nur gottesdienstlichen Zwecken, in ihnen spielte sich auch ein Teil des öffentlichen Lebens der Gemeinde ab und mitunter wurden sie als Lehrstätten verwendet. Wo sie als liturgische Kunst unmittelbar kultischen Zwecken dient, hat die synagogale Kunst viel mit der christlichen gemein. Wie in der Katholischen Kirche begegnet man in der Synagoge den sogenannten „Paramenten", Textilien zu gottesdienstlichen Zwecken, die oft mit Stickereien von hohem künstlerischem Wert versehen sind, sowie aus Edelmetallen hergestellten Kultgeräten. Ihr Zweck freilich ist unterschiedlich, aber die in alten Traditionen verankerte Thematik ist hier wie dort vorgegeben. Indes — ein wesentlicher Unterschied fällt beim Betreten der Synagoge sofort ins Auge: während die christliche Kunst die Darstellung der menschlichen Gestalt nirgends ausschließt, ist sie im Bereich der synagogalen Kunst nicht gestattet. Das mosaische Bildverbot verschloß dieser Kunst den Spielraum der monumentalen Malerei und Bildhauerei. Die Kunst der Synagoge spricht lediglich die Sprache des Ornaments, der Symbole und vor allem der Schrift, deren hebräische Lettern man praktisch auf allen Kultgegenständen in der Synagoge vorfindet.

Der zweite Bereich der Kunst und des Kunsthandwerks ist vom religiösen Leben der jüdischen Familie geprägt, das im Zusammenhang mit den Feiertagen besondere Einrichtungen und Geräte erforderte, die genau so streng traditionsgebunden waren wie die liturgischen Geräte der Synagoge. Allerdings herrscht in diesem Bereich größere ikonographische Freiheit, da die menschliche Gestalt nicht gänzlich von der Darstellung ausgeschlossen war.

Der Unterschied zwischen dem religiösen Leben in einem jüdischen und einem christlichen Haushalt besteht hauptsächlich darin, daß für die orthodoxen Juden bestimmte Kultgegenstände vorgeschrieben sind, bei den frommen Christen aber beliebige angewendet werden können. Ein Beispiel ist die „Mesusa": In jüdischen Wohnungen muß am rechten Türpfosten eine kleine Metall- oder Holzhülse mit einem auf einen Streifen Pergament geschriebenen hebräischen Gebet angebracht sein. Bei frommen Katholiken kann ein kleines Weihwasserbecken am Türpfosten hängen, aber es ist nicht vorgeschrieben.

Kehren wir aber zur Kunst der Synagoge zurück. Hier gibt es zunächst die unbeweglichen Einrichtungen, zu denen vor allem der Thora-Schrein (Aron ha-Kodesch) gehört und in alten Synagogen eine von einer Brüstung umgebene erhöhte Estrade, von der die

/VI/
DIE KUNST IM PRAGER GHETTO

148.
C. Würbs-Langer: „Die Altneusynagoge". Radierung aus der zweiten Hälfte des 19. Jahrhunderts

149.
Altneusynagoge: frühgotischer Aron ha-Kodesch aus dem 13. Jahrhundert mit zur Seite gezogenem Vorhang

Thora vorgelesen wurde und der Rabbiner predigte. Diese Estrade wird „Almemor" (aus dem arabischen al-mimbar) oder „Bima" genannt. Almemor und Thora-Schrein sind im Architekturstil ihrer Zeit errichtet.

Zur Verzierung der Thora-Schreine verwendeten ihre Schöpfer alle verfügbaren plastischen Ornamente und Motive der unterschiedlichen Stilformen. Auf den gotischen und neugotischen Schreinen findet man Krabben und kleine Fialen, im Barock gedrehte, meist korinthische Säulen, kleine Obelisken, Vasen, Volutenmotive, Festons aus Blattwerk und Früchten, in den Nischen

Rocailles usw. Die mosaische Religion wird durch eine Reihe von Symbolen bezeichnet: die Bundestafeln, der Davidstern (Mogen David), die Menora (der siebenarmige Leuchter), die Krone, der Brandopferaltar, der Schaubrottisch oder die Flügel der Cherubim. Offensichtlich gab es keine Vorschrift für die Auswahl der Symbole. Oft findet man auch eine Kartusche mit einer Inschrift; diese Kartuschen brachte man meist im unteren Teil des Aufsatzes des Aron ha-Kodesch an.

Die weitere Ausstattung des Thora-Schreines unterscheidet sich wesentlich von den katholischen Altären. Die eigentliche Nische hat

150.
Hohe-Synagoge: frühbarocker
Aron ha-Kodesch, Ende des
17. Jahrhunderts

— wie das Tabernakel — eine Doppeltüre, die aber viel größer ist. Es fehlt der klassische Bestandteil des Altars, die Mensa. Die Tür, die den eigentlichen Thora-Schrein verschließt, kann der Synagogenbesucher nie erblicken. Auch wenn sie zumeist reich verziert ist, wird sie dauernd vom Thora-Vorhang, „Parochet" genannt, verdeckt. Er symbolisiert den Vorhang vor dem Allerheiligsten im Tempel zu Jerusalem, von dem die Evangelien berichten, daß „er beim Tode Christi zerriß". Der Vorhang hat die Form eines Rechtecks, das der Größe des Thora-Schreins entspricht. Oben ist er an einem waagrechten Stab befestigt und wird auf eine Seite gezogen. Er hängt vollkommen flach und ist niemals gefältelt. Da diese Vorhänge das höchste Gut der Juden, die Thora, bedeckten, wurden sie aus möglichst kostbarem Material gefertigt. Sie waren fast ausnahmslos Geschenke frommer Gläubiger.

Die ältesten erhaltenen Thora-Vorhänge aus den Prager Synagogen stammen aus dem 16. Jahrhundert, der Zeit der mit Gold- oder Silberfäden durchwirkten Samte, Brokate und Damaste. Diese kostbaren Stoffe wurden von jüdischen Händlern aus Italien und Spanien eingeführt. Weder in der Renaissance noch im Barock kannte man einen schnellen Wechsel der Mode. Es war üblich, Kleidungsstücke zu erben und zu vererben. Die Spender und die Schöpfer der Vorhänge kannten den Wert ihres Materials, der Stoff mochte hundert oder auch mehr Jahre alt sein.

Der Thora-Vorhang ist allerdings mehr als ein Stück Stoff. Er besitzt eine bestimmte Komposition, einen festen Aufbau, der bei den ältesten Prager Vorhängen an antike Architektur erinnert. Den unteren Teil der Stoffbahn bildet eine Art Relief, entweder gestickt oder aus einem anderen Stoff. Dieses „Relief" ist seitlich von zwei stilisierten, in den mannigfaltigsten Stickereitechniken ausgeführten und auf Sockeln stehenden Säulen flankiert. Oft sind ihre Schäfte von stilisiertem Weinlaub umrankt. Die Säulen tragen eine Art horizontales Gebälk mit einem Querbehang, auf dem gewöhnlich die gleichfalls gestickte Dedikationsinschrift angebracht ist. Diese gestickte Architektur rahmt den „Spiegel" ein, das kostbare Stück Stoff, das mit anspruchsvollen Mustern verziert ist. Von der Spätgotik bis zur Frührenaissance benutzte man vor allem das klassische Granatapfelmuster (hebr. Rimmonim) mit seinen unzähligen Varianten. Das Hauptmotiv des Granatapfels wurde bisweilen durch andere Motive, wie Vasen, Kronen und stilisierte Blumensträuße ersetzt. Die streng symmetrisch angeordneten Muster wurden im Barock von asymmetrischen, diagonal angelegten abgelöst. Mitunter, wie beim ältesten Prager Vorhang aus dem Jahre 1592, der als ältester erhaltener Thora-Vorhang überhaupt betrachtet wird (er wurde von Salomon Perlstücker verfertigt und der Altneusynagoge gewidmet), bildet das Mittelstück ein Schachbrettmuster von viereckigen Samtfeldern, die mit roten, blauen und goldenen Rosetten bestickt sind.

Der architektonische Typus des Vorhangs der Spätrenaissance ist auch im Barock vorherrschend und übernimmt mit beträchtlicher Verspätung die zeitgenössischen Stilveränderungen. Übrigens haben auch die Titelblätter der hebräischen und christlichen Drucke der Frührenaissance die gleiche Struktur. Im Laufe der Zeit aber beginnt der architektonische Aufbau der Thora-Vorhänge zu verschwinden, die Säulenschäfte verwandeln sich in einfache, mit vertikalem Ornamenten bestickte Streifen, die nicht mehr von einem Kapitell sondern einer Krone oder einem anderen Motiv abgeschlossen werden. Die Fläche mit der gestickten Aufschrift bildet keinen durch die Säulenarchitektur getragenen Querstreifen mehr; sie sitzt jetzt tiefer zwischen den Säulen. Im 17. Jahrhundert beginnt sich ein anderer Typus herauszubilden, der den Spiegel des kostbaren Stoffes hervorhebt, der nun mit einer Bordüre aus einfarbigem Samt oder einem Stoff von anderer Farbe und Qualität gerahmt wird. Der obere Querstreifen ist der Dedikationsinschrift vorbehalten. Eine dritte Variante ist der „Inschriften-Typus", bei dem die Hauptverzierung des einfarbigen Vorhangs die Inschrift im von Ornamenten gerahmten Mittelfeld ist. Es gab auch gobelinartige Vorhänge und solche, die einfach in zwei Teile geteilt waren. Sie bestanden aus einem oberen Querstreifen mit der

151.
Thora-Mantel, 1593 von Mordechai Meisl gestiftet. Braungrüner Samt, Stifterinschrift mit Goldfäden gestickt

152.
Thora-Vorhang aus der
Altneusynagoge, 1609.
Dunkelroter Samt, roter,
golddurchwirkter Brokat,
Goldstickerei

153.
Thora-Vorhang aus der
Pinkas-Synagoge, 1693.
Ursprünglich rosa, heute
bräunlicher Samt, Brokat mit
senkrechten goldenen, rosa und
blauen Streifen

154.
Thora-Vorhang aus der
Pinkas-Synagoge, 1689.
Dunkelroter Samt,
ornamentale Reliefstickerei

155.
Thora-Vorhang aus der
Altneusynagoge, 1697.
Dunkelroter Samt mit
Applikationen, roter,
golddurchwirkter Brokat,
Stifterinschrift auf blauem
Satin gestickt

156.
Thora-Vorhang aus der
Pinkas-Synagoge, 1697.
Dunkelroter Samt, Goldbrokat,
Silberstickerei

157.
Thora-Vorhang aus der
Pinkas-Synagoge, 1717.
Roter Samt, golddurchwirkter
Brokat, Goldspitze

Inschrift und einem Stück einfarbigen oder gemusterten Stoff.

Während auf den spanischen und italienischen Brokaten der Renaissance und des Frühbarock dunkle, satte Farben überwiegen — Purpur und Dunkelgrün, bisweilen Violett oder Blau — wird auf den französischen Bro-katen, die sie Ende des 17. Jahrhunderts zu ersetzen beginnen, die Farbenskala mit Pastelltönen angereichert. Die Muster werden kleiner und zarter, es sind zumeist bunte Blumenmuster, oft in Kombination mit Bandelwerk auf weißem, rosa, lachsfarbenem oder goldschimmerndem Grund. Sofern der architektonische Aufbau beibehalten wird, werden jetzt wieder gedrehte Säulen verwendet, die ein Flachrelief bilden. Oft aber sind von der ursprünglichen Struktur nur mehr Spuren übrig, der Mittelteil etwa mit unterschiedlich breiter Bordüre, manchmal nur einer schmalen Einfassung. Der obere Querstreifen mit der Inschrift bleibt erhalten. Meist steckt er in einem mit gestickten Ornamenten versehenen Rahmen oder in einer Kartusche, die seitlich noch von selbständigen Ziermotiven wie Vasen oder Granatäpfeln begleitet ist. Manche Vorhänge hatten einen selbständigen Oberteil, der den Stab verdeckte, an dem der Vorhang hing, falls dieser nicht mit einer verzierten Karnische bedeckt war. Dieser Teil war gewöhnlich aus dem gleichen Material wie die Bordüren und war gleichfalls bestickt. Oft wurden dabei symbolische Motive wie die Bundestafeln, der Brandopferaltar, der Schaubrottisch, die Menora oder die Thora-Krone verwendet.

Die Farbe der Vorhänge war — im Gegensatz zu den Paramenten der Kirchen — nicht an liturgische Vorschriften gebunden. Erst spät begann man an bestimmten Feiertagen auch bestimmte Farben zu gebrauchen. Zum Beispiel wurde am Versöhnungstag (Jom Kippur) ein weißer Vorhang aufgehängt und am Tage der Zerstörung des Tempels zu Jerusalem ein schwarzer. Bei der meisterhaft gehandhabten Stickereitechnik wurde vor allem Platt- und Stielstich verwendet, die Schrift stickte man mit Plattstich in Schachbrettstruktur. Auch die Applikationstechnik war sehr beliebt. Es gibt Vorhänge, die aus verschiedenfarbigen, in kunstvollen Ornamenten angeordneten Stückchen Seide bestehen. In der Renaissance stickte man auch Perlen auf. Als zusätzliche Verzierung dienten Borten, Schnüre und Fransen, mitunter auch Gold- oder Silberspitzen. Manchmal hängte man auch Glöckchen an den oberen Querbehang mit der Inschrift.

158.
Thora-Vorhang aus der
Klausensynagoge, 1733.
Dunkelroter Samt, Gold- und
Silberstickerei

162.
**Thora-Vorhang aus der
Klausensynagoge, 1781.**
Grüner, buntgemusterter
Brokat, Stifterinschriften in
Gold- und Silberstickerei auf
dunkelgrünem Samt

163.
Thora-Vorhang, Prager
Provenienz, 1850 (aus dem
alten jüdischen Museum).
Grüner Brokat

hing. Die Stickereitechnik der Mäntel ist die gleiche wie bei den Vorhängen.

Die Thora-Rolle wurde vom Thora Wimpel vor dem Aufrollen geschützt. Es handelt sich um das Wickelband des Neugeborenen, das speziell für die Beschneidungszeremonie verfertigt wird. Die Knaben überreichen es beim ersten Besuch des Gotteshauses (meist im Alter von 3 Jahren) der Synagoge als Geschenk. Der Thora-Wimpel besteht aus einem schmalen, aus mehreren Stücken zusammengenähten Stück Leinen mit sorgfältig ausgeführten Stickereien und dem gestickten Spruch: „Er wachse heran zur Thora, zur Chuppa und zu allen guten Werken". Manch-

mal ist der Wimpel auch bemalt und mit figürlichen Motiven verziert. Da diese Wickelbänder meist von den Müttern oder Verwandten des Neugeborenen angefertigt wurden, ergeben sich enge Berührungen zur Volkskunst. Es gab auch andere speziell für die Thora verfertigte Wimpel. Sie bestanden aus einem rechteckigen Stück Stoff im Ausmaß von 50 × 30 cm, das man mit Hilfe von Bändern oder Schlingen mit Knöpfen befestigte. Ihr Material war Samt oder Seide, Woll- oder Baumwollstoff.

Zur jüdischen Textilkunst gehört auch die Tischbekleidung, das Tuch für den Tisch oder das Lesepult, auf dem die Thora-Rolle zur

164.
Thora-Wimpel mit gemalter Stifterinschrift

165.
Thora-Wimpel mit in verschiedenen Farben und mit unterschiedlicher Stichtechnik gestickter Inschrift

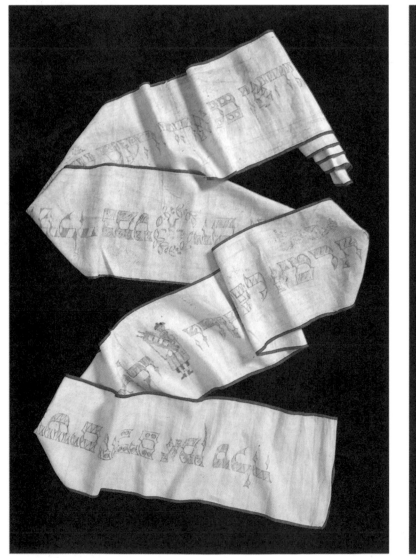

Verlesung entrollt wird. Auch dieses Tuch ist reich verziert und oft aus kostbarem Gewebe gefertigt.

Die Textilien für die Ausstattung der Synagogen wurden von jüdischen Handwerkern hergestellt, die auf dem Gebiet der Stickerei bedeutende Kunstwerke hervorbrachten. Die Stickkunst gehört zu den wenigen Gewerben, die den Juden erlaubt waren. Die Sticker hatten ihre eigene Zunft und bei Festumzügen marschierten sie gemeinsam mit den jüdischen Schneidern. Weniger anspruchsvolle Arbeiten wurden vermutlich von den jüdischen Frauen verfertigt, vor allem die später als Thora-Wimpel verwendeten Wickelbänder.

Eine weitere Gruppe der synagogalen Kultgeräte ist aus Metall und gehört gleichfalls zur Ausstattung der Thora-Rolle. Das Pergament, auf das sie geschrieben ist, wird auf zwei Holzstäbe eingerollt, deren Maße der Breite des Pergaments entsprechen. Oben und unten haben die Stäbe unterschiedlich geformte Handgriffe — Knauf und Fuß — mit deren Hilfe man die Rolle bewegen kann. Die Stäbe sind gedrechselt. In der jüdischen Symbolik gilt die Thora als Lebensbaum. Deshalb wurden die Knäufe der beiden Stäbe mit Aufsätzen aus getriebenem, mitunter auch vergoldetem Silber verziert, die ursprünglich Granatäpfel darstellten (hebr. Rimmonim). Dieser Typus ist in Prag üblich. Die Bezeichnung Rimmonim blieb den Aufsätzen erhalten, obgleich sich im Laufe der Zeit unterschiedliche Formen entwickelten. Es gab einen turmartigen Typus, eine Architekturform mit meist mehreren Stockwerken. In den Turm wurden Glöckchen eingehängt, die beim Herumtragen der Thora erklangen. Es existieren auch Rimmonim in der Form einer Krone als oberer Abschluß der Thora-Role.

Zur Zeit des Klassizismus wurde eine Art Mischtypus geschaffen, der Elemente des Türmchens mit der Krone verbindet. Unter der Krone befindet sich eine mit Glöckchen verzierte Galerie. Mit der Zeit begannen sich auch andere Motive durchzusetzen, zum Beispiel Vasen. Der Fuß dieser Aufsätze war jeweils mit den getriebenen Ornamenten des Barock, des Rokoko oder des Klassizismus

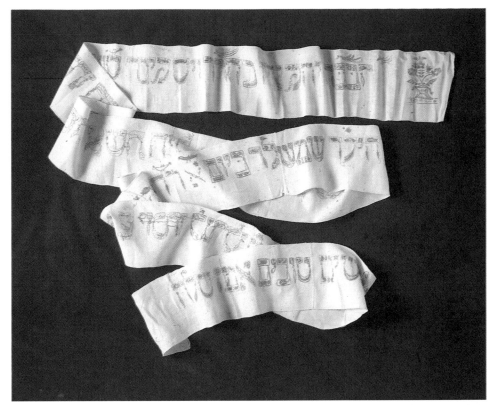

166.
Thora-Wimpel mit in verschiedenen Farben gestickter Stifterinschrift

167.
Thora-Wimpel mit gestickter, mit einem einfachen Rankenornament ergänzter Stifterinschrift

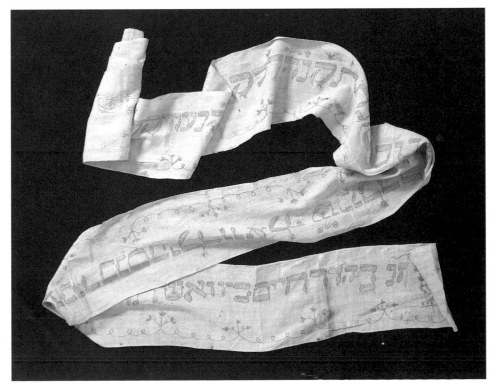

168.
Rimmonim. Thora-Aufsätze in der Form einer von sitzenden Löwen getragenen Krone. Getriebenes und graviertes Silber, teilweise vergoldet, Mähren, 1805

verziert. Rimmonim der Renaissancezeit sind in Prag nicht erhalten.

Ein Thora-Symbol, dem schon in biblischen Zeiten außerordentliche Bedeutung zugemessen wurde, ist die Thora-Krone (hebr. Keter Tora). In den Epitaphen auf dem Alten Prager Jüdischen Friedhof kann man — vor allem auf den Grabmälern der großen Rabbiner — wiederholt den Satz lesen: „Es fiel herab die Krone unseres Hauptes". Die Krone wird hier zum Symbol der Gelehrtheit des Verstorbenen. Bei den Aschkenassim, die sich vor allem in Polen und Deutschland konzentrierten, war es Sitte, die Rimmonim am Sabbat und die Thora-Krone an den anderen Feiertagen zu benutzen. Freilich gab es weniger Kronen als Rimmonim und nur wenige Synagogen konnten sich dieses Thora-

schmucks rühmen. Als Muster dienten offenkundig bekannte Kronen der Könige und Kaiser. Sie wurden aus Silber verfertigt, mitunter waren sie auch vergoldet. Das getriebene Ornament entsprach der Zeit der Verfertigung der Krone. Als Verzierung wurden bisweilen noch Halbedelsteine oder geschliffenes farbiges Glas eingesetzt. Im Bügel mancher Kronen hängt ein Glöckchen.

Beim Verlesen der Thora während des Gottesdienstes durfte man das Pergament nicht mit bloßen Händen berühren; das wurde als Entweihung der heiligen Texte betrachtet. Vermutlich aber sollte dieses Verbot das kostbare Pergament auch vor Verschmutzung und vorzeitiger Abnutzung bewahren. Deshalb wurde der Thora-Zeiger (hebr. Jad = Hand) als Gerät zum Hinweisen auf die zu

169.
Rimmonim. Thora-Aufsatz in der Form einer von Säulen getragenen, durchbrochenen Krone, darunter eine durchlaufende, durchbrochene Galerie. In der Krone sind Glöckchen eingehängt. Getriebenes und graviertes Silber, Böhmen, 1860

170.
Rimmonim. Thora-Bekrönung in der Form einer Krone. Getriebenes und graviertes Silber, Mähren, 1810

lesenden Texte verwendet. Er hat die Form eines an einer Kette befestigten Knaufs mit einem zylindrischen oder eckigen Stab, dessen Mitte ein weiterer Knauf bezeichnet, den Abschluß bildet eine kleine Hand mit ausgestrecktem Zeigefinger. Die Thora-Zeiger bestehen meist aus Silber, seltener aus Horn, manchmal aus Holz. Entweder sind Knauf und Hand aus dem gleichen Material, oder der Zeiger ist kombiniert: Ein silberner Knauf mit einer Hand aus Koralle, oder ein hölzerner Knauf mit einer Hand aus Horn oder Elfenbein. Die Knäufe haben unterschiedliche Formen; manche die einer schlanken, in der Mitte von einem Ring unterbrochenen Säule, die auch gedreht sein kann, andere Thorazeiger ähneln einem Zepter oder einer zierlichen Baluster. Der Querschnitt ist meist kreisförmig, seltener polygonal. Die häufig mit Schriftzeichen kombinierte Ornamentik ist getrieben oder graviert, mitunter auch in Filigranarbeit. Der Typus des Ornaments entspricht der Zeit der Verfertigung des Thora-Zeigers.

Zum Schmuck der Thora-Rolle gehört noch der Thora-Schild (hebr. Tass). Einen ähnlichen Schild trug der Hohepriester der biblischen Zeit — eine Brustplatte, die mit zwölf Steinen verschiedener Farben verziert war. Damals muß der Einfluß Ägyptens in Palästina beträchtlich gewesen sein, denn die Pektoralien waren ursprünglich der exklusive Schmuck der Herrscher Ägyptens. Sie hatten uralte Tradition und waren gleichfalls mit eingesetzten Halbedelsteinen oder buntem Glas verziert. Die Thora-Schilder sind aus getriebenem Silber und werden an einem Kettchen um die Thora gehängt. Es sind verhältnismäßig große, rechteckige oder quadratische Platten, oben meist mit einem reichverzierten architektonischen Giebel abgeschlossen. Die ganze Komposition ist streng symmetrisch, ihre Gliederung architektonisierend, mit Anwendung unterschiedlicher, applizierter, selbständiger oder auch gekuppelter Säulen. Möglicherweise sind diese Säulen als Erinnerung an die legendären Säulen des Tempels zu Jerusalem — Jachin und Boas — von symbolischer Bedeutung. Ein beliebtes symbolisches Motiv ist auch die Krone, ferner die Bundestafeln und die im Segensgestus erho-

benen Hände der Kohanim. Von Tiermotiven findet man zwei Löwen und den doppelköpfigen Adler. Mitunter wird ausnahmsweise auf den Thora-Schildern auch die menschliche Gestalt dargestellt. Zum Beispiel zeigt das Thora-Schild (1708) der Meisl-Synagoge Judith, die das Haupt des Holofernes hochhält und Aron im priesterlichen Ornat. Ganz ungewohnt wirkt die Darstellung von zwei Chimären auf einem Thora-Schild von 1831. Die verwendeten Ornamente — Rankenwerk, Festons mit Blumen und Früchten, Akanthusblätter und Rocailles entsprechen dem Stil der Zeit.

In der Mittelachse der Thora-Schilder ist entweder ein Rahmen für auswechselbare Schrifttafeln mit dem Namen der Feiertage angebracht oder eine größere Kartusche mit einer Stifterinschrift. An die untere Leiste der Schrifttafeln befestigte man Anhänger in der Form von Medaillons oder Schildchen, die auch kurze Stifterinschriften enthielten. Sie hingen entweder an einer einfachen Öse oder an einem kurzen Kettchen. Übrigens war auch der Brustschmuck der ägyptischen Pharaonen mit Anhängern versehen.

Vor dem Thora-Schrein hängt das Ewige Licht (hebr. Ner Tamid). Diese Lampen waren gewöhnlich aus gegossenem, getriebenem und ziseliertem Silber und hingen an drei Ketten. Ihre Gestaltung hing von der Formgebung ihrer Entstehungszeit ab; sie unterschieden sich kaum vom Ewigen Licht in den katholischen Kirchen.

Die zum Händewaschen vor dem Gottesdienst bestimmten Waschgeräte sind ein Waschbecken und eine Kanne. Die sogenannten „Levitenkannen" waren oft sehr anspruchsvoll aus getriebenem Silber gearbeitet, mitunter auch mit Gravierungen und Ziselierarbeit verziert. Wenn diese Waschgeräte den Taufbecken der Kirchen ähneln, ist das kein Wunder, da häufig ein und derselbe renommierte Prager Goldschmied für Synagogen und katholische Kirchen arbeitete. Dasselbe galt auch für aus dem Ausland importierte Kultgeräte.

Von den silbernen Kultgeräten weiß man aufgrund der amtlichen Gewerbezeichen genau, von wem und wo sie verfertigt wurden. Jüdische und christliche Goldschmiede aus

171.
Thora-Krone aus vergoldetem Silber, getrieben und graviert, mit eingesetzten bunten Steinen verziert, Prag 1817

172.
Thora-Schild, rechteckig, oben
segmentförmig abgeschlossen.
Durch zwei flankierende,
gedrehte Säulen im Relief
architektonisch aufgebaut. Die
Säulenkapitelle in der Form
kleiner Kronen. Im oberen Teil
zwischen den Säulen eine große
Krone, darunter mit
Rankenwerk ergänzte
Rocailles. Getriebenes Silber,
Rokycany (Rokitzan), 1762

173.
Thora-Schild, vertikal
rechteckig mit gewelltem Rand.
Mit flankierenden gedrehten
Säulen, die eine große Krone
tragen, sowie typischen
Rokoko-Ornamenten verziert.
Getriebenes Silber, Prag 1784

174.
Thora-Schild, breite Form über
einer waagrechten Leiste,
S-förmig eingefaßt und mit einer
großen Krone mit angehängten
Lorbeerfestons abgeschlossen.
In der Mitte des Schildes die zwei
Bundestafeln. Silber,
getrieben und graviert, Prag,
Ende des 18. Jahrhunders

Prag und den Böhmischen Ländern wie auch aus Nürnberg, Augsburg und Wien arbeiteten auf Bestellung für Synagogen und Kirchen. Dabei gab es in der Prager Judenstadt verhältnismäßig viele Goldschmiede: der Zuname Goldschmied ist ein Beweis für die Häufigkeit dieses Berufes. Nichtsdestoweniger sind die Kultgegenstände, die das höchste künstlerische Niveau aufweisen, in christlichen Werkstätten entstanden. Die Ursache muß man in der für Juden lange Zeit begrenzten Möglichkeit suchen, ein Handwerk zu erlernen. Christliche Handwerker wurden herangezogen, weil den jüdischen Goldarbeitern noch

die systematische Schulung fehlte, die sie zu gleichwertigen Leistungen befähigt hätte.

Aus weniger kostbarem Material wurden die Almosenkassen hergestellt. Sie hingen entweder in der Nähe des Eingangs an der Wand oder wurden während des Gottesdienstes herumgetragen. Ihr Material war Stein oder Messing. Die Hänge-Kassen ähnelten Truhen, die Almosenkassen zum Herumtragen Deckelkrügen mit einer Öffnung zum Hineinwerfen des Geldstücks. Man verwendete auch Almosenschüsseln. Diese bestanden aus Holz oder aus versilbertem Kupfer, vor allem aber aus Silber mit getriebenem

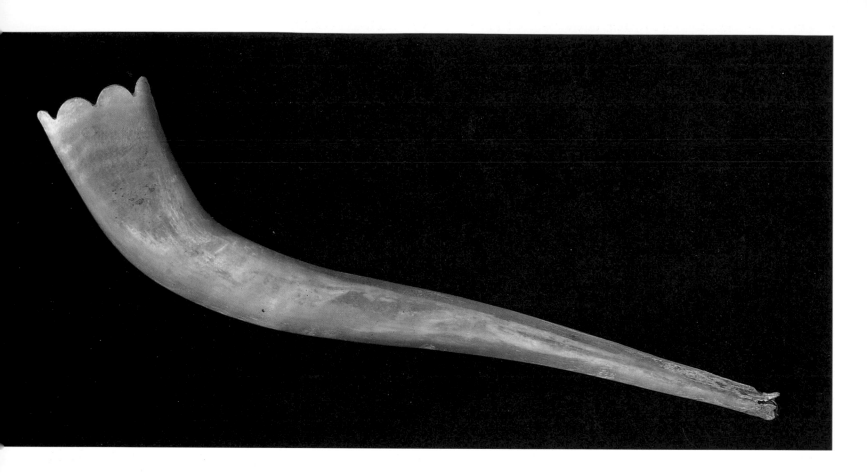

175.
Schofar. Ein Widderhorn, das
während der Gottesdienste zu
Neujahr und am Versöhnungstag
geblasen wird.

oder graviertem Ornament am Rande und im
Schüsselfond. An der einen Seite waren die
Almosenschüsseln mit einem Griff und an der
anderen mit einem kleinen Kerzenhalter versehen.

Zur Liturgie der Synagogen mit ortho-
doxem Ritus gehört das Schofar, ein Widderhorn, das zu Neujahr (Rosch ha-Schana) und
am Versöhnungstag (Jom Kippur) geblasen
wird. Dieses primitive Musikinstrument
wurde niemals verziert. Musik während der
Gottesdienste wurde erst im 19. Jahrhundert
durch den reformierten Ritus eingeführt, so
daß zur Ausstattung einiger Synagogen seit
damals auch eine Orgel gehört.

Der zweite Bereich, für den man spezielle
Textilien und Kultgeräte herstellte, war die
jüdische Familie, deren Lebensweise von der
mosaischen Religion geprägt war. Die jüdischen Feiertage wurden im Kreise der Familie
begangen, und dazu benötigte man spezielle
Gegenstände. In Beginn des Kapitels erwähnten wir bereits die „Mesusa" am rechten

Türpfosten der Wohnung. Sie ist Bezeichnung und Schutz zugleich. In einer speziellen
Hülse befindet sich ein auf einen Streifen Pergament geschriebenes Gebet, ein Zitat aus
dem Deuteronomium 6, 4—9, und 11,
13—21. Die Mesusot bestanden aus Holz
oder Metall und waren mit geschnitzten oder
eingravierten Ornamenten verziert.

Der jüdische Alltag wurde einmal wöchentlich vom Sabbat unterbrochen. Schon
die biblische Zeit kennt das Sabbatgebot.
Während des babylonischen Exils wurde der
Sabbat, ebenso wie die Beschneidung, ein
Zeichen des Bundes von Sinai. Die Ankunft
des Sabbat wird am Freitagabend gefeiert, da
nach jüdischer Auffassung der Tag mit dem
Sonnenuntergang beginnt. In der jüdischen
Familie wird er mit dem Entzünden von mindestens zwei Sabbatlichtern begrüßt. Für die
Kerzen wurden entweder zwei selbständige
oder ein zweiarmiger Leuchter verwendet.
Das Material war Messing oder Silber, meist
gegossen und mit gravierten Ornamenten

verziert. Man entzündete außerdem noch die Sabbatlampe, eine mit Öl gefüllte Hängelampe, die den ganzen Sabbat über brannte. Zum Sabbat-Ritual gehört der Weihesegen, der über dem Kiddusch-Becher mit Wein gesprochen wird. Diese Becher, die auch bei anderen festlichen Gelegenheiten benutzt wurden, gehören zu den rituellen Kultgeräten der jüdischen Haushalte. Ihre Form entsprach den zeitgenössischen kunsthandwerklichen Gepflogenheiten. Sie waren hochstielig oder sie standen nur auf kurzen Kugelfüßen, meist waren sie aus Silber, bisweilen nur bescheiden

mit gravierten Schriftzeichen geschmückt, in vielen Fällen aber sind sie Meisterwerke der Edelschmiedekunst mit getriebener oder gravierter zeitgenössischer Ornamentik. Kiddusch-Becher aus Glas sind selten.

Wein und Brot sind die Hauptbestandteile des Sabbat-Rituals. Zu Beginn des Sabbats wurden früher nach dem Abendmahl wohlriechende Gewürze verbrannt, aber dieser orientalische Brauch erlosch im späten Mittelalter. Damals begann man wohlriechende Kräuter in speziellen Gewürzbüchsen (Bessamim-Büchsen) aufzubewahren, deren Duft

176.
Thora-Zeiger (Jad).
Gruppe der sechs silbernen Thora-Zeiger, aus dem 19. Jahrhundert. Die Griffe sind zweiteilig. Der obere Teil ist vierkantig, der untere reliefartig gewunden. Zwischen beiden Teilen und am oberen Ende ist entweder eine Kugel oder ein Ellipsoid; der untere Teil endet mit einem winzigen Händchen. Zu einem Thora-Zeiger gehört auch eine Kette zur Befestigung an die Thora-Rolle.

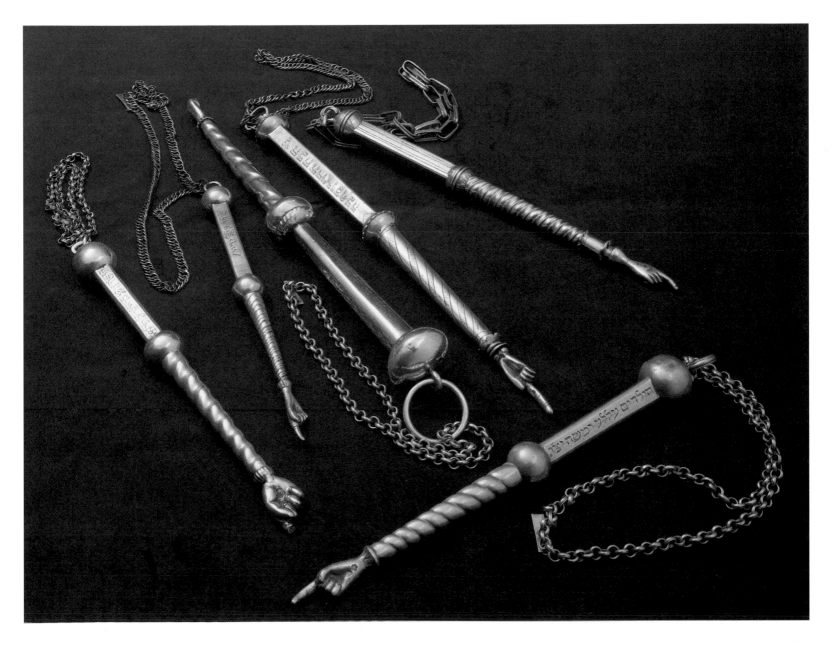

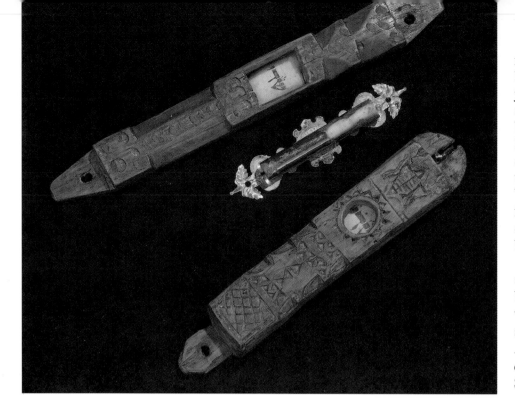

man einatmete. Die meisten dieser Gewürzbüchsen zeigen die Form eines Turmes im
jeweiligen Zeitstil und bestehen vornehmlich
aus Filigranarbeit. Weniger häufig sind silberne Bessamimbüchsen in der Form von
Früchten oder Tieren. Der Büchsenkörper ist
durchbrochen mit Öffnungen für die Verbreitung des Duftes. Wohlriechende Gewürze,
Wein und Licht von in kunstvolle Zöpfe ge-
flochtenen Wachskerzen sind die Begleiter
der Hawdala-Zeremonie, die den Sabbat
beschließt.

Auch für das Pessach-Fest, die ersten jüdischen Feiertage im Frühjahr, brauchte man
besonderes Geschirr und besondere Geräte,
vor allem eine große, flache Schüssel für die
symbolischen Speisen, die an den Auszug aus
Ägypten erinnern. Nach dem Seder-Abend,
der Pessach einleitet, werden diese Schüsseln
Seder-Schüsseln genannt. Die Seder-Schüs-

177.
**Mesusot: Kleine Hülsen für
einen Pergamentstreifen mit
einem Bibelzitat, die am
rechten Türpfosten der
jüdischen Wohnungen befestigt
wurden**
**a) Aus Holz, mit geschnitztem
   Ornament**
**b) Aus Holz, mit geschnitztem
   Ornament**
**c) Aus Silber, in der Form eines
   mit einem Blattornament
   unterlegten Röhrchens**

178.
**Seder-Schüssel, aus Zinn mit
gravierter Inschrift und dem
Symbol der Krone, Prag, 1850**

kleines ovales Schälchen oder auch eine Art Eierbecher legt. Für die ungesäuerten Brote (Mazzot) verwendet man besondere Leinensäckchen oder man schlägt jede der drei Mazzot gesondert in ein Tuch ein. Sie müssen gesondert liegen, weil sie die drei Gruppen des Volkes Israel symbolisieren: das Priestergeschlecht — Kohanim, den Levitenstamm — Leviim, und das dritte Volk Israels — Am. Der Behälter für den Charoset-Brei, dessen Farbe die Lehmerde symbolisiert, aus der die Juden in Ägypten Ziegel formen mußten, hat bisweilen die Form eines Schubkarrens oder war mit diesem Motiv verziert. Dazu gehörte noch ein Gefäß mit Salzwasser als Symbol der in Ägypten vergossenen Tränen, in das man das gleichfalls symbolische Bitterkraut (Meerrettich oder Radieschen) tauchte.

Das Laubhüttenfest (Sukkot), dessen Name von der Hütte (Sukka) abgeleitet ist, in

seln aus dem 18. und 19. Jahrhundert bestehen meist aus Zinn und sind mit gravierten hebräischen Inschriften, Ornamenten oder figürlichen Motiven versehen, die sich auf den Auszug der Israeliten aus Ägypten beziehen. Später fertigte man sie aus Steingut und Porzellan, oft unterschieden sie sich kaum mehr vom gewöhnlichen Eßgeschirr. Zum Seder-Abend gehört auch ein Ei, das man in ein

182.
Bessamim-Büchse.
Gewürzbüchse in Form eines
von einem aufgerichteten
Löwen mit Schild getragenen
Türmchens. Durchbrochenes
Silber, Prag, Ende des
19. Jahrhunderts

181.
Etrog-Schale, Behälter für
diese Zitrusfrucht, eines der
Symbole des Laubhüttenfestes.
Getriebenes, durchbrochenes
und graviertes Silber, Prag,
1820

der man sich an diesen Festtagen aufhält und
die Mahlzeiten zu sich nimmt, ist ein altes,
naturverbundenes Fest. Die Sukkot, die an
Altane oder Gartenhäuschen erinnern, wurden in Prag meist auf dem Dachboden errichtet. Kennzeichen des Laubhüttenfestes ist außer der Sukka die Zitrusfrucht „Etrog", die in
zeitgenössischen tschechischen Quellen „Pa-
radies-" oder „Judenapfel" genant wird, sowie der Feststrauß „Lulaw", der aus einem
Palmenzweig, einer Weidenrute und einem
Myrtenstengel besteht. Die Zitrusfrüchte bewahrte man in besonderen ovalen Schalen
auf, die meist aus durchbrochenem, reich mit
Ornamenten verziertem Silber bestanden.
Bisweilen benutzte man zur Aufbewahrung
des Etrog nur die Zuckerdose aus dem Kaf-
feeservice, die für diesen Zweck besonders
bezeichnet wurde.

Am Chanukka-Fest, dem Fest der Wieder-
weihe des Tempels zu Jerusalem nach dem
siegreichen Makkabäeraufstand, werden acht
Tage hintereinander Lichter entzündet, jeden
Abend ein Licht mehr. Zu diesem Zweck

dient ein besonderer Leuchter, entweder vom
Typus der „Menora", des siebenarmigen
Leuchters des Tempels zu Jerusalem, der als
Chanukka-Leuchter achtarmig ist, oder auch
eine ganz einfache Form: Auf einem Fuß ruht
eine Art waagerechte Schiene mit acht kleinen Kerzenhaltern. In früheren Jahrhunder-

ten war der „bankartige" Typus sehr häufig. Er besitzt eine Rückwand, vor der die acht Halter für die Kerzen nebeneinander gereiht sind. Die Komposition der Rückwand war symmetrisch, sie war mit einer Inschrift und mit Motiven im Stil der zeitgenössischen Ornamentik versehen. Das Material dieser Leuchter war Messing oder Silber, gelegentlich wurde Zinn verwendet.

Am Purim-Fest liest man aus der Ester-Rolle, der „Megilla", vor. Diese zum Unterschied von der Thora nur auf einen Stab gewickelte Pergamentrolle steckt mitunter in einer kunstvoll aus Leder, Elfenbein oder Silber gefertigten Hülse.

Neben den Feiertagen, die alle Familien der jüdischen Gemeinde gemeinsam feiern, gibt es auch religionsbedingte Familienfeste. Im Grunde sind es zwei: die Geburt eines Sohnes mit der Beschneidungszeremonie, und die Heirat. Die Beschneidung wird als eines der grundlegenden Gebote des Judentums am achten Tag nach der Geburt des Kindes feierlich in der Synagoge vorgenommen. In alten Synagogen gab es eine besondere, mit zwei Sitzen versehene Beschneidungsbank, der eine Sitz für den „Sandak" (Pate), der das Kind trug, der andere für den unsichtbar an-

183.
Etrog-Schale in der Form einer Zuckerbüchse. Getriebenes Silber, Prag, 1860

wesenden Propheten Elia. In den alten Synagogen waren diese Sitze aus Stein, in den jüngeren aus Holz. Zum Sitz gehörte noch ein kunstvoll besticktes oder aus kostbarem Material verfertigtes Kissen. Die für die Beschneidung erforderlichen Geräte waren oft von hohem kunsthandwerklichem Niveau. Da war zunächst das Messer, dessen sich der „Mohel" (Vollzieher der Beschneidung) bedient. Seine Spitze ist abgerundet, die Klinge beidseitig scharf geschliffen. Der Griff besteht aus Bergkristall, Achat, Jaspis oder Bernstein, mitunter auch aus Buchsbaumholz, Metallgriffe sind selten. Bisweilen ist der Griff in Silber gefaßt. Ein beliebtes Ziermotiv ist die Darstellung der Opferung Isaaks. Zur Aufnahme des Präputiums dient eine Sandschale aus getriebenem, reich verziertem Silber. Ferner braucht der Mohel eine Klemme, um das Präputium während der Beschneidung festzuhalten, und einen Flakon für das Antiseptikum. Zum Abschluß der Beschneidungszeremonie gehört der Kiddusch-Becher, über dem der Segen gesprochen wird. Dann sprengt der Mohel symbolisch Wein in das Gesicht und die Wunde des Kindes. Die

184.
Taschenuhr mit hebräischem Zifferblatt, graviertes Silber mit Vergoldungsresten

beschriebenen Instrumente sind entweder Eigentum der Synagoge oder des Mohel. Auf das Wickelband des Kindes stickt oder malt man den Wunsch: „Er wachse heran zur Thora, zur Chuppa und zu allen guten Werken!", darunter noch den Namen der Eltern des Kindes. Dieses Wickelband wird später der Synagoge gewidmet und fortan als Thora-Wimpel benutzt.

Auch für die Hochzeit benötigt man bestimmte Gegenstände. Die Hochzeitszeremonie findet unter der „Chuppa" (Trauhimmel) statt, einem meist viereckigen Stück Stoff, dessen Ecken an Stäben befestigt sind. Die Chuppa ist mit gestickten Schrifttexten verziert, die sich auf die Institution der Ehe beziehen, ferner mit Symbolen der Fruchtbarkeit, vor allem dem Granatapfel. Die Chuppa kann vom „Tallit" (Gebetmantel) ersetzt werden, einem gestreiften Tuch mit Quasten (Zizit) an den vier Ecken, der von männlichen Personen beim Gebet angelegt wird.

Die Ehezeremonie wird mit der Verlesung des Ehevertrags (Ketuba) und der Ringübergabe beschlossen. Der Ring, den der Bräutigam der Braut an den Finger steckt, darf weder mit einer Inschrift noch mit Edelsteinen geschmückt sein. Aber auf den einfachen Reifen wurde häufig ein kleines Häuschen angelötet, als Symbol des zu gründenden Hausstandes. Mitunter verfertigte man auch besondere Hochzeitsteller mit dem Namen des Bräutigams. In der Regel waren das Hochzeitsgeschenke von Vereinigungen, deren Mitglied der Bräutigam war.

Die letzten Dinge des Menschen, sein Tod und alle mit der Bestattung zusammenhängenden Geschäfte zeitigten auch spezielle Geräte und Gegenstände, die Eigentum der Beerdigungsbruderschaft Chewra Kadischa

185.
J. Minařík: Altneusynagoge und jüdisches Rathaus. Öl auf Leinwand, Anfang des 20. Jahrhunderts

186.
J. Minařík: Der Alte Jüdische Friedhof, im Vordergrund die Tumba des Rabbi Löw. Öl auf Leinwand, Anfang des 20. Jahrhunderts

187., 188.
Anonymes Gemälde: Ehepaar.
Der Pelzhändler Anton Weiss
(1782—1832) und seine Gattin
Therese, geb. Foges (1793—
1863). Öl auf Leinwand um
1810.

waren. Es ist der Totenkamm, ein flacher Löffel zum Reinigen der Nägel sowie eine Totenschale für die ausgekämmten Haare oder die Nägel des Verstorbenen. Diese aus Silber verfertigten Geräte sind meist nur mit Aufschriften verziert. Die mit einem Griff und einem Kerzenhalter versehene Totenschale ähnelt der Almosenschüssel, sie ist jedoch in drei Fächer geteilt, von denen eines die Hälfte des flachen Bodens einnimmt, die beiden anderen je ein Viertel.

Die Beerdigungsbruderschaft verwendete noch weitere Gegenstände, die speziell für sie angefertigt wurden. Es waren unterschiedliche Kannen oder Krüge aus Zinn oder aus Glas, die letzteren mit Malereien verziert, die Beisetzungsszenen darstellten. Gegen Ende des 18. Jahrhunderts ließ die Prager Chewra Kadischa ihre Tätigkeit in einem Bilderzyklus verewigen. Er zeigt die Mitglieder des Vereins am Krankenbett, bei der Totenwache und während der Vorbereitungen zur Bestattung. Der Zyklus schließt mit dem Trauerzug und dem Begräbnis. Es folgt eine Darstellung des Jubiläumsbanketts der Bruderschaft und ihres traditionellen Besuches am Grabe des Hohen Rabbi Löw, der einer der Begründer der Chewra Kadischa war.

Das jüdische Schrifttum und vor allem der hebräische Buchdruck waren eine reichhaltige Inspirationsquelle für graphische Kunstwerke. An erster Stelle stehen die Holzschnitte, die die Titelblätter der hebräischen Bücher schmückten, die seit 1513 in Prag gedruckt wurden. Man darf auch den bildnerischen Wert der hebräischen Schriftzeichen nicht unterschätzen. Die Kalligraphie der alten Handschriften oder der Thora-Rollen nähert sich der Ornamentik.

Figürliche Malerei findet man zuerst in den illuminierten Handschriften der Haggada, jenen Auszügen aus dem Pentateuch, die zu Pessah verlesen werden. Der Prager Buchdruck war sehr früh mit Illustrationen versehen, schon das liturgische Buch „Seder Semirot u Birkat ha-Mason", eine Sammlung liturgischer Gesänge und Tischgebete aus dem Jahre 1514, war illustriert. Aus diesem Buch stammt ein „Heiligung des Festes" betiteltes Bild, das vier Personen an einem gedeckten Tisch zeigt, und die Darstellung einer mnemotechnischen Gedächtnisstütze „Hasenjagd". (Eine talmudische Abkürzung für die Reihenfolge der Segen, „Yaknehaz", wurde als „Jag'n Has" verstanden. Daher wird zur betreffenden Passage der „Haggada" oft eine Hasenjagd dargestellt.) Die Titelblätter der Prager Pentateuchausgabe von 1518 und der Haggada von 1526 besitzen Randleisten, deren ornamentale Elemente — die damals so beliebte Groteske — mit figürlichen abwechseln. Das Schema der graphischen Verzierung dieser Titelblätter entspricht den zeitgenössischen christlichen Drucken. Charakteristisch ist die Anwendung eines architektonischen Rahmens mit einem Sockel am unteren Blattrand und flankierenden Säulen, die eine Art vereinfachtes Architrav tragen. Daneben verwendete man auch ornamentale Bordüren mit hineinkomponierten biblischen oder lediglich dekorativen Gestalten. Dieser Typus von Titelblättern war in den hebräischen Druckereien bis zur Spätrenaissance vorherrschend. Möglicherweise hatte der architektonische Rahmen der Prager hebräischen Drucke unmittelbaren Einfluß auf die Gestaltung der Thora-Vorhänge der Renaissance.

Das Prager Ghetto war nicht während der ganzen Dauer seiner Existenz Produzent und Käufer ausschließlich von Kultgegenständen und -geräten. Schon im 17. Jahrhundert kann man das Interesse verfolgen, sich porträtieren zu lassen, vor allem bei bedeutenden Persönlichkeiten der Judenstadt. Nur einige wenige Radierungen sind erhalten, da das Ghetto zweimal nahezu niederbrannte. Jedoch zu Beginn des 19. Jahrhunderts kam die Mode des Porträts auch im Ghetto auf und eine ganze Reihe von Familienporträts oder Bildnisse bedeutender Persönlichkeiten wie Rabbi Rapoport oder Eleasar Fleckeles blieben erhalten. Auch Porträts in graphischer Technik trifft man häufig an, meist als Titelbilder in Büchern.

Das Ghetto war auch selbst eine Quelle der künstlerischen Inspiration. Die romantische Malerei des angehenden 19. Jahrhunderts wußte seine krummen Gäßchen und pittoresken Winkel mit der eigenartigen Architektur der Häuser und Höfe zu schätzen. Die Altneusynagoge mit ihrer düsteren Strenge und die übereinander getürmten Grabsteine des Alten Jüdischen Friedhofs mit ihren unverständlichen Inschriften übten eine seltsame Anziehungskraft aus. Kaum einer der zeitgenössischen Maler besuchte das Ghetto, ohne sich von diesen Motiven angesprochen zu fühlen. Zahlreiche Gemälde und graphische Blätter mit dem Thema der Judenstadt tragen die Signatur namhafter Prager Künstler wie Karl Postl, Karl Würbs, Vincent Morstadt, Josef Mánes und Jan Skramlík oder Emil Orlík.

Natürlich inspirierte die Judenstadt auch ausländische Besucher: im Jahre 1847 den Maler Gilbert Scott und in den fünfziger Jahren den belgischen Historienmaler Henri Leys sowie den bekannten deutschen Realisten Adolf Menzel.

Es ist das Verdienst dieser Künstler des 19. Jahrhunderts, daß das Ghetto von Prag wenigstens im spezifischen Kolorit der Zeit, in der sie entstanden, auf Bildern und graphischen Blättern erhalten blieb.

Quellen
und
Abkürzungen

Periodika

ČŽK — Českožidovský kalendář — Tschechisch-jüdischer Kalender

JB — Judaica Bohemiae (Periodikum des Staatlichen Jüdischen Museums)

PA — Památky archeologické — Archäologische Denkmäler

RKDU — Ročenka kruhu pro pěstování dějin umění — Jahrbuch des Kreises für Pflege der Kunstgeschichte

RSDŽ — Ročenka společnosti pro dějiny židů v ČSR — Jahrbuch der Gesellschaft für die Geschichte der Juden in der Tschechoslowakei

Institutionen

SÚPPOP — Staatliches Institut für Denkmal- und Naturschutz, Prag

SŽM — Staatliches Jüdisches Museum, Prag

ASŽM — Archiv des Staatlichen Jüdischen Museums

MMP — Museum der Hauptstadt Prag

Archive

SÚA **Státní ústřední archiv (Staatliches Zentralarchiv)**
Stará manipulace (Alte Manipulation), sign. SM — J 4/1—52 (Juden).
Nová manipulace (Neue Manipulation) sign. NM — P 1—7/1—60 (Juden), NM — P 1—3/11 (Brände in Prag), NM — M 1 — 1/3 (Malerzunft).
Jesuitica, sign. JS — L/1a—d; JS — L/2a; JS kart. Nr. 143 (Zensur der jüdischen Bücher).
České gubernium camerale, sign. ČG Camerale T 13, kart. Nr. 59 (Der Brand in der Prager Judenstadt im Jahre 1754).

AMP **Archiv hlavního města Prahy (Archiv der Hauptstadt Prag)**
Libri contractum Starého Města pražského, Ms. Nr. 2106—2118. Diese Handschriften sind 1945 im Altstädter Rathaus verbrannt. Die Angaben stammen aus Abschriften von J. Teige, die sich im Archiv des Staatlichen jüdischen Museums befinden.
Liechtenstein-Häuser, Ms. Nr. 177.
Libri judaeorum ab 1577, Ms. Nr. 2169, 2170.
Judenstadt, Häuserverzeichnis von 1826—35. Ms. Nr. 242.
Meisterbuch der Steinmetzzunft von 1741. Ms. Nr. 5724.

Bücher

Tomek Wenzel Wladiwoj, Základy starého místopisu pražského I, Praha 1872.
Bondy Bohumil — Dvorský František, K historii židů v Čechách, na Moravě a ve Slezsku, 906—1620, I, II, Praha 1906.

I.

[1] / H. Volavková, Zmizelá Praha 3, S. 59 f, 66 f.

[2] / H. Volavková, Zmizelá Praha 3, S. 66.

[3] / S. Steinherz, Die Einwanderung der Juden in Böhmen, Die Juden in Prag, S. 7 f.; H. Volavková, Zmizelá Praha 3, S. 7.

[4] / BD Nr. 1.

[5] / BD Nr. 2, 3.

[6] / BD Nr. 4.

[7] / BD Nr. 1108.

[8] / V. Ryneš, L'incendie de la synagogue du fauborg du château de Prague (im weiteren: L'incendie), JB I, S. 9 f, S. 18 f, S. 20, Anmerkung 33.

[9] / BD Nr. 6, 8, 16.

[10] / BD Nr. 9.

[11] / J. Čarek, Románská Praha, S. 246 f, Plan auf S. 249.

[12] / BD Nr. 10; S. Steinherz, Kreuzfahrer und Juden in Prag (1096) RSDŽ 1929. S. 1 f.

[13] / BD Nr. 13, 1106.

[14] / BD Nr. 97.

[15] / BD Nr. 273, 274; V. Ryneš, L'incendie, JB I, S. 17, Anm. 27.

[16] / V. Ryneš, L'incendie, JB I, S. 21.

[17] / BD Nr. 24.

[18] / BD Nr. 97.

[19] / BD Nr. 123.

[20] / BD Nr. 125.

[21] / BD Nr. 160, 170, 178, 1131, 1132.

[22] / BD Nr. 187.

[23] / BD Nr. 211, 232.

[24] / W. W. Tomek, Základy starého místopisu pražského I, S. 20—21, 46—47, 211 f., 214 f, 218 f, 228 f.

[25] / W. W. Tomek, Dějepis Prahy II, S. 215 f.

[26] / W. W. Tomek, Dějepis Prahy II, S. 216—218.

[27] / W. W. Tomek, Dějepis Prahy VIII, S. 143 f; bei der Lokalisierung des Hauses „U erbů" irrt Tomek. Er indentifiziert es mit der jüdischen Cons. Nr. 113 in der Nähe des Heiliggeisttores, also genau am anderen Ende der Judengasse. Aus späteren Quellen geht eindeutig hervor, daß dieses Haus im Areal der Pinkas-Synagoge stand.

[28] / BD Nr. 1150.

[29] / W. W. Tomek, Dějepis Prahy VIII, S. 146.

[30] / V. Vojtíšek, Židovské ulice v Novém Městě pražském, ČŽK 1913, S. 152 f; J. Heřman, La communauté juive de Prague et sa structure au commencement des temps modernes (im weiteren: J. Heřman, La communauté). JB V, S. 32.

[31] / J. Heřman, La communauté, JB V, S. 33.

[32] / BD Nr. 312.

[33] / BD Nr. 329—331, 333, 337, 342.

[34] / BD Nr. 347, 351, 352, 355, 363.

[35] / J. Heřman, La communauté, JB V, S. 60.

[36] / BD Nr. 306, 407, 408, 436, 1134, 1243—1246, 1251, 1257.

[37] / BD Nr. 405, 434.

[38] / BD Nr. 410.

[39] / BD Nr. 459, 460, 463—465, 469, 471, 472, 479, 493, 498, 502, 514, 1274, 1278, 1279.

[40] / BD Nr. 40.

[41] / BD Nr. 533.

[42] / BD Nr. 554, 556, 557, 560, 561, 1284.

[43] / BD Nr. 577, 579—581, 584, 586—588, 590—592, 595, 596, 600, 601, 605, 609, 611, 612, 619, 621, 628—632, 635, 641, 645, 649, 1292, 1298, 1300—1302, 1305, 1306.

[44] / J. Heřman, La communauté, JB V, S. 61—63.

[45] / BD Nr. 685, 687, 698.

[46] / BD Nr. 706, 709—715, 794, 799.

[47] / BD Nr. 765, 828, 834, 856, 880, 924, 1016.

[48] / BD Nr. 975.

[49] / AMP, Libri albi Judeorum, Ms. Nr. 2169, fol. 33 v, fol. 135, fol. 219, fol. 336, fol. 370.

[50] / BD Nr. 978.

[51] / BD Nr. 1037.

[52] / BD Nr. 1040.

[53] / BD Nr. 1055.

[54] / BD Nr. 876; J. Heřman — M. Vilímková, Pražské synagogy; H. Volavková, Zmizelá Praha 3, S. 28 f.

[55] / J. Prokeš — A. Blaschka, Úřední antisemitismus a pražské ghetto v době pobělohorské (im weiteren: Úřední antisemitismus), RSDŽ 1929, S. 41 f. Pražské ghetto a křesťanská společnost v době od bitvy na Bílé hoře do velkého moru v roce 1680.

[56] / J. Prokeš — A. Blaschka, Úřední antisemitismus, l. c.; V. Vojtíšek, O rozšíření židovského města pražského r. 1622 a 1623, ČŽK 1915, S. 154 f.

[57] / SÚA, sign. SM — J 4/7.

[58] / SÚA, sign. SM — J 4/7.

[59] / C. Straka, Plán Starého Města pražského z r. 1641, PA XXIX, S. 242 f; V. Sádlo, Pohled na část Starého Města pražského z počátku poloviny XVII. století. RKPDÚ 1939—40, S. 33 f.

[60] / B. Nosek, Die jüdische Kultusgemeinde in Libeň, JB XVI, S. 103 f.

[61] / SÚA, sign. NM — Pl — 7/2; SM — J 4/18.

[62] / BD Nr. 624, 1344; SÚA, sign. SM — J 4/21, 22; NM— Pl — 7/27; NM — P1 — 3/11; J. Prokeš —A. Blaschka, Úřední antisemitismus, S. 111 a f; V. Vojtíšek, Po ohni židovského města pražského r. 1689, ČŽK 1914, S. 61 f.

[63] / V. Vojtíšek, Staré plány židovského města, ČŽK 1911, S. 28 f; SÚA, sign. SM — J 4/26.

[64] / SÚA, sign. SM — J 4/1; J. Prokeš—A. Blaschka, Úřední antisemitismus, RSDŽ (deutsche Ausgabe) S. 236 f. J. Prokeš, Soupis pražských židů z roku 1729, RSDŽ 1933, S. 309 f; H. Volavková — V. Lorenz, Dientzenhoferovo zaměření starého židovského města, Kniha o Praze 1958, S. 145 f.

[65] / SÚA, sign. SM — J 4/1; J. Bergl, Das Exil der Prager Judenschaft von 1745—48, RSDŽ 1929, S. 225 f.

[66] / B. Nosek, Die jüdische Kultusgemeinde in Libeň, JB XVI, S. 103 f.

[67] / SÚA, ČG Camerale, sign. T 13, kart. Nr. 59; V. Žáček, Po požáru pražského ghetta r. 1754, RSDŽ 1934, S. 157 f.

[68] / SÚA, ČG Camerale, sign. T 13, kart. Nr. 59.

[69] / SÚA, ČG Camerale, sign. T 13, kart. Nr. 59.

[70] / SÚA, ČG Camerale, sign. T 13, kart. Nr. 59.

71/ H. Volavková, Zmizelá Praha 3, S. 43 f.

72/ H. Volavková, Zmizelá Praha 3, S. 50 f; F. Roubík, K dějinám židů v Čechách v první polovici devatenáctého století, RSDŽ 1934, S. 281 f; F. Roubík, Tři příspěvky k vývoji emancipace židů v Čechách, RSDŽ 1934, S. 281 f; F. Roubík, Tři příspěvky k vývoji emancipace židů v Čechách, RSDŽ 1933, S. 305 f. (im weiteren: F. Roubík, Tři příspěvky)

73/ F. Roubík, Tři příspěvky; AMP, Ms. 242, Judenstadt 1826—1835.

74/ H. Volavková, Zmizelá Praha 3, S. 59 f., S 66 f.

II.

1/ I. Epstein, Judaism; R. Krüger, Die Kunst der Synagoge; The precious Legacy, Judaic Treasures from the Czechoslovak State Collections; Stichworte in Encyclopaedia Judaica und The Jewish Encyclopedia.

2/ J. Janáček, The Prague Jewish Community before the Thirty Years War, Prague Ghetto in the Renaissance Period, S. 48.

3/ BD Nr. 24.

4/ BD Nr. 21, 26.

5/ BD Nr. 178, 230, 292, 298, 303, 305, 312, 313, 337, 342.

6/ BD Nr. 282, 288, 341, 347, 451.

7/ SÚA, sign. SM — J 4/7.

8/ SÚA, sign. SM — J 4/5, SM — 4/7; NM P 1 — 7/1.

9/ SÚA, sign. SM — J 4/7.

10/ BD Nr. 609, 617, 625, 1293; SÚA, sign. SM — J 4/9.

11/ SÚA, sign. JS — L /1a—d/, L/2a, kart. Nr. 91; sing. SM — J 4/24; E. J. Wolf, Inqusitorní process proti L. Abelesovi a L. Kurzhandlovi. (O. Muneles, Bibliografický přehled, Nr. 184, 186, 187, 241).

12/ SÚA, sign. SM — J 4/16; JS kart. Nr. 143.

13/ SÚA, sign. SM — J 4/16.

14/ SÚA, sign. SM — J 4/16; NM — P 1—7/27.

15/ SÚA, sign. SM — J 4/2; J. Prokeš — A. Blaschka, Úřední antisemitismus, RSDŽ 1929 (deutsche Ausgabe) S. 95 f., 184 f., 236 f.

16/ SÚA, sign. J 4/8.

17/ BD Nr. 292, 302, 341, 347.

18/ BD Nr. 312, 313, 347.

19/ SÚA, sign. SM — J 4/3; The Prague Ghetto in the Renaissance Period, Bild Nr. 19.

20/ BD Nr. 434, 719.

21/ BD Nr. 837.

22/ BD Nr. 888, 906, 908.

23/ Bd Nr. 1091; SÚA, sign. SM — J/17.

24/ SÚA, sign. SM — J 4/17.

25/ SÚA, sign. SM — J/4/7; NM — P 1—7/2; T. Jakobowitz, Die jüdischen Zünfte in Prag, RSDŽ 1936, S. 57 f.

26/ AMP, Ms. Nr. 3724, fol. 26; G. Kisch, Die Prager Universität und die Juden, RSDŽ 1934, S. 47 f; J. Prokeš, Soupis pražských židů z roku 1729, RSDŽ 1932, S. 309 f.

27/ SÚA, sign. NM — M 1 — 1/3.

28/ SÚA, sign. NM — P 1 — 7/5.

29/ J. Heřman, Das Steuerregister der Prager Juden aus dem Jahre 1540 (1528), JB I, S. 28 f., Tabelle I auf S. 32; SÚA, sign. SM — J 4/1.

III.

1/ O. Muneles, Die hebräische Literatur auf dem Boden der ČSSR (im weiteren: Die hebräische Literatur), JB V, S. 109 f.

2/ O. Muneles, Die hebräische Literatur, JB V, S. 113; O. Muneles, Die Rabbiner der Altneuschul (im weiteren: Die Rabbiner), JB V, S. 95; O. Muneles, Starý židovský hřbitov, Ms., Kommentar zur Grabschrift von Rabbi Abigdor Kara.

3/ O. Muneles, Die Rabbiner, JB V, S. 97 f.

4/ O. Muneles, Die hebräische Literatur, JB V, S. 114 f; O. Muneles — V. Sadek, The Prague Jewish Community in the sexteenth Century - Spiritual Life (im weiteren: The Prague Jewish Community), Prague Ghetto in the Renaissance Period, S. 67 f.

5/ O. Muneles, Bibliografický přehled židovské Prahy (im weiteren: Bibliografický přehled), S. 15—16.

6/ O. Muneles, Die Rabbiner, JB V, S. 106; Die hebräische Literatur, JB V, S. 116; Bibliografický přehled, S. 19—22.

7/ O. Muneles, Die Rabbiner, JB V, S. 103 f; Die hebräische Litertur, JB V, S, 117; O. Muneles — V. Sadek, The Prague Jewish Community, S. 71 f.

8/ O. Muneles, Die hebräische Literatur, JB V, S. 121; Starý židovský hřbitov, Ms., Kommentare zuden Grabinschriften der angeführten Persönlichkeiten.

9/ G. Alter, Two Renaissance Astronomers, S. 14 f; O. Muneles, Die hebräische Literatur, JB V, S. 121.

10/ O. Muneles — M. Vilímková, Starý židovský hřbitov v Praze, S. 245 f; O. Muneles, Die hebräische Literatur, JB V, S. 125.

11/ O. Muneles, Die hebräische Literatur, JB V, S. 123.

12/ O. Muneles, Die hebräische Literatur, JB V, S. 124 f.

13/ O. Muneles, Starý židovský hřbitov, Ms., Kommentarc zu dcn Grabinschriftcn der Mitglieder der Familie Horowitz; O. Muneles — M. Vilímková, Starý židovský hřbitov v Praze, Kommentare zu den Grabinschriften Nr. 10, 18, 62, 71, 76, 79, 114; BD—vergl. 1. Kap., Anmerkung Nr. 36.

14/ O. Muneles, Starý židovský hřbitov, Ms., Kommentar zur Grabinschrift des Mordechai Meisl; BD Nr. 753, 789, 803, 866, 871, 876, 886, 896, 928, 934, 962, 966—972, 997, 1054, 1310, 1316, 1321, 1323, 1339.

15/ O. Muneles, Starý židovský hřbitov, Ms., Kommentare zu den Grabinschriften der Mitglieder der Familie des Jakob Bassewi; BD Nr. 947, 1037, 1043; Encyclopaedia judaica, S. v. Bassewi.

16/ O. Muneles, Starý židovský hřbitov, Ms., Kommentare zu den Grabinschriften der Rabbiner Reuben Hoschke, Ahron Simon Spira, Gabriel aus Eltsch und des Elija Spira; SÚA — SM — J 4/23.

17/ O. Muneles, Die hebräische Literatur, JB V, S. 126 f; g. Alter, Two Renaissance Astronomers, S. 45 f.

18/ O. Muneles, Die hebräische Literatur, JB V, S. 126 f.

19/ O. Muneles, Die hebräische Literatur, JB V, S. 127 f; Starý židovský hřbitov, Ms., Kommentar zur Grabinschrift des Rabbiners David Oppenheim.

20/ O. Muneles, Die hebräische Literatur, JB V, S. 129 bis 130.

21/ O. Muneles, Die hebräische Literatur, JB V, S. 131; V. Sadek, La synagogue réformé de Prague, JB XVI, S. 129 f.

22/ O. Muneles, Die hebräische Literatur, JB V, S. 131 f.; V. Sadek, La synagogue réformé de Prague, JB XVI, S. 129.; V. Sadek — J. Šedinová, Petr Beer (1788—1838), JB XIV, S. 7 f.; O. Muneles, Die hebräische Literatur, JB V, S. 138—139.

IV.

1/ R. Krautheimer, Mittelalterliche Synagogen; R. Wischnitzer, The Architecture of the European Synagogue; J. Heřman — M. Vilímková, Pražské synagogy; V. Ryneš, L'incendie, JB I, S. 9 f.

2/ Z. Münzerová, Staronová synagoga, S. 37; SÚA, sign. SM — J 4/21; NM — P 1—7/27.

3/ J. F. Schor, Plán pražského ghetta po požáru v r. 1754, SÚA, Sbírka map a plánů, inv. Nr. 2394.

4/ J. Heřman — M. Vilímková, Pražské synagogy, S. 14.

5/ Z. Münzerová, Staronová synagoga; M. Vilímková, Seven Hundred Years of the Old New Synagogue, JB V, S. 71 f.

6/ W. W. Tomek, Dějepis Prahy VIII, S. 143; AMP Ms. 2106, fol. 490, 391; 2107, fol. 28; 2108. fol, 151 f., 209; 2109, fol. 85; 2111, fol. 211; 2117, fol. 358; 2118, fol. 139; 2169, fol. 241 n., 292, 332, 374; 2170, fol. 19, 106.

7/ H. Volavková, Pinkasova škola, památník minulosti a našich dnů (im weiteren: Pinkasova škola), S. 21 f. Zur Ansicht der Autorin, daß vor der Pinkas-Synagoge an der gleichen Stelle schon eine romanische gestanden haben mochte, führen wir an, daß auch der historische Name des Hauses „U erbů" (Zum Wappen) eher auf ursprünglich christlichen Besitz hinweist. Dieser Name muß nicht unbedingt „Zum Wappen" bedeuten. Zwar heißt „erb" auf deutsch „Wappen", aber das Haus könnte auch „Zu den Erben" geheißen haben und auf „U erbů" tschechisiert worden sein. Die Rudimente romanischer Architektur unter der Pinkas-Synagoge könnten auch die eines Profanbaues sein.

8/ H. Volavková, Pinkasova škola, S. 51 f.

9/ H. Volavková, Pinkasova škola, S. 79 f. 95 f; AMP, Ms. 2169, fol. 374; 2170, fol. 106.

10/ H. Volavková, Pinkasova škola, S. 108 f.

11/ A. Pařík, Pražské synagogy v obrazech, rytinách a starých fotografiích, SŽM 1986.

12/ J. Heřman — M. Vilímková, Pražské synagogy, S. 41 f., A. Pařík, Pražské synagogy v obrazech, SŽM 1985.

13/ SÚA, sign. SM — J 4/21; NM — P 1—7/27; J. Heřman — M. Vilímková, Pražské synagogy, S. 44 f.

14/ SÚA, sign. SM — J 4/21; NM — P 1—7/27; J. Heřman — M. Vilímková, Pražské synagogy, S. 48; Der Almemor ist in der Publikation von B. Fogesu—D. Poděbrad, „Altertümer der Prager Josefstadt", in einem Stich aus dem Jahre 1870 festgehalten.

15/ J. Teige — I. Hermann — Z. Winter, Pražské ghetto, S. 122.

16/ J. Heřman — M. Vilímková, Pražské synagogy, S. 53; A. Pařík, Pražské synagogy v obrazech, SŽM 1986; H. Volavková, Zmizelá Praha 3, S. 40, 42; SÚA, sign. SM — J 4/21; NM — P 1—7/27.

17/ J. Heřman — M. Vilímková, Pražské synagogy, S. 53; H. Volavková, Zmizelá Praha 3, S. 40, 42; A. Pařík, Pražské synagogy v obrazech, SÚA, sign. SM — J 4/21; NM — P 1—7/27.

18/ SÚA, sign. SM — J 4/21; NM — P 1—7/27.

19/ H. Volavková, Zmizelá Praha 3, S. 51.

20/ J. Heřman — M. Vilímková, Pražské synagogy, S. 56 f.; A. Pařík, Pražské synagogy v obrazech.

21/ K. Guth, Židovská radnice v Praze, ČŽK 1915, S. 164 f; H. Volavková, Zmizelá Praha 3, S. 46; AMP, Ms. 2118, fol. 199; 2182, fol. 46.

V.

1/ Die Grundlage zur Verarbeitung dieses Kapitels war das Buch von O. Muneles und M. Vilímková „Starý židovský hřbitov v Praze" und das Manuskript von O. Muneles „Der alte jüdische Friedhof", erweitert um bedeutende Grabinschriften aus dem 16., 17. und 18. Jahrhundert. Ihr Wortlaut wurde von O. Muneles aus dem Hebräischen ins Deutsche übertragen. Zu den Grundstückskäufen zur Erweiterung des Friedhofs: BD Nr. 1150, 1229, 1324, 936, 968, 771.
Zum liquidierten Teil des Friedhofs: O. Muneles—M. Vilímková, Starý židovský hřbitov v Praze, S. 95; II. Volavková, Zmizelá Praha 3, S. 66 f.

2/ AMP, MS. Nr. 5724, Meisterbuch der Steinmetzzunft von 1741, fol. 26; Verfügungen zu den Arbeiten am Prager jüdischen Friedhof.

VI.

1/ Zur Verarbeitung des Themas wurden die im Literaturnachweis angeführten Monographien und zusammenfassenden Publikationen über synagogale Kunst verwendet.

Literaturverzeichnis

Adler George, Two Renaissance Astronomers, David Gans, Joseph De Medigo, Rozpravy Československé akademie věd, 68, 1958

Bergel Josef, Die Ausweisung der Juden aus Prag im Jahre 1744. Die Juden in Prag, Prag 1927

Bergel Josef, Das Exil der Prager Judenschaft von 1745—1748, RSDŽ I, 1929

Čermáková Jana, The Synagogue Textils, JB XVI.

Doležalová Jana, Die Sammlung der Thorawickel, JB XVI.

Doležalová Jana, Binders and Festive Covers from the Collections of the State Jewish Museum in Prague, JB X.

Doležalová Jana, Wedding Dishes and Plates, JB XIII.

Doležalová Jana, Thoraschilder aus der Werkstätte der Prager Silberschmiede, aus Sammlungen des Staatl. Jüdischen Museums, JB XIX.

Epstein Isidor, Judaism, A historical Presentation, London 1968

Guth Karel, Židovská radnice, ČŽK 1915

Heřman Jan, Das Steuerregister der Prager Juden aus dem Jahre 1540 (1528), JB I.

Heřman Jan, The Prague Jewish Community before the Expulsion of 1541, Prague Ghetto in the Renaissance Period, Praha 1965

Heřman Jan, La communauté juive de Prague et sa structure au commencement des temps modernes, JB V.

Horák František, Česká kniha v minulosti a její výzdoba, Praha 1948

Hrázský Josef, La corporation juive d'orfevres à Prague, JB II.

Hrázský Josef, Sixteenth and Seventeenth Century Items in the Collections of the State Jewish Museum, Prague Ghetto in the Renaissance Period, Praha 1965

Jakobowitz Tobias, Das Prager und Böhmische Landesrabbinat Ende des siebzehnten und Anfang des achtzehnten Jahrhunderts, RSDŽ 1933

Jakobowitz Tobias, Die Jüdische Zünfte in Prag, RSDŽ 1936

Janáček Josef, The Prague Jewish Community before the Thirty Years War, Prague Ghetto in the Renaissance Period, Praha 1965

Jeřábek Luboš, Starý židovský hřbitov pražský, Praha 1903

Jeřábek Luboš, Stará Pinchasova škola, ČŽK 1907

Jüdisches Lexikon, Herausg. von Dr. Georg Herlitz und Dr. Bruno Kirschner, Berlin 1927—1930

Kisch Guido, Die Zensur jüdischer Bücher in Böhmen, RSDŽ 1930

Kisch Guido, Die Prager Universität und die Juden, RSDŽ 1934

Krautheimer Richard, Mittelalterliche Synagogen, Berlin 1927

Krüger Renate, Die Kunst der Synagoge, Leipzig 1966

Kybalová Ludmila, Die Thoramäntel aus der Textilsammlung des Staatl. Jüdischen Museums in Prag, 1750—1800, JB X.

Lion J. — Lukas J., Das Prager Ghetto, Artia, Prag 1959

Lion J. — Lukas J., Der Alte Jüdische Friedhof in Prag, Text dt.-engl. franz., Artia, Prag 1959

Mann Vivan B., Symbols of the Legacy. Community Life, Family and Home, The Precious Legacy, Judaic Treasures from the Czechoslovak State Collections, ed. by David Altschuler, New York 1983

Muneles Otto, Bibliografický přehled židovské Prahy, Praha 1951

Muneles Otto — Vilímková Milada, Starý židovský hřbitov v Praze, Praha 1955

Muneles Otto, Zur Prosopographie der Prager Juden im 15. und 16. Jahrhundert, JB II.

Muneles Otto—Sadek Vladimír, The Prague Jewish Community in the Sixteenth Century (Spiritual Life), Prague Ghetto in the Renaissance Period, Praha 1965

Muneles Otto, Die Rabbiner der Altneuschul, JB V.

Muneles Otto, Die hebräische Literatur auf dem Boden der ČSSR, JB V.

Münzerová Zdenka, Staronová synagoga, Praha 1932.

Nosek Bedřich, Die jüdische Kultusgemeinde in Libeň im 16.—19. Jahrhundert, JB XVI.

Pařík Arno, The Topographes of the Pictures Collections at the State Jewish Museum, JB XIX., JB XX.

Polák Josef, Nápisy pražských Peroches, Kniha o Praze 1931

Polák Josef, Židé v Libni v XVI. století, ČŽK 1912

Prokeš Jaroslav—Blaschka Antonín, Úřední antisemitismus a pražské ghetto v době pobělohorské, RSDŽ 1929

Prokeš Jaroslav, Soupis pražských židů z roku 1929, RSDŽ 1933

Roubík František, Tři příspěvky k vývoji emancipace židů v Čechách, RSDŽ 1934

Roubík František, K dějinám židů v Čechách v devatenáctém století, RSDŽ 1935

Sadek Vladimír, L'Argenterie des Synagogues, JB XVI.

Sadek Vladimír, Goblets and Jugs of Czech and Moravian Burial Brotherhoods, JB XVI.

Sadek Vladimír, La synagogue réformée de Prague, JB XVI

Sadek Vladimír—Šedinová Jiřina, Petr Beer (1788—1838), Penseur éclairé de la vieille ville juive de Prague, JB XVI.

Sádlo Vojtěch, Pohled na část Starého Města pražského z počátku druhé poloviny XVII. století, RKDU 1939, Praha 1939

Šedinová Jiřina, Czech History as Reflection in the Historical Work by David Gans, JB VIII, 1972

Šedinová Jiřina, Old Czech Legends in the Work of David Gans, JB XIV, 1978

Skirecki Ingetraud — Simon Heinrich, Die Wunder von Chanukka, Berlin und Hanau, 1989

Spiegel Käthe, Die Prager Juden zur Zeit des Dreißigjährigen Krieges, Die Juden in Prag, 1927

Steinherz Samuel, Die Einwanderung der Juden in Böhmen, Die Juden in Prag, Praha 1927

Steinherz Samuel, Die ältesten Wohnstätte der Juden in Prag, B'nai B'rith Monatsbilder, 1927

Steinherz Samuel, Kreuzfahrer und Juden in Prag, (1906), RSDŽ 1929

Teige Josef — Hermann Ignát — Winter Zikmund, Pražské ghetto / Prager Ghetto /, Praha 1903

Tomek Wenzel Wladivoj, Dějepis Prahy II, 2. vyd. Praha 1892; VIII, Praha 1891

Vilímková Milada, Seven Hundred Years of the Old-New Synagogue, JB V, 1969

Vojtíšek Václav, Po ohni židovského města pražského r.1689. Příspěvek k dějinám židů pražských, ČŽK 1914

Vojtíšek Václav, Staré plány židovského města, ČŽK 1911

Vojtíšek Václav, Židovské ulice v Novém Městě pražském, ČŽK 1913

Vojtíšek Václav, O rozšíření židovského města pražského r. 1622 a 1623, ČŽK 1915

Volavková Hana, Schicksal des Jüdischen Museums in Prag, Artia, Prag 1965

Volavková Hana, Zmizelá Praha 3, Židovské město pražské, Praha 1947

Volavková Hana, Grafické portrétní dokumenty pražského ghetta z počátku 19. století, Hollar, Sborník grafického umění 28

Volavková Hana, The Synagoge Treasures of Bohemia and Moravia, Praha 1949

Volavková Hana, Guide to the Jewish Museum in Prague I, Praha 1948; II, Praha 1957

Volavková Hana, Průvodce po Státním židovském muzeu v Praze I, Klausová synagoga, Praha 1956

Volavková Hana, Pinkasova škola, Památník minulosti a našich dnů, Praha 1954

Volavková Hana — Lorenc Vilém, Dientzenhoferovo zaměření starého židovského města, Kniha o Praze, 1958

Žáček Václav, Po požáru pražského ghetta r. 1754, RSDŽ 1934

Anmerkung der Übersetzerin

Die Transkription der hebräischen Namen, Bezeichnungen und Zitate ist Artikeln von Dr. Otto Muneles in „Judaica Bohemiae" (Periodikum des Staatlichen jüdischen Museums, Prag) sowie einem Manuskript „Über die Entwicklung des jüdischen Epitaphs" von Dr. Otto Muneles, das mir die Autorin zur Verfügung stellte, entnommen. Die Bezeichnung der Feiertage und Ritualien folgt weitgehend dem „Philo Lexikon, Handbuch des jüdischen Wissens, Berlin, 1935".

Verzeichnis der Abbildungen

21. Blick auf die gleichen Häuserblöcke in östlicher Richtung. A. Langweil, „Modell der Hauptstadt Prag". Museum der Hauptstadt Prag

22. J. Minařík: Abbruch der Häuser in der Rabbinergasse während der Assanierung der Judenstadt. Ölgemälde. Museum der Hauptstadt Prag

23. J. G. Hartmann — J. Hiler, Umzug der Prager Juden anläßlich der Geburt des Thronfolgers Prinz Leopold, 1716. Kupferstich. Staatliches Jüdisches Museum

24. Umzug der Prager Juden anläßlich der Geburt des Thronfolgers Prinz Joseph, 1741. Kupferstich. Staatliches Jüdisches Museum

25. Klementinum. Westfassade. Das Jesuitenkollegium war der älteste Sitz der Jesuiten.

26. Grabplatte des Simon Abeles in der Teynkirche

27. Simon Abeles, Frontispiz des 1728 herausgegebenen Buches über den Prozeß gegen seinen Vater Lazarus Abeles, seinen angeblichen Mörder. Staatliches Jüdisches Museum

28. Bebauung der Pinkasgasse mit einem Teil des Alten Jüdischen Friedhofs östlich von der Pinkas-Synagoge. A. Langweil, „Modell der Hauptstadt Prag". Museum der Hauptstadt Prag

29. Ansicht der Bebauung bei der ehemaligen Zigeunergasse gegen die Moldau zu. A. Langweil, „Modell der Hauptstadt Prag". Museum der Hauptstadt Prag

30. Moldauufer mit Flößholz nördlich der Judenstadt. A. Langweil, „Modell der Hauptstadt Prag". Museum der Hauptstadt Prag

31. Joachimsgasse mit der Meisl-Synagoge in der Mitte des Hintergrundes. A. Langweil, „Model der Hauptstadt Prag". Museum der Hauptstadt Prag

32. Tallit und Tefillim: Ein weißes, braun gestreiftes Tuch zum Umschlagen mit Schaufäden (Zizit) an den vier Enden und Gebetriemen. Staatliches Jüdisches Museum

33. J. Minařík: Jüdische Fleischbänke. Ölgemälde. Museum der Hauptstadt Prag

34. Wahrzeichen der jüdischen Fleischerzunft. Museum der Hauptstadt Prag

35. Ansicht des jüdischen Friedhofs mit Umgebung von Südosten. Im Hintergrund ein bei der „Assanierung des fünften Prager Stadtviertels" zerstörter Teil des Friedhofs. A. Langweil, „Modell der Hauptstadt Prag". Museum der Hauptstadt Prag

36. Jubiläumsbankett der Beerdigungsbruderschaft Chewra Kadischa, anonymes Ölgemälde aus der ersten Hälfte des 19. Jahrhunderts. Staatliches Jüdisches Museum

37. Gebet der Mitglieder der Chewra Kadischa am Grab von Rabbi Löw. Anonymes Ölgemälde aus der ersten Hälfte des 19. Jahrhunderts. Staatliches Jüdisches Museum

38. Vor der Beerdigung. Grabrede des Rabbiners auf dem Judenfriedhof in Wolschan. Erste Hälfte des 19. Jahrhunderts. Staatliches Jüdisches Museum

39. Blindes Gäßchen hinter der Meisl-Synagoge. Fotografie von J. Eckert, um 1898. SÚPPOP

40. Südseite der Breiten Gasse in östlicher Richtung. Aufnahme von J. Eckert, um 1898. SÚPPOP

41. Schmielesgasse, Ausmündung in den kleinen Holzmarkt. Aufnahme von J. Eckert, 1896—1905

42. Blick durch die Rabbinerstraße in nördlicher Richtung. Aufnahme J. Eckert aus den neunziger Jahren des 19. Jh. Archiv des Staatlichen Jüdischen Museums

43. Dreibrunnenplatz auf der Kreuzung der Meislgasse mit der Kostečná-Gasse und Joachymsgasse. Aufnahme von J. Eckert, um 1898

44. Joachymsgasse in Richtung zum Dreibrunnenplatz. Aufnahme von J. Eckert, um 1898

45. Blick durch die Gasse „V Kolnách" in Richtung zum südlichen Vorraum der Altneusynagoge. Aufnahme von J. Eckert, neunziger Jahre des 19. Jahrhunderts. Archiv des Staatlichen Jüdischen Museums

46. Ecke Joachymsgasse und Schmale Gasse. Aufnahme von J. Eckert, neunziger Jahre des 19. Jahrhunderts. SÚPPOP

47. J. Minařík: Pinkasgäßchen, Blick zum Alten Jüdischen Friedhof, rechts Westfassade der Pinkas-Synagoge. Öl/Leinwand. Museum der Hauptstadt Prag

48. J. Minařík: Hampasgasse mit Blick auf das Gebäude des Kunstgewerbemuseums. Öl/Leinwand. Museum der Hauptstadt Prag

49. Blick in den Hof eines Hauses im Bereich der Gasse „Bei der alten Schul". Aufnahme von J. Eckert aus dem Jahre 1905. SÚPPOP

50. Hof des großen Renaissancehauses des Jacob Baschewi. Aufnahme von J. Eckert, um 1900. SÚPPOP

51. Hof eines Hauses in der Roten Straße, im Hintergrund Zigeuner-Synagoge. Aufnahme J. Eckert aus dem Jahre 1905. SÚPPOP

52. Eckhaus der Familie Wedel und der Nachbarfamilie Moscheles in der Neuen Poststraße. Aufnahme J. Eckert, um 1900. SÚPPOP

53. Ostfassade der Meisl-Synagoge mit Bblick in das damalige Meislgäßchen. Aufnahme von J. Eckert, um 1898. SÚPPOP

54. Trödelgeschäft in dem ehemaligen Ghetto. Archiv des Staatlichen Jüdischen Museums

55. J. Minařík: Das ehemalige Gäßchen „Bei der alten Schul" mit Blick auf die Westfassade des „Tempels". Öl/Leinwand, Museum der Hauptstadt Prag

56. J. Minařík: Saazer Gasse. Öl/Leinwand. Museum der Hauptstadt Prag

57. Gebäude des ehemaligen Zeremoniensaales und der Totenkammer des Alten Jüdischen Friedhofs.

58. Zunftzeichen der Prager hebräischen Drucker. Holzschnitt. Illustration aus dem 1530 in Prag gedruckten Pentateuch. Staatliches Jüdisches Museum

59. Illustration aus dem 1530 in Prag gedruckten Pentateuch. Holzschnitt. Staatliches Jüdisches Museum

60. Illustration aus dem 1530 in Prag gedruckten Pentateuch. Holzschnitt. Staatliches Jüdisches Museum

160. Thora-Mantel aus der Pinkas-Synagoge, 1740. Staatliches Jüdisches Museum

161. Thora-Mantel aus der Pinkas-Synagoge, 1754. Staatliches Jüdisches Museum

162. Thora-Vorhang aus der Klausensynagoge, 1781. Staatliches Jüdisches Museum

163. Thora-Vorhang, Prager Provenienz, 1850. Staatliches Jüdisches Museum

164. Thora-Wimpel mit gemalter Stifterinschrift. Staatliches Jüdisches Museum

165. Thora-Wimpel mit Inschrift in verschiedenen Farben. Staatliches Jüdisches Museum

166. Thora-Wimpel mit in verschiedenen Farben gestickter Stifterinschrift. Staatliches Jüdisches Museum

167. Thora-Wimpel mit gestickter, mit einem einfachen Rankenornament ergänzter Stifterinschrift. Staatliches Jüdisches Museum

168. Rimmonim. Thora-Aufsätze. Getriebenes und graviertes Silber, teilweise vergoldet, Mähren, 1805. Staatliches Jüdisches Museum

169. Rimmonim. Thora-Aufsatz in der Form einer durchbrochenen Krone. Getriebenes und graviertes Silber, Böhmen, 1860. Staatliches Jüdisches Museum

170. Rimmonim. Thora-Bekrönung in der Form einer Krone. Getriebenes und graviertes Silber, Mähren, 1810. Staatliches Jüdisches Museum

171. Thora-Krone aus vergoldetem Silber, getrieben und graviert, mit eingesetzten bunten Steinen verziert, Prag, 1817. Staatliches Jüdisches Museum

172. Thora-Schild. Getriebenes Silber, Rokycany (Rokitzan), 1762. Staatliches Jüdisches Museum

173. Thora-Schild. Getriebenes Silber, Prag, 1784. Staatliches Jüdisches Museum

174. Thora-Schild. Silber, getrieben und graviert, Prag, Ende des 18. Jahrhunderts. Staatliches Jüdisches Museum

175. Schofar. Staatliches Jüdisches Museum

176. Thora-Zeiger (Jad).
Gruppe der sechs silbernen Thora-Zeiger aus dem 19. Jahrhundert. Die Griffe sind zweiteilig. Der obere Teil ist vierkantig, der untere reliefartig gewunden. Zwischen beiden Teilen und am oberen Ende ist entweder eine Kugel oder ein Ellipsoid;, der untere Teil endet mit einem winzigen Händchen. Zu einem Thora-Zeiger gehört auch eine Kette zur Befestigung an die Thora-Rolle. Staatliches Jüdisches Museum

177. Mesusot: Kleine Hülsen für einen Pergamentstreifen mit einem Bibelzitat.
   a) Aus Holz, mit geschnitztem Ornament. Staatliches Jüdisches Museum
   b) Aus Holz, mit geschnitztem Ornament. Staatliches Jüdisches Museum
   c) Aus Silber, in der Form eines mit einem Blattornament unterlegten Röhrchens. Staatliches Jüdisches Museum

178. Seder-Schüssel, aus Zinn mit gravierter Inschrift und dem Symbol der Krone, Prag, 1850. Staatliches Jüdisches Museum

179. Kiddusch-Becher. Vergoldetes Silber mit getriebenem, graviertem und ziseliertem Rankenornament. Mitteleuropa, 17. Jahrhundert. Staatliches Jüdisches Museum

180. Chanukka-Leuchter vom Bank-Typus. Silberfiligran, Prag, um 1800. Staatliches Jüdisches Museum

181. Etrog-Schale. Getriebenes, durchbrochenes und graviertes Silber, Prag, 1820. Staatliches Jüdisches Museum

182. Bessamim-Büchse. Durchbrochenes Silber, Prag, Ende des 19. Jahrhunderts. Staatliches Jüdisches Museum

183. Etrog-Schale. Getriebenes Silber, Prag, 1860. Staatliches Jüdisches Museum

184. Taschenuhr mit hebräischem Zifferblatt, graviertes Silber mit Vergoldungsresten. Staatliches Jüdisches Museum

185. J. Minařík: Altneusynagoge und jüdisches Rathaus. Öl/Leinwand, Anfang des 20. Jahrhunderts. Museum der Hauptstadt Prag

186. J. Minařík: Der Alte Jüdische Friedhof, im Vordergrund die Tumba des Rabbi Löw. Öl/Leinwand, Anfang des 20. Jahrhunderts, Museum der Hauptstadt Prag

187, 188. Anonymes Gemälde: Ehepaar. Der Pelzhändler Anton Weiss (1782—1832) und seine Gattin Therese, geb. Foges (1793—1863). Öl/Leinwand um 1810. Staatliches Jüdisches Museum

Für die freundliche Genehmigung zum Fotografieren der Objekte und Bilder aus den Sammlungen und die Erteilung der Reproduktionsrechte ist der Verlag folgenden Prager Institutionen und Museen zu Dank verpflichtet: Staatliches Institut für Denkmal- und Naturschutz, Staatliches Jüdisches Museum, Museum der Hauptstadt Prag, Judengemeinde.

In der Publikation sind Archivfotografien publiziert, deren Autoren im Verzeichnis der Abbildungen angeführt sind. Die restlichen Fotografien haben folgende Fotografen aufgenommen: schwarzweiße Fotografien Vladimír Uher: 4, 6, 10—12, 15, 17, 18, 20, 23—27, 57 bis 62, 64, 65—71, 74—80, 82, 86—93, 96, 98, 101, 104—106, 108, 113, 114, 116, 119—126, 128, 129 bis 133, 135—137, 139, 142, 144—148; farbige Fotografien 7, 9, 28, 29, 31, 35, 111 Miroslav Fokt; 1, 19, 22, 32—34, 36—38, 47, 48, 55, 72, 73, 81, 83—85, 94, 95, 97, 100, 102, 103, 107, 109, 112, 115, 117, 127, 134, 138, 143, 149—188, Vorsatz Pavel Štecha.

Namensregister

Die kursivgedruckten Zahlen verweisen auf die Abbildungen

Sachregister